舞弊审计学

杨帆 ◎ 主编

中国财经出版传媒集团
中国财政经济出版社
北京

图书在版编目（CIP）数据

舞弊审计学 / 杨帆主编．-- 北京：中国财政经济出版社，2023．12

ISBN 978 - 7 - 5223 - 2633 - 7

Ⅰ．①舞…　Ⅱ．①杨…　Ⅲ．①审计学　Ⅳ．①F239．0

中国国家版本馆 CIP 数据核字（2023）第 246255 号

责任编辑：温彦君　　　　责任校对：张　凡

封面设计：智点创意　　　　责任印制：史大鹏

舞弊审计学

WUBI SHENJIXUE

中国财政经济出版社 出版

URL：http：//www.cfeph.cn

E - mail：cfeph@cfeph.cn

社址：北京市海淀区阜成路甲 28 号　邮政编码：100142

营销中心电话：010 - 88191522

天猫网店：中国财政经济出版社旗舰店

网址：https：//zgczjjcbs.tmall.com

中煤（北京）印务有限公司印刷　　各地新华书店经销

成品尺寸：185mm × 260mm　16 开　11 印张　248 000 字

2023 年 12 月第 1 版　2023 年 12 月北京第 1 次印刷

定价：45.00 元

ISBN 978 - 7 - 5223 - 2633 - 7

（图书出现印装问题，本社负责调换，电话：010 - 88190548）

本社质量投诉电话：010 - 88190744

打击盗版举报热线：010 - 88191661　QQ：2242791300

前言

经济越发展，会计越重要。经济发展进步的同时，企业舞弊现象层出不穷，舞弊事件对经济和投资者信心的破坏是巨大的。舞弊行为不仅会导致企业的财务损失，还会影响市场秩序、损害投资者利益，甚至威胁整个经济体系的稳定。投资者对企业诚信的信任是经济发展和资本市场健康运行的基础，因此舞弊事件的发生会严重挫伤投资者对企业的信心，阻碍经济的进一步发展。

“舞弊审计学”是一门研究如何预防、发现和应对舞弊行为的学科。它结合了审计学和法学的理论与方法，旨在帮助审计人员识别并处理企业中的舞弊行为，保护投资者利益和维护市场秩序。在市场经济体系下，企业是经济活动的主体，其经营行为不仅与企业自身的发展和利益息息相关，也对国家和社会的发展存在深远影响。然而，由于企业经营环境的复杂性和竞争压力的影响，企业可能会采用不道德的财务行为，试图以违法违规的手段谋取自身利益。舞弊行为包括财务报告舞弊、资产侵占舞弊、腐败舞弊等，这些行为不仅会损害企业自身的形象和信誉，也会影响整个市场的秩序和信心。因此，舞弊审计的研究和实践对于维护企业诚信、保护投资者利益以及促进经济发展具有重要意义。

《舞弊审计学》这本教材扎根于中国的舞弊审计实践，借鉴国际审计界舞弊审计的理论和实践经验，对舞弊审计基本理论及主要实务作了系统介绍。本教材内容新颖、重点突出、结构清晰、语言流畅，通俗易懂，并注重理论联系实际，使读者能够轻松地理解和消化所学内容。通过案例导入的方式向读者传授舞弊审计的相关专业知识，有助于提升读者的理论水平和实践能力。

本教材主要特点体现在三个方面：

1. 思政引领，育人为本。本教材强调审计人员应具备高度的职业道德和责任感，能够以公正、客观、独立的态度履行职责。本教材涉及大量的法律法规知识和审计规范的内容，与审计人员需要具备的法制观念和职业素养直接相关。本书通过引导审计人员遵守法律法规，增强他们的法制意识，促使他们在审计实践中遵循执业准则、严格依法操作，防止自身从事违法违规行为来强化思政教育。

2. 关注动态，提升能力。通过引入真实的案例，可以让读者身临其境地感受实际的舞弊问题，增加其现实感和紧迫感。这能够激发读者的学习兴趣，提高他们对舞弊审计的关注度和主动性。同时，舞弊审计涉及很多复杂的情景和判断，通过案例导入的方式，能够锻炼读者的思维能力和判断力，使其在面对实际舞弊问题时能够作出准确的分析和决策。

3. 目标导向，紧跟前沿。教材的目标导向是确保学习活动的方向明确，而紧跟前沿则提供了最新的知识和观点来支持学习目标的实现。在本教材中，通过每章开篇案例导入的方式提出本章的学习目标，使读者清晰地了解学习目标和预期结果，有助于读者更加有目的地进行学习。同时，紧跟前沿的设计，例如书中以最新的会计、审计准则以及行业研究报告为撰写依据，可以帮助读者了解最新的理论知识和实践应用，获得更全面的学科知识和专业能力。

本教材由中南财经政法大学会计学院杨帆担任主编，编写团队成员包括姚雨思、许辰枫、胡哲慈、阳姣嬴、郭子威、朱彬彬、朱怡馨、姚若兰等。编写团队就教材定位、主要结构、内容安排、逻辑架构等问题共同讨论，群策群力。在教材编写过程中，我们参考了大量的教材和著作，在此向这些文献的作者和编者（包括列出的和未列出的）表示感谢！

由于我们水平有限，书中难免存在错误和不足之处，诚请各位读者批评指正，以便日后进一步完善。

目录

第一章 认识舞弊

案例导入

安然公司成立于1985年，由当时的休斯敦天然气公司（Houston Natural Gas）和北联公司（Inter North）合并而成，主要经营北美的天然气与石油输送管道业务。安然曾经是叱咤风云的“能源帝国”，1995年被《财富》杂志评为“最富创新能力的公司”，2000年总收入高达1000亿美元，名列《财富》杂志“美国500强”中的第七。

2001年10月16日，安然公司公布该年度第三季度的财务报告，宣布公司亏损总计达6.18亿美元，引起投资者、媒体和管理层的广泛关注，从此，安然事件拉开序幕。2001年12月2日，安然公司正式向破产法院申请破产保护，破产清单所列资产达498亿美元，成为当时美国历史上最大的破产企业。2002年1月15日，纽约证券交易所正式宣布，将安然公司股票从道琼斯工业平均指数成分股中除名，并停止安然股票的相关交易。至此，安然大厦完全崩塌。短短两个月，能源巨擘轰然倒地，实在令人难以置信。

能源交易赚钱之迅速，使得安然在金钱面前逐渐偏离正确的轨道。殊不知，高报酬对应的往往就是高风险。1999年成立的全球第一家商品交易网站“安然在线”，曾创过高峰时一天处理28亿美元的业务，如此巨额甜头，更使安然在危险的轨道上运行得如痴如狂。

为了扩大发展，为了赢得更多的收入，安然甚至不计后果地四处举债。然而在对外的资产负债表上只列示了130亿美元，而其对内的资产负债表上负债总额实际已经高达400亿美元。这差额270亿美元的债务便一直潜藏在深水区，不为外界所知，其中30亿美元是银行借款，70亿美元是公司债，170亿美元则属于能源衍生性商品、信用状以及其他种种复杂的举债工具。

这样的财务漏洞，只能通过财务舞弊来掩盖，为了不让投资者丧失对公司的信心，那么虚增利润成了安然的必经之路。在财务舞弊方面，安然采用了众多方式。

伴随着股市下滑和世界能源价格下跌，安然吹起的巨型泡沫顷刻间破灭。财务舞弊的曝光，使得安然在经营上的致命缺陷再也无法掩饰，终于导致了安然的倒闭。

安然的假账问题牵出了它的审计公司——安达信。安达信也面临着同样的危机。在这起事件里，作为十多年来一直为安然公司提供审计和咨询服务并曾位列世界第五的会计师事务所安达信既没审计出安然虚报利润，也没发现其巨额债务，对于在会计行业声誉卓著的安达信而言显得十分不符合情理。因此，安达信的独立性受到广泛质疑。

2002年3月14日，安达信公司被提出“妨碍司法”的犯罪指控，原因是安达信公司故意销毁大量的有关安然公司的文件。最终，美国休斯敦联邦地区法院对安达信作出判决，认定其妨碍司法调查，处以罚款50万美元，并禁止其5年内从事业务。从2002年8月31日开始，安达信不再担任上市公司的审计顾问，于是，2000多家上市公司客户接二连三离开安达信。同时，安达信也关闭了全国各地的大多数办事处。安达信，会计界的骄子，闪亮耀眼的明星，就这样和安然一起陨落。一个会计行业的擎天之柱就这般轰然倒塌。这其中的蜿蜒曲折，实在值得深思……

——资料来源：由网络资料改编

思考：1. 安然公司为什么要进行财务舞弊？
　　　2. 安然公司财务舞弊的手段有哪些？

学习目标

1. 掌握舞弊的含义和特点；
2. 熟悉舞弊的动因理论；
3. 熟悉舞弊的常见手段。

第一节　舞弊的含义与分类

一、舞弊的含义

舞弊是一个较为宽泛的概念，我国《现代汉语词典》中对舞弊的解释是：使用欺骗的手段，做违法乱纪的事。这主要是从法律角度出发进行定义的。从法律角度看，舞弊包括了挪用、盗窃、诈骗、行贿受贿、逃税逃汇等多种犯罪形式。在《韦伯斯特新世界词典》（Websters New World Dictionary）中的定义为“故意歪曲真相，以诱使他人放弃有价值的东西或放弃合法权利”。

而审计职业界对于舞弊的定义，不同时期、不同地区有一定的差别。美国反虚假财务报告委员会在1987年颁布的《Report of the National Commission on Fraudulent Financial Reporting》中将财务舞弊概括为遗漏、隐瞒或虚构重大事项导致财务信息产生重大误导性的行为。美国注册会计师协会（American Institute of Certified Public Accountants，AICPA）于2002年颁布的第99号审计准则公告《财务报表审计中对舞弊的关注》（Statement on Auditing Standard，SAS No. 99）中将财务舞弊定义为故意行为导致财务报表产生重大错报。

国际审计与鉴证准则理事会（International Auditing and Assurance Standards Board，IAASB）在2009年颁布的《国际审计准则——财务报表审计中审计师对舞弊的责任》（International Standards on Auditing，ISA 240）中认为：“舞弊是指管理层、负责治理的人员、员工或第三方中的一个或多个人的故意行为，涉及使用欺骗手段获取不公平或非法的利益。”国际内部审计师协会（Institute of Internal Auditors，IIA）于2017年修订的《国际内部审计专业实务框架》（IIA International Professional Practice Framework，IPPF）中认为：

“舞弊是指任何以欺骗、隐瞒或违背信用为特征的非法行为。这些行为不依靠暴力或胁迫。个人或组织为获取金钱、财产或服务，为避免付款或提供服务，或为获得个人或组织私利等目的都有可能舞弊。”

中国注册会计师协会（The Chinese Institute of Certified Public Accountants，CICPA）于2019年2月20日修订的《中国注册会计师审计准则第1141号——财务报表审计中与舞弊相关的责任》认为：“舞弊，是指被审计单位的管理层、治理层、员工或第三方使用欺骗手段获取不当或非法利益的故意行为。”

综上所述，虽然舞弊的定义并不统一，但舞弊行为却具有相似性，其特征主要表现在以下四个方面。

（一）违法性

舞弊行为违反了法律法规，往往会导致法律诉讼的发生，相关当事人受到伤害或遭受损失，甚至会给社会公众带来一定的损失和危害。

（二）计划性

舞弊行为通常具有一定的计划性，这是因为舞弊者往往会为了达到自己的目的而精心策划和安排相关事项。舞弊者可能会制订详细的计划，包括如何实施舞弊、如何掩盖舞弊行为、如何将舞弊所得利益分配给相关人员等。舞弊者通常会考虑到各种可能出现的情况和风险，并采取相应的措施来应对。例如，他们可能会提前准备好各种虚假文件、凭证等，以应对可能的审计和调查。舞弊者也可能会对相关人员进行培训和指导，让他们了解如何应对审计和调查，以及如何将舞弊所得利益进行合理分配等。总之，舞弊行为的计划性主要是为了确保舞弊行为的顺利实施，并尽可能减少被发现的风险。

（三）隐蔽性

舞弊者可能会采取多种方式来掩盖自己的舞弊行为，例如通过虚假陈述、伪造文件、销毁证据等手段来掩盖自己的真实行为和意图。这些手段往往非常隐蔽，需要经过专业的调查和分析才能被发现。

舞弊者也可能会利用他人的信任和无知来进行舞弊。他们可能会利用职务之便或其他优势来获取利益，而这些利益通常与他人无关，具有一定的隐蔽性。这种行为在短时间内可能不会被发现，但一旦暴露就会对相关人员和社会造成严重的影响。

（四）危害性

舞弊行为会损害个人的声誉和信誉。如果一个人的舞弊行为被揭露，不仅会对自己的形象和声誉造成严重损害，还可能会对与其相关的机构、企业或组织造成负面影响。这种行为也可能会影响到个人的职业发展，导致其失去工作机会和信任。

舞弊行为会导致社会的不平等现象加剧，破坏市场经济的公平竞争机制。这种行为还可能引发社会矛盾和冲突，不利于社会的和谐稳定和发展。

二、与舞弊相关的概念

在实务中，错误、盈余管理、会计操纵等概念与舞弊概念相近但又不同，为了更好地理解舞弊，需明确舞弊与上述概念的界限，具体分析如下：

（一）错误

错误又称为差错，是指会计人员在记录、分类、制单及编制财务报表过程中，由于工作疏忽、业务技能不熟等其他客观原因所导致的财务信息未能公允反映的行为。

中国注册会计师协会于 2019 年 2 月 20 日修订的《中国注册会计师审计准则第 1141 号——财务报表审计中与舞弊相关的责任》对舞弊与错误的表述为：财务报表的错报可能由于舞弊或错误所致。舞弊与错误的区别在于，导致财务报表发生错报的行为是故意行为还是非故意行为。可见，划分错误与舞弊的标准是导致错报的行为是否出于故意。错误是一种主观上非故意导致会计报表错报的行为，行为人也不存在不良动机或企图；舞弊是故意的，是有计划、有预谋的行为，是利用政策、法律法规、制度等的漏洞，以非法获得经济上或其他方面利益为目的。

从行为的主体角度来看，错误的行为人一般只是会计人员或其他一般管理人员，是个体行为；而舞弊的行为人基本上是管理层，甚至包括治理层人员，往往是一种集体行为。

从行为后果看，错误与舞弊都会造成财务报表信息的不实反映，都会提供错误的会计信息，但是由于错误产生时行为人没有预谋，没有采取故意手段，错误发生后也未进行掩盖，因此错误一般表现比较明显，易于被发现和纠正，对财务报表的影响较小；而舞弊经过行为人的精心策划和蓄意实施，往往表现比较隐蔽，不易被发现，对财务报表的影响较大甚至是完全失实。

需要指出的是，虽然错误与舞弊的划分标准是“是否出于故意”，但是，是不是故意往往很难进行判断，工作中也很难取证，这也给舞弊行为人提供了以错误之名掩盖舞弊之实来推卸或逃避法律责任的借口。两者虽有本质的区别，但在实际工作中，对舞弊的定性是需要充分证据的。

（二）盈余管理

盈余管理是在会计准则允许的范围内，通过对会计政策的选择使经营者自身利益或企业市场价值达到最大化的行为。盈余管理也是一个与舞弊很相近的概念。两者有很多共性，但也有着显著区别。

1. 概念界定。从概念的界定上，两者有着本质的区别。舞弊是以欺骗为目的、在违背相应规范和法律的前提下蓄意实施的行为，是已经突破政策和法律界限的违法行为，如果情节严重还可能构成犯罪；而盈余管理是在遵守或不违背会计规范和法律的前提下实施的选择性行为，很多学者认为盈余管理是合法的，应该说这种观点并不准确，很多上市公司的盈余管理行为是在充分研究和运用会计规范的弹性和缺陷及法律的漏洞情况下实施的，虽然有些手段是合法的，但是有些手段是存在于合法与不合法之间的“灰色地带”，准确地说，盈余管理是一个中性的概念，是还没有突破法律底线的一种不违法行为。

2. 动机比较。两者的行为动机存在很大共性，从根本上讲都是出于对利益的追逐，但两者的驱动性动机有区别。舞弊的驱动性动机往往是掩盖或隐藏真相以达到欺骗的目的，如出现财务困难、经营业绩下滑时，虚拟客户虚增销售，制造经营正常或繁荣的假象；而盈余管理的驱动性动机则往往是美化或粉饰财务报表，如通过提前确认收入、将费用递延等增加公司的利润以达到误导的目的。客观地讲，盈余管理的动机在上市公司是普遍存在的。一个面临经营、财务或其他方面压力的公司实施会计舞弊的动机更强，而一个基本面良好、经营正常的公司虽然可能没有舞弊的动机，却仍然存在盈余管理的动机，做好盈余管理甚至已经成为公司管理层必备的功夫。

3. 手段比较。两者在手段上的表现很相似，区别在于“度”，盈余管理是充分挖掘和利用现有政策和规范的弹性及不完善性，把“度”控制在不违法的界限上；而舞弊则是突破政策和规范的“度”，滥用政策，无中生有，捏造事实。但两者在实务中有时很难明确区分界定，一些根本没有交易实质的业务由于具有法律形式上的合法性而无法认定为舞弊行为。实务中，很多上市公司都是多种手段并用，两种行为交织在一起，当仅用盈余管理手段不能达到目的时，便极有可能突破界限而转变为舞弊。

4. 治理策略比较。舞弊的治理是一个世界性难题，需要以“治”为主、“防”“治”结合的策略，事前的有效防范、事后外部审计的有效监督和发现后的严厉惩罚缺一不可。事前防范通常从健全内部控制，完善公司治理结构，充分发挥审计委员会和独立董事的作用，加强道德建设，完善相关政策、制度和法律入手；事后外部审计的有效监督要求注册会计师要加强对会计舞弊“红旗预警”标志的识别、不断提高执业质量，审计过程要始终保持高度的职业谨慎和怀疑态度，谨慎发表审计意见。事后发现和惩罚则要从加强业务监管、建立舞弊巡查机制等入手，提高市场发现机制的及时性和有效性、提高违法成本、加大惩罚力度，增强法律制裁的震慑力。

对于盈余管理问题，由于其普遍存在性而“防不胜防”，因此应对策略与其说“治”，不如说“防”和“导”。由于盈余管理采用的是相对合法的手段或游走在政策和法律的边缘，现有的政策和法律是难以对其行为和后果进行“治理”的，只有通过不断改革和完善相关会计政策规范，加强对重大事项、关联交易、非经常性事项、会计政策与会计估计的变更等的信息披露，调整并增加现有财务报告的内容等方式提高会计信息的透明度和可比性，压缩盈余管理的空间；同时通过制度建设和道德建设来引导公司的行为，才能逐步减少盈余管理负面效应对会计信息质量的影响。

三、舞弊的分类

为了使我们对舞弊有更深刻的认识，便于我们发现舞弊，我们通常从不同的角度对其加以划分。舞弊主要有以下几种分类。

（一）按舞弊行为主体不同，可分为员工舞弊和管理层舞弊

员工舞弊是指公司的非管理层为谋取不正当得利，利用职务之便或管理上的缺陷，以欺骗性的手段不正当地获取组织的钱财或其他财产的行为。这一类舞弊是公司组织中常见的舞弊行为，可能包括占用公共用品等非重大舞弊，也可能包括挪用公司巨额资产进行非法活动

等危及公司生存的重大舞弊，例如，英国老牌巴林银行就是因为这类舞弊行为而倒闭的。

管理层舞弊是管理层蓄谋的舞弊行为，主要通过带有误导性或严重歪曲事实的财务报告来欺骗投资者、债权人以及其他外部利益相关者，以此顺利度过经济困境或获取自身利益。由于通常是集体行为，相较于员工舞弊，管理层舞弊往往更为隐蔽，而且经常可以逃过检查，直到公司遭到无可挽回的损失才会被发现，也会造成更大的危害性。管理层舞弊有三个典型的特点：管理层的舞弊通常不受内部控制的约束；舞弊经常以财务报告为载体，制造公司健康和繁荣的假象；如果涉及资产的非法侵占，舞弊往往被复杂业务交易的糊涂账所掩盖，而且经常牵涉相关联的第三方。

值得指出的是，员工舞弊与管理层舞弊的划分不仅仅是以舞弊的行为主体为标准，两者舞弊行为的目的往往具有本质的区别。员工舞弊是为了获取个人私利而损害企业的利益，而管理层舞弊通常是为了企业利益而损害企业外部利益相关者的利益。

（二）按舞弊行为对象不同，可分为侵占资产舞弊和财务报告舞弊

侵占资产舞弊是指通过贪污、窃取、挪用等行为非法占有公司的资产。这类舞弊可以通过伪造凭证或编制错误的记录来完成，其手段主要包括贪污收入款项、盗取货币资金或其他资产、虚构商品或劳务付款以及将公司资产挪作私用等。舞弊主体一般是公司的员工，但也有可能是管理层，如设立“小金库”。

财务报告舞弊是管理层欺骗投资者、债权人等财务报告使用者的一种重要舞弊类型。主要包括对财务报表进行操纵、伪造或更改、误报或忽略财务报表的交易事项或其他重要信息以及有关会计原则的故意误用等。这类舞弊应是审计人员最为重视的类型，也是大部分审计工作的重点。

侵占资产舞弊和财务报告舞弊的主要区别在于：前者通常是员工欺骗管理当局，而后者通常是管理当局欺骗财务报告使用者。

（三）按舞弊的目的不同，可分为损害组织经济利益的舞弊和谋取组织经济利益的舞弊

我国内部审计具体准则第 2204 号第八条和第九条，将舞弊分为损害组织经济利益的舞弊和谋取组织经济利益的舞弊。

损害组织经济利益的舞弊是指组织内、外人员为谋取自身利益，采用欺骗等违法违规手段使组织经济利益遭受损害的不正当行为。

而谋取组织经济利益的舞弊是指组织内部人员为使本组织获得不当经济利益而其自身也可能获得相关利益，采用欺骗等违法违规手段，损害国家和其他组织或者个人利益的不正当行为。

第二节　舞弊的动因

目前在世界范围内得到普遍认可的舞弊动因理论有四个：舞弊冰山理论、舞弊三角理论、“GONE”理论和舞弊风险因子理论。

一、舞弊冰山理论

舞弊冰山理论又称二因素论，由波罗格纳（Bologna）和林德奎斯特（Lindquist）提出。该理论认为财务舞弊在本质上就像一座冰山一样，其动因分别对应在水面之上的显性部分和在水面之下的隐性部分。显性部分就是冰山的上部，在企业中往往是指组织结构因素，例如，企业的内部控制、治理结构等。而隐性部分是冰山在水面之下的部分，往往是舞弊最根本的动因，这些因素往往很难被找到。因此，在分析公司的财务舞弊动机时，要结合组织结构和个体行为两方面加以考虑，除了深入分析其内部组织结构的合理性外，更为关键的是评估管理层进行舞弊的主观原因。

二、舞弊三角理论

舞弊三角理论即三因素论，由W. 斯蒂文·艾伦伯奇特（W. Steve Albrecht）提出。该理论认为，财务舞弊的动因来自压力、机会和借口三因素，缺一不可。

（一）舞弊的第一要素——压力

压力要素是舞弊者的行为动机，任何类型的舞弊行为都存在某种压力，没有压力就不会有行动，只是压力的具体形式有所差异。斯蒂文博士将压力大体上分为四种类型。

（1）经济压力。舞弊实施者的经济压力通常表现为贪婪、生活奢华入不敷出、高额账单或个人债务、信用不佳、个人经济损失、意料之外的经济需要等。据统计，在败露的舞弊者中，经济压力大约占95%。

（2）恶习压力。恶习压力是指舞弊者因有诸如赌博、吸毒、酗酒、嫖娼等恶习而导致的压力，往往与经济压力紧密相关，失控的生活方式会促使诚实的人实施舞弊。

（3）工作压力。与工作相关的压力是指由于工作上的业绩得不到肯定，对工作不满，害怕失去工作，对升迁的期望过高或认为自己的报酬远低于自已所作出的贡献等原因造成的逆反、报复心理等，这类压力会促使当事人从公司资产中取得补偿。

（4）其他压力。如其伴侣不顾现实条件直接或间接地坚持要提高生活品质，或对现存计算机控制体系提出挑战，想证明自己的能力等。

（二）舞弊的第二要素——机会

机会是指可进行舞弊而又能掩盖起来不被发现或能侥幸逃避惩罚的时机或情形，主要有以下六种情况。

（1）缺乏发现舞弊行为的内部控制。有效的内部控制体系是预防、发现和阻止舞弊的最重要措施，如果没有很可靠的内部控制，则舞弊的机会就大大增加。

（2）无法判断工作的质量。对于专业性较强的工作，如律师、医生、会计师、汽车修理师等，一般人无法判断他们所做的工作是否与对他们的要求和偿付给他们的报酬相符，从而给从事这类工作的人员提供了舞弊的机会。

（3）缺乏惩罚措施。舞弊行为被发现后如果不能得到应有的惩罚，则惩罚对舞弊者就缺乏威慑力，因此舞弊者的低成本高收入对舞弊就会起到推波助澜的作用。

（4）信息不对称。被欺骗者掌握的信息往往没有欺骗者多，被欺骗者无法觉察自己正处于被欺骗的境地，不能发现舞弊行为，因而成为舞弊人的可乘之机。

（5）无知或能力不足。在一个组织内部，一些人的无知或能力不足可能会给他人提供舞弊的机会。因此，如果组织内部有一些重要岗位甚至一般岗位由无知者或能力不足者把持，则他人舞弊的机会就会大大增加。

（6）缺乏审计轨迹。审计人员追查舞弊行为往往基于一定的审计线索，通过各种凭证发现审计轨迹，便于推断并了解交易活动。然而，部分狡猾的舞弊者会通过操纵会计账簿、消除审计轨迹等行为，致使部分业务无法追查彻底，从而达到掩盖舞弊行为的目的。例如，利润表项目经常会成为消除审计轨迹的对象，因为很多科目结转后余额变为零，如果在当期舞弊行为没有被发现，那么审计轨迹将消失，在后续时间再发现舞弊行为的概率将变得极低。

（三）舞弊的第三要素——借口

在面临压力并获得机会后，真正形成舞弊还有最后一个要素——借口，舞弊者必须权衡利弊，进行心理平衡过程，找一个理由，使舞弊行为与其本人的道德观念、行为准则相吻合。

大多数舞弊者都没有其他犯罪记录，他们常用的理由有：这是公司欠我的；我只是暂时借用这笔资金，肯定会归还的；没有人会因此而受到伤害；凭自己的贡献应获得更多的报酬；我的目的是善意的，用途是正当的……

三、“GONE”理论

博洛亚（Bologna）等人在冰山理论和三角理论的基础之上，提出了“GONE”理论。该理论指出，舞弊的动因可以从以下四个方面去分析：贪婪、机会、需要和暴露。

（一）贪婪因子

“GONE”理论中的贪婪已经不仅仅是人性对财富的欲望，而是低下的道德观和扭曲的价值观相结合。上市公司进行财务舞弊的部分原因是舞弊主体追求自身利益的最大化，缺少本应具备的职业道德。他们会从主观意识上将自己的不正当行为合理化，对自己进行心理暗示，为了达到自身的目的而选择牺牲广大投资者的利益。企业高管在公司的组织架构中处于核心地位，对于企业财务报告的质量有着重要的影响。因此，在高风险偏好所带来的高收益的驱使之下，高管层很容易做出错误的选择，进而被贪欲所操控。

（二）机会因子

机会因子指的是企业舞弊行为能够掩藏起来从而很难被人发现或者能够逃避处罚的机会。管理者拥有一定的权利和资源，往往能够利用企业内部与外部的条件来进行财务舞弊。

机会因子一般划分为内部机会因子和外部机会因子两个方面。财务舞弊的内部机会因子主要指的是上市公司内部控制制度的完善与否。上市公司的内部控制制度水平主要体现在股权结构和治理结构上。企业的股权结构过于集中时就容易出现大股东侵占中小股东利益的情况，大股东独掌大权也使得出现财务舞弊的可能性提高。公司的治理结构主要体现在公司内部权力的相互制衡关系是否完整、稳定。如果企业的董事会、监事会以及管理层之间不能互相约束，那么就会出现内部控制上的漏洞，舞弊的可能性也会随之大大增加。财务舞弊的外部机会因子主要指的是审计单位和证监会等部门的监督强度。我国上市公司数量众多，证监会等政府部门难以事无巨细地进行监管，因此，外部监督的重担就落在了审计机构身上，会计师事务所的审计质量关系着能否识别出财务舞弊行为。但是，拥有控制权的大股东往往把持着聘任外部审计机构的决定权。当会计师事务所出具的审计报告危害到被审计单位的利益时，会计师事务所很可能面临着与企业终止合作等影响，客户的要求与保持独立性之间的矛盾使会计师事务所难以做到真正的公平公正。

（三）需要因子

需要因子主要指的是企业舞弊的动机，如果企业的管理人员有正确的行为动机，那么会促进公司往积极健康的道路上发展；反之，管理者如果产生了不合理甚至是违规的行为动机，那么很容易导致发生财务舞弊行为。舞弊的动机是多种多样的，有时候可能是高层管理人员想要稳固当前的地位，避免因连续亏损而被迫退市；有时候可能是上市公司为了能够如期上市，达到目标利润，获得投资人的认可等原因。由于企业在正常经营条件下未能达到预期的效果，而业绩的压力又比较大时，舞弊行为的动机就产生了。

（四）暴露因子

暴露因子主要有两方面的含义，一是舞弊行为是否会被暴露，二是一旦被暴露，将会面临惩罚的力度。如果舞弊行为很容易被别人发现，那么舞弊行为人大概率不会以身犯险。但如果造假手段隐蔽，很难被发现，那么，舞弊行为人就会心存侥幸，舞弊的概率就会大大提高。另外，外部监管对暴露因子的影响也很大。如果外部监管严格，舞弊被发现后惩处力度大，那么舞弊者就不会轻易跨越雷池。外部监管除了证监会还有会计师事务所等，如果审计单位都能严格按照审计程序进行审计，保持自身的独立性，那么造假事件的概率也会随之降低。

四、舞弊风险因子理论

G. 杰克·波罗格纳（G. Jack. Bologna）等人在“GONE”理论的基础上提出了舞弊风险因子理论，该理论把舞弊的动因分为两类：个别风险因子和一般风险因子。个别风险因子由舞弊动机和道德品质构成，对应“GONE”理论中的贪婪和需要因素。一般风险因子包括舞弊机会、舞弊行为暴露的可能性和暴露后受到惩罚的力度，是对“GONE”理论中的机会和暴露因素的概括。当这两种风险因子同时存在且被认为有利时，舞弊行为很可能发生。

（一）道德品质

道德品质是社会学意义上的一个基本概念，主要指人的内在价值理念、道德准则、情操与品质等。财务舞弊虽属于经济问题，但也在一定程度上反映人的道德水准和思想认识。如果公司管理层或者员工的思想、价值观扭曲，就会为了贪图自身收益而牺牲企业利益或其他相关方利益，进而违背社会公平公正和法律法规的要求，采用各种手段实施财务舞弊。例如，高级管理人员报酬与业绩挂钩，部分思想不端人员会选择进行舞弊来获取高额薪水。

（二）舞弊动机

舞弊动机是指舞弊行为人采取舞弊的意图，其愿意铤而走险实施非法行为的目的。舞弊动机的产生是多种多样的，在公司的不同发展阶段都可能出现，通常情况下，动机大致可以分为三种：第一种是伪造财务数据，从而营造良好的经营假象，实现公司上市、不当获利；第二种是公司高管的业绩目标很难达到，承受压力过大，从而选择舞弊粉饰业绩；第三种是公司为了私利故意粉饰报表，来实现融资成功，战略扩张。

（三）舞弊机会

舞弊机会是指实施舞弊的有利条件。对于舞弊实施者来说，必须存在舞弊机会，让其有空子可钻，舞弊才有可能成功。舞弊机会一般可分为两种，一种是公司的治理结构、内部控制等方面的缺陷；另一种是外部监管的不力。公司内部的问题具体表现为企业高管权力过大、公司各岗位之间权责分工不明、独立董事不能独立发挥有效作用等。公司外部的监管问题具体表现为会计师事务所的独立性不够、监督部门的检查力度和能力不够、有关舞弊的法律法规不健全等。

（四）舞弊暴露的可能性

舞弊暴露的可能性是指企业进行舞弊后，被监管机构等发现的概率。企业尝试进行舞弊时，一般都会评估暴露的可能性大小，被发现的可能性越大，对公司行为的制约力就越强，从而很少有企业还会选择进行舞弊。例如，公司或社会存在强大的监督力量，任何舞弊行为都能够被及时精准地发现，这时候舞弊会大幅度减少。

（五）受惩罚的性质和程度

受惩罚的性质和程度是指舞弊行为暴露后，企业和相关责任人所受到的处罚力度大小。在我国，处罚分为行政处罚和刑事处罚。一般舞弊是行政处罚，类型多为责令改正、警告和罚款。如果情况特别恶劣，可能涉及责任人被刑事处罚。就舞弊行为者来说，进行舞弊获得的收益远大于暴露面临的惩罚时，会选择实施舞弊。但若获得的收益小于暴露面临的惩罚时，他们往往会非常慎重地考虑是否实施舞弊。想要达到这一效果，就必须加大处罚的力度，使实施舞弊付出严重的代价，从而极大减少舞弊的发生。

第三节 舞弊的常见手段

【案例】

证监会认定，2016年至2018年期间，康美药业虚增巨额营业收入，通过伪造、变造大额定期存单等方式虚增货币资金，将不满足会计确认和计量条件的工程项目纳入报表，虚增固定资产等。同时，康美药业存在控股股东及其关联方非经营性占用资金情况。上述行为致使康美药业披露的相关年度报告存在虚假记载和重大遗漏。2019年8月，证监会对康美药业下发《行政处罚及市场禁入事先告知书》。《行政处罚及市场禁入事先告知书》显示，康美药业存在以下四大方面的问题。

一是康美药业涉嫌累计虚增营业收入291.28亿元，具体为：《2016年年度报告》虚增营业收入89.99亿元，多计利息收入1.51亿元，虚增营业利润6.56亿元，占合并利润表当期披露利润总额的16.44%。《2017年年度报告》虚增营业收入100.32亿元，多计利息收入2.28亿元，虚增营业利润12.51亿元，占合并利润表当期披露利润总额的25.91%。《2018年半年度报告》虚增营业收入84.84亿元，多计利息收入1.31亿元，虚增营业利润20.29亿元，占合并利润表当期利润总额的65.52%。《2018年年度报告》虚增营业收入16.13亿元，虚增营业利润1.65亿元，占合并利润表当期披露利润总额的12.11%。

二是累计虚增货币资金886亿元。康美药业《2016年年度报告》虚增货币资金225.49亿元，占公司披露总资产的41.13%和净资产的76.74%；《2017年年度报告》虚增货币资金299.44亿元，占公司披露总资产的43.57%和净资产的93.18%；《2018年半年度报告》虚增货币资金361.88亿元，占公司披露总资产的45.96%和净资产的108.24%。也就是说，康美药业这几年虚增的300亿左右的货币资金并不存在。

三是《2018年年度报告》中存在虚假记载，虚增固定资产、在建工程、投资性房地产，共计36亿元。康美药业在《2018年年度报告》中将前期未纳入报表的亳州华佗国际中药城、普宁中药城、普宁中药城中医馆、亳州新世界、甘肃陇西中药城、玉林中药产业园6个工程项目纳入表内，分别调增固定资产11.89亿元，调增在建工程4.01亿元，调增投资性房地产20.15亿元，合计调增资产总额36.05亿元。

四是《2016年年度报告》《2017年年度报告》《2018年年度报告》中存在重大遗漏，未按规定披露控股股东及其关联方非经营性占用资金的关联交易情况。2016年1月1日至2018年12月31日，康美药业在未经过决策审批或授权程序的情况下，累计向控股股东及其关联方提供非经营性资金116.19亿元用于购买股票、替控股股东及其关联方偿还融资本息、垫付解质押款或支付收购溢价款等用途。

——资料来源：节选自《腾讯财经》新闻

思考：康美药业的舞弊手段都有哪些？

舞弊的手法千变万化、不计其数。在企事业单位的会计核算和财务管理过程中，任何时间和时期都可能产生舞弊，只要舞弊主体具有舞弊动机且有适宜的环境，就可能将舞弊的设想变为现实。同时，舞弊的手段日益多样化和复杂化，使其更具隐秘性和神秘性。但是，不论会计舞弊的目的和形式如何，最终都要反映到会计凭证、会计账簿、会计报表和资产实物等会计信息载体上。本书从会计主体及业务流程两方面将会计舞弊的手段归纳为以下八类。

一、对收入、费用进行操纵舞弊

对收入、费用进行操纵是公司财务舞弊的常用手段。公司对收入、费用进行操纵的常用方法有：（1）通过虚构交易客户的方式，虚构销售交易往来，虚增经营收入；（2）以真实的交易客户为基础，虚增交易业务和交易数量，使公司披露的交易收入远大于真实的经营收入；（3）对商品销售进行不合理分割，将销售收入提前或延后确认；（4）通过“洗大澡”方式，将以后期间预期发生的损失集中在当期进行确认，以提高特定期间的经营业绩。

二、利用关联关系进行虚假业务活动

公司常常利用与关联企业之间的特殊控制关系操纵交易价格进行内部交易，以达到粉饰财务报表的目的。当前，公司实施的关联交易舞弊行为主要包括：（1）利用关联购销舞弊，制造虚假关联销售行为，调节公司利润；（2）受托经营舞弊，委托关联方经营某些不良资产，双方订立协议，公司按协议内容获取收益；（3）费用分摊舞弊，操纵与关联方之间应各自分摊的销售费用、管理费用等费用项目，调节利润；（4）资金融通舞弊，将募集到的资金拆借给母公司或其他不纳入合并报表的关联方，计收资金占用费；（5）关联交易非关联化，通过出售股权等方式解除关联方关系，隐瞒关联方关系，利用过桥公司及非货币性交易的货币化等手段，安排和改变股权结构，使关联交易从表面上看完全是两个独立法人之间的交易①。

三、利用复杂交易事项进行财务舞弊

由于并购重组、涉外交易、金融工具等业务活动较为复杂，因此常被公司用来实施财务舞弊。公司利用这些业务的复杂性达到隐藏财务舞弊行为的目的。在公司的并购重组业务中，并购日期、交易事项、计量方式等成为舞弊操纵的主要项目；在权益法并购交易中，由于购买方可以合并被购买方当期所产生的全部利润，因此合并日期的归属年份以及具体的交易项目等都成为舞弊操纵的对象；而涉外业务活动与金融工具等，由于会计处理较为复杂，不仅取证难度大，而且取证成本费用高，因此常被公司用来实施财务舞弊行为。

---

① 叶雪芳．舞弊审计［M］．北京：经济科学出版社，2008：81－84.

四、滥用会计政策，利用政策漏洞粉饰报表

会计准则允许企业在一定范围内，根据自身的实际情况，选择合适的方式执行。一些公司为了自身的利益，滥用柔性会计准则，以达到舞弊操纵的目的。主要手段有：（1）以“谨慎性”为借口进行不恰当的会计估计和会计政策变更，对财务报表进行“洗大澡”处理，提前确认损失，以增加后期利润；（2）通过调整固定资产折旧期限来操纵当期会计利润；（3）利用存货、金融资产等资产项目减值准备计提规定中存在的漏洞，通过先计提后转回的方式进行利润操纵；（4）利用技术研究阶段与开发阶段界定的灵活性，通过随意变更研究阶段与开发阶段的划分标准来操纵利润。

五、隐瞒重大交易事项，对风险因素披露不及时

财务信息有用的前提是保证其真实、完整并及时披露，而一些公司往往会刻意隐瞒对自身不利的信息，以降低不利因素对公司的影响。公司常对以下业务活动进行隐瞒或不及时披露：（1）未决诉讼等重大不确定事项；（2）委托担保等风险事项；（3）应计提的重大资产减值准备；（4）被依法查封、扣押、冻结的重要资产项目；（5）主要大股东的大额减持等不利因素。

六、通过对现金流进行操纵舞弊

新形势下，部分公司通过操纵难度更高的“虚增现金流”方式，制造现金流活跃的假象，以满足投资者对经营性现金流的要求。公司主要通过操纵经营活动现金流、投资活动现金流、筹资活动现金流三种方式对现金流进行操纵，主要手段有：（1）通过虚构业务活动的方式虚增经营活动现金流；（2）通过大量内部关联交易，以较低的成本呈现活跃的经营活动现金流假象；（3）人为调整现金流在经营活动、投资活动、筹资活动间的分配，以满足投资者的需求偏好。

七、利用会计电算化舞弊

随着计算机技术的发展，会计电算化软件也成为舞弊的途径之一，主要包括：会计软件开发舞弊，恶意使用有问题的核算软件；应用软件舞弊，包括篡改输入数据（输入虚假会计数据、修改数据、删除数据）、修改输出数据；程序方面舞弊，包括执行未授权的功能，超越控制执行程序，采用截尾术删除某些尾数据，逻辑炸弹，为计算机操作员留下活动天窗等。

八、其他手段

非企业性质的党政机关、行政事业单位、社会团体和组织等集体性会计舞弊，除了采

用上述部分舞弊手法外，还常常采取以下手法：

1. 截留、挪用和骗取国家专项资金。主要舞弊手法是：通过舞弊改变原资金的用途，将专项资金从生产性目的挪用于非生产性目的，从救济性目的挪用于奢侈性目的，从集体性目的挪用于个人或小集团的目的；采用虚报冒领、巧立名目、张冠李戴和乱摊派等手法骗取国家专项资金，将骗取的资金用于非法经营性目的或外借生息。

2. 骗取国家财政补贴。主要舞弊手法是：虚假反映本地区和本单位的情况、虚构情节，骗取国家财政补贴；或者借国家体制改革、发生严重灾害、出现突发事件等时机，或者钻国家政策和管理体制的空子，隐瞒实情，夸大灾害损失和困难程度，向国家伸手，骗取国家财政支援。

3. 弄虚作假，骗取出口退税（企业也经常采用此法）。主要舞弊手法是：与税收征管部门，甚至与境外不法商贩勾结，从地方保护主义或本部门、本单位的利益出发，采取少征多退、不征也退的方法，非法加大退税比例和数额；或者采取虚开增值税专用发票、提供虚假纳税凭证和假购进、假出口、假报关、假结汇、假买假卖等欺骗手法，骗取出口退税款。

4. 账户管理混乱。主要舞弊手法是：乱设银行账户，重复开设银行账户，以利于不同资金、众多账户，通过不断往返结转，模糊其来龙去脉，混淆其性质和渠道，掩饰其违法乱纪的事实；或者通过诸多账户进行洗钱、设置小金库、从事账外经营活动等。

5. 建设项目竣工决算不实。主要舞弊手法是：不具备编制竣工决算而虚设竣工条件，编制竣工决算不符合规定的决算办法；编入决算的预留未完结尾项目计价不实；编入决算的资产计价不实；债权债务不清并列入竣工决算，导致决算严重不实；工程建设中侵占建设资金或成本，造成编制的决算失实；偷逃建设项目应交的印花税、城镇土地使用税、耕地占用税等①。

本章小结

本章从舞弊的含义与分类、动因及常见手段等方面对舞弊有了初步认识。舞弊行为形式多样，达成手段也有所不同，但总的来说，舞弊行为都具有违法性、计划性、隐蔽性和危害性的特征，不利于企业生存发展，实践中应加强重视，采取相应措施预防与控制。

思考题

1. 你认为舞弊的特征中最突出的是哪一点？
2. 除了书上提到的舞弊分类，你还能想出来其他舞弊分类吗？
3. 几种舞弊理论之间的区别是什么？
4. 你认为舞弊风险因子理论还有哪里可以完善？
5. 影响舞弊手段选择的因素有哪些？

---

① 尹平. 舞弊审计 [M]. 北京：中国财政经济出版社，2012：61-62.

第二章　舞弊审计概论

案例导入

山东胜通集团股份有限公司（以下简称“胜通集团”）债券信息披露违法违规案是2021年证监稽查20起典型违法案例之一。该案是一起债券发行人财务造假的典型案件，主承销商、会计师事务所等中介机构均被证监会作出行政处罚。

证监会认为，中天运会计师事务所（特殊普通合伙）（以下简称“中天运”）出具的胜通集团2013年至2017年年度审计报告存在虚假记载。胜通集团2013年度至2017年度累计虚增主营业务收入615.40亿元，累计虚增利润总额119.11亿元。扣除虚增利润后，胜通集团各年经营状况为亏损。上述行为导致胜通集团案涉年度报告存在虚假记载。

中天运在对胜通集团2013年至2017年年度财务报表审计时未勤勉尽责。如识别、评估重大错报风险因素方面存在缺陷，未对前五大供应商集中且同时为客户的异常情况保持职业怀疑并有效实施进一步审计程序。

胜通集团舞弊情况如下：

（一）通过制作虚假财务账套等方式虚增收入和利润

为满足债券融资要求，2013—2017年间，其实际控制人王秀生组织以三家子公司（胜通集团以胜通钢帘线、山东胜通化工有限公司和山东胜通光学材料科技有限公司）为造假实体，通过复制粘贴真实账套增加虚假记账凭证生成虚假账套及虚构购销业务等方式实施财务造假，胜通集团将虚假账套数据提供给审计机构。期间实现虚增主营业务收入615.40亿元，虚增利润113.00亿元，造假分别占对外披露数据比例超过67%和136%。

（二）通过直接修改2016年度、2017年度经审计后的合并会计报表的方式虚增利润

胜通集团在审计机构中天运出具2016年度、2017年度的审计报告后，直接修改经审计后的胜通集团合并会计报表，在修改后的财务报表上加盖虚假的中天运印章后将报表对外披露。实现虚增利润总额4.41亿元。

——资料来源：《百家号》

思考：舞弊审计中，审计人员有哪些责任？

学习目标

1. 了解舞弊审计的含义；
2. 了解舞弊审计的起源和发展；
3. 熟悉舞弊审计的目标、假设和责任。

第一节 舞弊审计的含义

一、舞弊与审计

舞弊是长期以来困扰商业组织的重大难题，给资本市场运行与企业发展带来重大威胁。从使国际舆论哗然的美国安然事件，到我国知名上市公司银广夏丑闻，舞弊事件层出不穷。舞弊行为在给企业带来重大损失的同时，也沉重打击了投资者对资本市场的信心，且影响资本市场发挥优化资源配置的重要功能。美国注册舞弊审核师协会（Association of Certified Fraud Examiners，ACFE）发布的《2022 年全球反舞弊报告》显示：舞弊为包括政府和企业在内的各类组织带来的经济损失约为全年总收入的 5%，通过调查样本推断，各类案件的损失中位值为 125000 美元，所涉及案件的平均损失为 1783000 美元。报告指出，腐败和贿赂依然是全球范围内最常见的舞弊手段，挪用资产行为发生率最高（86% 的案件涉及）。

由此可见，现代企业面临的舞弊问题仍然很严峻，如果舞弊行为不加以制止，就会迅速蔓延，给组织整体带来严重影响，其后果不堪设想。此外，舞弊本身就是一种损人利己的行为，它严重地损害社会公众的利益，如不加以制止，会制约整个社会的正常有序发展，妨碍人们日常的工作与生活。

蒙哥马利在其《审计理论与实务》一书中曾写道：“现在的审计目标是确认一个公司的财务状况和盈利能力，查找弊端和错误是次要目标”。进入 20 世纪 60 年代后，以验证财务报告公允性为主的审计责任体系不断遭受冲击。60 年代以后，公司管理人员欺诈舞弊案不断增加，社会公众不断要求独立外部审计师承担起审查舞弊的责任，从而注册会计师审计舞弊已成为其不可推卸的责任。

二、舞弊审计的概念

关于舞弊审计的概念，各国审计准则都没有明确界定。目前我国对舞弊审计的目标、审计主体、审计责任等尚未作出明确的界定，不同的人从不同的角度，有不同的观点。

（1）从内部审计角度来讲，舞弊审计是指审计人员通过信号侦查和实施舞弊检查，以揭露舞弊的具体细节、损失金额、影响范围等为目标的审计。在美国和加拿大两国专家合著的《美加两国查处舞弊技巧与案例》中，舞弊审计是指涉及用前摄的手段和方法辨别舞弊，即是一种寻找舞弊证据的审计，其目的是查处舞弊。还有人将舞弊审计分为反馈型和前馈型两种，认为前者更注重证实或解除舞弊嫌疑，后者更侧重于发现舞弊信号及防范系统的不足。

（2）从注册会计师审计角度来讲，舞弊审计是只有当舞弊行为可能导致财务报表出现重大错报时，注册会计师运用其职业判断和职业怀疑应予发现并揭示。注册会计师在财务报表审计中的责任，在于按照审计准则的规定实施审计工作，获取财务报表在整体上不存在重大错报的合理保证，无论该错报是由于舞弊还是错误导致。

（3）从舞弊专项审计角度来讲，其主要观点是：舞弊审计是处理从舞弊推断的开端到解决的一整套方法，包括收集证据、获取声明、撰写报告、辅助发现并防止舞弊；主要运用会计和审计、舞弊调查技术、舞弊的法律要素、犯罪学和伦理学四个领域的知识。

（4）从社会公众对舞弊审计的需求看，舞弊审计可以分为三个层次。

①内部控制审核（Internal Control Review）。内部控制审核属于舞弊防范的范畴，因为内部控制是企业反舞弊机制的重要组成部分，内部控制的薄弱提供了滋生舞弊的企业环境。内部控制审核是指审计师接受专门委托，对被审核单位特定日期的内部控制设计和运行的有效性进行审核，并发表审核意见。内部控制可区分为两种情况：一是审核和报告被审核单位与财务报表相关的内部控制；二是执行商定的与内部控制效果有关的其他程序。内部控制审核的目的是评估内部控制的设计与运行效果，可以帮助管理层从源头上制止舞弊。

②舞弊关注审计（Fraud Awareness Auditing）。2002 年 10 月 15 日，美国《审计准则公告第 99 号——财务报表审计中对舞弊的关注》（以下简称 SAS No. 99）发布后，理论界对舞弊审计的讨论大多是围绕 SAS No. 99 或以其为根据进行的。关于审计人员对舞弊的责任，SAS No. 99 中指的是财务报表审计中对舞弊的审计责任。因此，舞弊关注审计是指审计师在接受委托执行财务报表审计时，应当关注舞弊发生的可能性，从而对财务报表不存在重大错报提供合理保证。舞弊关注审计是财务报表审计必不可少的组成部分，它的目标是确定舞弊对审计风险的影响以及对财务报表合法性和公允性的影响，以保证发表正确的审计意见。

③舞弊专门审计（Fraud Specific Auditing）。严格来说，舞弊专门审计应该属于商定程序的范畴。商定程序一般是指由委托人和会计师事务所之间商讨确定的、由审计人员实施的一些程序。在舞弊专门审计中，审计人员接受委托对特定信息执行与委托人或业务约定书中所指明的其他报告使用人商定的程序，并就执行的商定程序及其结果出具报告。舞弊专门审计的审查范围和提供保证的程度都取决于商定的结果。舞弊专门审计具体可分为两种情形：一种情形是后馈性舞弊审计（Reaction Fraud Auditing），或称舞弊审核（Fraud Examination），是指审计师（或舞弊审核师）依据法律、犯罪学以及各种组织舞弊或职务舞弊的知识，设计相应的审核程序以证实或解除舞弊怀疑（或称舞弊断言）。舞弊断言是指促使经过专业训练的审核师认为舞弊已经、正在或将要发生的情形（如抱怨、迹象、短缺等）。舞弊审核通常涉及司法诉讼。另一种情形是前馈性舞弊审计（Proactive Fraud Auditing），是指在并未发现舞弊迹象的情况下进行的审计。这通常涉及两个过程：一是对企业舞弊风险进行识别和评估；二是经批准就已识别的舞弊开展舞弊调查，确认舞弊事实并出具审计意见。舞弊专门审计是前两个过程的结合和扩展，不仅需要识别和评估舞弊风险（包括内部控制评估）；还需进行舞弊调查，通常也涉及司法行动的协助和内部控制的建议。

鉴于上述分类及各分类存在相辅相成的关系，本书中讨论的舞弊审计的内涵包括三个方面：一是针对财务报告审计中对舞弊的关注，即财务报告舞弊审计；二是针对资产侵占舞弊的审计，即资产侵占舞弊审计；三是针对企业腐败的舞弊审计，即腐败舞弊审计。

三、舞弊审计与相关概念的区别与联系

舞弊审计是以发现和防范组织各层次舞弊为目的的审计形式。舞弊审计强调的是审计的目的，是发现和防范舞弊。因此，在具体审计程序和方法上，会有别于传统的财务报表审计、管理审计等。无论在理论层次，还是实践中，舞弊审计和财务报表审计、法务会计存在着很多相似之处，有必要加以区分。

（一）舞弊审计与财务报表审计的关系

舞弊审计与财务报表审计都属于审计范畴。舞弊审计是由独立的专门机构或人员根据授权或委托，对国家行政、事业单位，企业单位及其他经济组织中可能存在的舞弊行为进行的专项审计。财务报表审计是由独立的专门机构或人员根据授权或接受委托，对被审计单位的会计报表及其相关资料进行审查并发表意见。在审计独立性、审计主体等方面，舞弊审计与财务报表审计有着共同之处。但是，二者又存在着很大的区别，具体表现为：

1. 审计依据及标准不同

财务审计的审计标准是注册会计师审计准则体系，财务报表审计人员只关心财务报表中偏离财务报表编制基础的重大差异事项；而舞弊审计师头脑中首先考虑的是行为动机，舞弊机会及控制薄弱环节等理论，并且在国外舞弊审计有着专门机构或组织制定出的审计标准，如美国“防止财务报表欺诈委员会”制定的有关虚假财务报告审计的报告标准。

2. 审计目的及关注点不同

审计目的是指审计所要达到的目标与要求，是审计工作的指南。财务报表审计的目的是对被审计单位会计报表的合法性及公允性发表审计意见。所以财务报表审计的关注点在于会计报表及其相关资料中的错报或漏报，看到的是已发生的事件、会计业务，因此要核实历史数据的准确性、真实可靠性及有关内部控制的有效性，寻找系统中的薄弱环节，强调必须遵循已建立的业务标准及质量管理制度。而舞弊审计被视为一种发现性的冒险活动。舞弊审计的目的是调查与揭露那些故意歪曲的记录以及非法占有资产的舞弊行为，确定舞弊损失的金额及问题的影响范围，其关注点在于例外、不正常的事项以及潜在的发出危险信号的事项，并倾向于观察研究未公开的或不明显的事件、会计业务及环境。所以舞弊审计常常会审查与本期会计业务有关的前、后和之外的各环节，而不仅仅局限于本期。

3. 对审计重要性原则的认识不同

对财务报表审计而言，审计过程中所遵循的审计重要性是指被审计单位会计报表中错报或漏报的严重程度，而这一程度在特定环境下可能影响会计报表使用者的判断或决策。在编制审计计划时，对审计重要性的评估，可确定实质性测试的可容忍误差。对舞弊审计而言，无论金额多少，舞弊都被认为是重要的。例如，对于资产上亿元的大中型企业来说，每年1万元的资产不实只占总资产的万分之一，但这1万元是被某会计人员非法贪污的，如果不及时查处，找出内部控制的薄弱环节，那么，今后累积起来的舞弊损失可能将呈指数增长。

4. 确定审计成本的原则不同

财务报表审计一般遵循成本效益原则，即注册会计师在获取审计证据时，要考虑成本

与效益问题。如果在实施了必要的审计程序后，仍不能获取所需的、充分、适当的审计证据，注册会计师可出具保留意见或无法表示意见的审计报告。对舞弊审计而言，必须做到有证有据，不能凭推理去设想与舞弊有关的事项。一旦发现舞弊行为的蛛丝马迹，就要一查到底，即使获取证据的过程会增加舞弊审计的相关成本。

5. 对审计人员的素质要求不同

财务报表审计人员一般在经过专业学习或通过相关资格考试后就可以开始审计工作，并且严格实施所规定的审计程序等要求，即可减少审计风险及审计责任。而舞弊审计师首先是一位经验丰富的财务审计人员，在某一专业领域如金融、财政、工商等方面有专长，有着良好的直觉与职业判断能力。只有这样的专业人士才能发现并审查不完整或蓄意篡改的会计资料，才能进行复杂的舞弊审计程序。

6. 审计程序及方法不同

财务报表审计的步骤先是制定审计计划，然后对被审计单位的内部控制进行测试并作出评价，在此基础上确定审计实施阶段的审计方法，一般采用抽样审计法，在采用恰当的方法取证后形成审计工作底稿，最后是审计报告阶段，形成审计意见并出具报告。舞弊审计也有计划阶段，但它处于较后实施的阶段。舞弊审计师在较早的阶段先是进行初步调查，运用一些专门的审计方法，通过对舞弊暴露的分析评估舞弊发生的可能性，然后才有重点地编制审计计划，实施相关审计程序。

7. 审计证据的来源和充分性不同

财务报表审计的证据主要来源于财务报表的会计数据。舞弊审计的证据不仅来源于财务数据，还包括内部文件审查、公共文件审查和会见当事人等组成的非财务内容。财务审计在大多数情况下，审计师依赖于有说服力而并非使人确信的证据。而舞弊审计中审计师应该设法保证自己所做的舞弊结论免受指责。

（二）舞弊审计与法务会计之间的关系

法务会计（Forensic Accounting）始于20世纪70年代的美国，是西方国家在市场经济实践中逐步发展起来的新领域，我国近年来在该领域也做了很多研究，取得了一些成果。美国著名会计学家C. 杰克·波罗格纳与罗伯特·J. 林德奎斯特这样定义：所谓法务会计，就是运用相关的会计知识，对财务事项中有关法律问题的关系进行解释与处理，并给法庭提供相关的证据，不管是刑事方面的还是民事方面的。美国法务会计分为两大分支：欺诈调查和诉讼支持。欺诈调查业务主要涉及调查犯罪行为证据领域（注册舞弊检查师执业范围）；诉讼支持业务主要与诉讼程序相关。注册法务会计师（FCPA）由美国注册法务会计师协会（FCPAS）创建并向全球推广。

法务会计的舞弊审核和舞弊审计既有联系又有区别。相同之处是二者都是由独立的第三方接受委托，通过对被审计单位的会计资料及其相关资料的审查来揭示财务舞弊行为；二者都有助于管理部门强化公司的内部控制，以减少舞弊的发生。但是，二者之间的差异也是显而易见的，具体而言，体现在下列九个方面。

1. 性质不同

从宏观上看，法务会计与审计十分相似，都是对会计工作的再监督，在业务过程中都需要取证并作出分析性的结论，目的都包含查错防弊。但是其性质不同，法务会计专为法律事项的处理提供会计服务，表现为法律服务性；而审计主要是为投资者、债权人等利益相关者鉴定会计报表，表现为社会服务性。

聘请法务会计师进行舞弊审核是一种咨询服务，而非审计服务。企业利益相关者对公司财务有疑问的时候，可以委托法务会计师进行调查以确认舞弊是否存在。独立审计中揭露舞弊是财务报表审计的一个重要方面，属于审计业务，有严格的主体和时间限制。

2. 审计对象不同

法务会计围绕法律事项开展工作，而不是针对会计实体、被审计单位或经济实体。换言之，法务会计是就事论事，而独立审计的对象则是针对某一特定实体。

3. 实施主体不同

目前在我国，法务会计的实施主体为自然人，包括取得执业资格的会计行业工作人员和相关专业的教学人员等；而独立审计的主体是审计机构及其审计人员，实施主体可以为法人，也可以为自然人。

4. 范围不同

就法务会计的内容而言，其最主要的有两个方面：一是调查会计，二是诉讼支持。调查会计主要是通过对会计报表以及各类与会计报表有关的证据的调查与分析，获取犯罪的证据，并将有关证据以法庭能够接受的形式予以提交或陈述。最为普遍的调查会计任务是对白领犯罪的财务报表舞弊的调查，也包括对证券舞弊、保险舞弊的调查和婚姻资产追踪等；诉讼支持是指对正在进行的或悬而未决的法律案件中具有会计性质的问题提供帮助，主要用于经济损失量化的问题，最为传统的法律支持指的是计算违约所引起的经济损失。审计的范围多局限于被审计单位的会计报表，即使对审计对象的相关活动有所涉及，也仅限于与会计报表有关的和影响审计师作出专业判断的方面。而舞弊审计的调查范围不仅于此，它不仅包括舞弊调查等领域，还包括司法犯罪调查、婚姻纠纷等其他领域，其涉及范围更广，舞弊调查只是其中一部分而已。

5. 理论依据不同

法务会计作为解决经济纠纷中的法律问题而提出专业性意见或在法庭作证的一门新兴学科，其确定证据时不仅要按照独立审计准则中审计证据的规范，还必须依据民事、刑事、行政诉讼法的有关规定被法庭采信；注册会计师办理业务以财务、会计、审计理论及准则为依据，按照程序、标准及准则行事，确定证据时必须依据《中国注册会计师审计准则第 1301 号——审计证据》的规定获取、整理和分析审计证据。

6. 目的不同

法务会计的主要目的是通过对相关资料的审核与分析，寻找经济犯罪与欺诈舞弊的线索与证据，作为确定刑事责任与民事责任的依据，提出专家性意见或者在法庭上作证。法务会计师进行舞弊审核，以最大限度觉察和发现舞弊、减少舞弊所造成的损失为目标，不对整个财务报告发表意见，即舞弊审核关注的是舞弊本身；而注册会计师进行舞弊审计是为了揭露那些有意歪曲记录及非法占有资产的行为的存在、范围及手段，发现会计报表严重失实的错误与舞弊，以保证所出具的审计报告客观、公正。

7. 时间不同

法务会计师在怀疑存在舞弊或已经存在舞弊行为时进行调查，委托人要求法务会计师收集证据或作为专家证人出庭作证。注册会计师受委托审查相关报表时并不知道发生舞弊，在审计过程中发现舞弊可能存在时，注册会计师要对其重要性进行评估，确定是否修改或追加审计程序。

8. 介入方法和手段不同

法务会计的舞弊审核活动在委托人出具司法会计委托鉴定书或聘请书时即开展，不需提前告知被审核企业或犯罪嫌疑人；而审计工作一般是审计机关根据审计项目计划商定的审计事项，在实施前向被审计单位送达审计通知书。法务会计的舞弊审核分为准备阶段、检验阶段、结论阶段；独立审计工作则分为准备阶段、实施阶段、终结阶段。法务会计在获取证据和实施技术检验方面，有比独立审计执行力度更强的其他诉讼措施做保障，证据通常由侦察、检查和审判人员获取并提供；而审计证据则是由审计人员直接获取，并由被审计单位直接提供。

9. 结果呈报不同

对于各方面对法务会计证据信息的多种多样的需求，法务会计并没有一套标准的报告来满足各方面的需求，法务会计以格式与内容都迥然不同于财务报告的专家报告书或专家意见书来满足不同证据信息需求者的不同需求。而舞弊审计必须依据《中国注册会计师审计准则第 1141 号——财务报表审计中对舞弊的考虑》的规定汇总工作底稿，执行全面风险评估，形成审计结论。

第二节 舞弊审计的起源和发展

一、舞弊审计产生的背景

（一）各类舞弊现象层出不穷

进入 21 世纪以来，舞弊问题并没有得到有效的遏制，并且在复杂的社会背景、高速的经济发展、迅猛的科技进步等一系列因素的促动下表现出更加多样的形式，对社会产生了更为严重的后果。我们几乎每天都会在媒体上看到各式各样的舞弊，触目惊心。华尔街层出不穷的丑闻——麦道夫丑闻、安然公司破产案、雷曼公司破产案、南方保健虚假报表……花旗集团、摩根大通、美国银行等也因为涉嫌财务欺诈，向安然破产的受害者分别支付 20 亿美元、22 亿美元和 6900 万美元的赔偿金。2007 年美国联邦调查局的一份报告显示：在非健康保险方面的欺诈每年超过 400 亿美元，换句话说，相当于平均每个家庭每年要多缴 400 ~ 700 美元的保险费；中国在经济快速发展、法制有待健全的社会环境下也出现了各种舞弊和欺诈的现象，上市公司虚报财务信息、产品生产以次充好、部分官员的腐败问题等，都严重干扰了正常的生产生活秩序，降低了社会经济的整体效率。

（二）社会各界对反舞弊的需求激增

在舞弊猖獗的同时，社会各界也在积极思考对策，反舞弊的需求日趋增长。近年来，全球范围内金融领域、信息领域、知识产权领域、采购领域都是舞弊的高发区域，在这些领域，社会各界针对舞弊进行了一系列强有力的应对。例如在美国，通过专门立法针对保险欺诈进行监管，《反保险欺诈法》《车险承保前检查法》《特别调查科法》等法案出台，保险公司也要求建立一个内设部门——特别调查科，作为反保险欺诈的常设机构，专门从事对可疑案件的调查并为公司其他部门员工进行反欺诈培训。以信息领域为例，Cybersecurity 发布的《2023 年内部威胁报告》显示，74% 的企业或组织表示内部攻击变得越来越频繁，对于内部威胁的防御，他们的防御结果非常差。超过一半的企业或组织在上年经历过内部威胁，8% 的组织经历过的威胁达 20 次以上。在财务报告欺诈方面，各国更是不遗余力进行重点监管。由美国注册会计师协会（AICPA）、美国公众公司会计监督委员会（PCAOB）、美国证券交易委员会（SEC）构筑的美国会计监管体系在制定完善监管制度、监督公司披露的信息和注册会计师的审计服务质量等方面采取了积极的措施。我国近年来对资本市场的财务造假也加大了监管力度，对资本市场审核监管中发现的问题重拳出击，将问题及时扼杀。2022 年，有 270 家拟上市公司在审核问询阶段终止（撤回），有 13 家在证监会注册环节终止注册，有 1 家不予注册。2022 年中国证监会（含证监局）全年共作出 383 例证券行政处罚，数量上创近三年新高。全年办理信息披露违法案件 203 件，其中，涉及财务造假 94 件，占比 46%。在积极打击舞弊行为的大环境下，各个监管机构一方面期望能尽早发现存在的舞弊问题减少社会损失，另一方面也在积极探索反舞弊的方法预防舞弊的发生。因此，形成了强大的反舞弊的市场需求。

（三）大量的反舞弊机构顺应而生

在强大的反舞弊浪潮下，国内外各种政府的、行业的、民间的反舞弊机构如雨后春笋般成立，它们各自承载着相应的职责，在反舞弊实务方面开展了切实有效的工作，同时也致力于舞弊现象及反舞弊工作的研究，为舞弊审计的发展和研究奠定了基础。这些反舞弊机构中既有原有传统的政府监管部门，也有全新成立的专业机构，还有在各个组织、中介机构中设置的相应部门。

1. 政府监管部门。来源于传统的政府监管部门在新形势下分离或强化出的一部分反舞弊功能。例如，美国联邦调查局（Federal Bureau of Investigation，FBI）、美国证券交易委员会（United States Securities and Exchange Commission，SEC）、英国反重大欺诈局（Serious Fraud Office，SFO）、法国竞争、消费和反欺诈总局（Direction Générale de la Concurrence，de la Consommation et de la Répression des Fraudes，DGCCRF）、中国的证券监督管理委员会、各级人民检察院反贪局等。

2. 专业机构。美国注册舞弊审核师协会（Association of Certified Fraud Examiners，ACFE）。ACFE 是世界上专业的反舞弊培训和教育提供者，也是一个专门以舞弊风险管理为专业的组织，其成立于 1988 年，标志着外部审计的一部分功能被独立出来。该组织于致力于减少世界范围内的组织舞弊（包括企业、政府、非营利组织等），增强社会公众对业界诚信和客观性的信心，通过在反舞弊斗争中提供专家指导意见、实用工具和创新性的资源来支持业界。英国信用行业防欺诈系统（Credit Industry Fraud Avoidance System，CIFAS）。CIFAS 是一个非营利性质的舞弊防范组织，旨在防止英国金融体系中的欺诈犯罪，引领了英国的舞弊防范服务，管理着国家最大的舞弊数据库，它的成员包括各个行业的组织，旨在分享它们在降低舞弊和财务犯罪方面的信息。

3. 国际性的反欺诈组织。国际反欺诈调查员协会（International Fraud Investigators Association，IFIA）是一个全球知名的非营利性反欺诈调查员组织，由全球范围内的反欺诈调查公司、非政府反欺诈团体、反欺诈培训机构，以及与欺诈防范有关的高校等共同成立。IFIA 依靠大批训练有素的专业反欺诈调查员和反欺诈专家专业从事国际范围的舞弊调查和研究工作。目前，金融行动特别工作组（Financial Action Task Force，FATF）是世界上最具影响力的反洗钱国际组织。该组织是一个由各国政府和国际组织组成的政策制定机构，成立于 1989 年，总部设在法国巴黎。FATF 的主要目标是制定和推广反洗钱和反恐怖融资的国际标准和最佳实践，并监督各国的反洗钱和反恐怖融资工作是否符合这些标准。

4. 民间反舞弊联盟。在世界经济新形势和中国社会新常态下，中国企业反舞弊联盟于 2015 年成立，联盟发起成员汇聚了国内多个行业的标杆企业，企业内部控制协会和非营利性组织内部控制研究所等组织。这是中国首个由企业发起成立的以反舞弊为目标的民间非营利性合作组织，旨在通过创新和合作，帮助企业实施反舞弊行动和制度建设，推进资源共享，信息共享，搭建企业反舞弊经验交流平台，以共同建设廉洁的商业环境，在意识形态上对企业舞弊筑起“第五道防线”。

另外，目前国内外的很多会计师事务所也提供专业的反舞弊服务，例如，普华永道的“风险及控制服务”项目中所包含的“反舞弊框架”服务，可以协助企业建立并加强自己的反舞弊框架，提供反舞弊培训、舞弊风险调查及防范措施等方面的服务。

二、舞弊审计的发展

舞弊是审计学中的永恒主题，审计自产生之初便与舞弊有着密切的联系。审计发展迄今为止一共经历了四个阶段。

1844 年到 20 世纪初，是账项审计阶段。账项审计是以会计账目为基础，通过直接对会计项目进行详细审查，以获取审计证据，达到查错纠弊目的，保护企业资产的安全和完整；特点是对会计账目进行详查，实现差错纠弊的目标。因此，这一时期审计的对象是会计账目，对会计账目进行详细审计，报告给企业股东，目的是查错防弊。这种模式以企业的账簿和凭证作为审计的出发点，对会计账簿进行逐笔审查，检查各项分录的准确性和有效性，以及账簿的加总和过账是否正确，总账与明细账之间是否一致，以获取审计证据，达到查错防弊的审计目的。这种模式又被称为详细审计，是审计发展的第一阶段，在审计史上占据十分重要的地位，详细审计中的精华方法一直沿用到现在。

20 世纪初，审计发展到资产负债表审计阶段，这是审计发展的第二阶段。审计对象由会计账目扩大到资产负债表，目的是判断企业信用情况，以决定是否作出贷款决策，此阶段的审计由详细审计初步转向抽样审计，审计报告的使用人除了企业股东，还扩大到了债权人。这一阶段已不再是传统审计的查错防弊，而是转变为证实资产负债表所有项目余额是否真实。审计人员无须对审计期间内的交易活动进行检查，而只需对与资产负债表项目余额有关的会计记录和存货进行检查、认证和盘存，即对资产负债表的真实性作出判断。

审计发展的第三个阶段是财务报表审计阶段。财务报表审计，以了解和评价被审计单位内部控制制度为基础，确定对会计账目等资料的审查重点，对不同账目采用不同规模的抽查，以获取审计证据，查明财务报表真实公允性。这一阶段审计对象是以资产负债表和利润表为中心的整套财务报表及相关财务资料，目的是对财务报表的真实可靠性发表审计意见，查错防弊则转为次要目的，并以内部控制测试为基础进行抽样审计，报告使用人扩大到了股东、债权人、证券交易机构、税务部门、金融机构及潜在投资者。这一阶段，对待舞弊的态度最弱，甚至对舞弊熟视无睹。

20世纪80年代以后，世界经济形势发生了根本性的变化，科学技术日新月异，市场竞争日益激烈，人类已经开始迈进信息社会和知识经济时代，审计也发展为风险导向系统战略审计。这是审计发展的第四阶段，现代风险导向系统战略审计是以被审计单位的重大错报风险为导向，合理配置审计资源，对风险较大的环节或区域实施重点审计，提高审计效率，保证审计效果的一种审计方法。现代风险导向审计能使注册会计师更有效地发现经营风险转化为财务报表重大错报风险，并对重大风险领域进行更多的实质性测试，而不是依赖看似有效的内部控制，从而评估、发现重大错报。随着市场经济发展的全球化，企业经营活动面临更加复杂的内外部环境。此时，被审计单位显然已经不是一个独立的个体，而是与周围的环境融为一体，互相影响，这种复杂环境使企业面临更大的经营风险，而经营风险往往转化为财务报表错报的风险。所以审计人员必须考虑客观环境带来的经营风险造成的重大错报风险。经营风险又往往是企业管理当局舞弊的压力，而管理当局舞弊造成的风险是重大的，是审计过程中需要特别考虑的重大错报风险，这些特别风险将导致重大错报。这就要求审计师在实施审计过程中对舞弊加以审计，以降低财务报表的重大错报风险。这一阶段的审计要求审计师重新考虑财务报表包含的舞弊因素。一系列重大企业舞弊案件的发生，也使舞弊及其审计问题受到审计职业界的重视。最新的审计发展阶段，显然已经开始重新重视企业舞弊行为对财务报表错报的影响，尤其是管理层舞弊。

近年来，一系列重大公司管理舞弊案的发生，使舞弊及其审计问题受到了审计职业界的高度重视。资产舞弊审计也成为审计职业界的热点问题之一。在美国，针对白领阶层滥用资产、挪用和侵占公款等舞弊现象的屡屡发生，还专门成立了注册舞弊审核师协会，建立了注册舞弊审核师考试制度。针对企业舞弊的侦查与防范，“舞弊审计学”（Fraud Auditing）也应运而生。我国目前尽管对舞弊审计已有大量研究，但还没有形成专门的舞弊审计学，也没有专门从事舞弊审计的审计师。

第三节 舞弊审计的目标、假设和责任

一、舞弊审计的本质

（一）审计本质的内涵

作为研究起点的审计本质可以概括为是一项“具有独立性的经济监督活动”。审计本

质具有两方面含义：其一是指审计是一种经济监督活动，经济监督是审计的基本职能；其二是指审计具有独立性，独立性是审计监督的最本质的特征，是区别于其他经济监督的关键所在。

《中华人民共和国审计法》第五条规定：审计机关依照法律规定独立行使审计监督权，不受其他行政机关、社会团体和个人的干涉。《中国注册会计师职业道德基本准则》中指出，注册会计师在执行审计和审阅业务以及其他鉴证业务时，应当从实质上和形式上保持独立性。(1) 实质上的独立性是一种内心状态，要求注册会计师在提出结论时不受有损于职业判断的因素影响，能够诚信行事，并保持客观和职业怀疑态度；(2) 形式上的独立性是一种外表上的独立，是指一个有理性且掌握充分信息的第三方在权衡相关事实和情况后，认为会计师事务所或审计项目组成员的诚信原则、客观和公正原则或职业怀疑态度没有受到损害。

（二）舞弊审计本质的内涵

舞弊审计本质是舞弊审计内部所固有的属性，是对舞弊审计特征的抽象概括，它回答“舞弊审计是什么”的问题，它是由舞弊审计环境决定，并从舞弊审计理论和实务中抽象概括出来的，反映了舞弊审计实践的本质。舞弊审计也是一种具备独立性的审计活动，但基于其审计目标的特殊性，审计中主要是对会计及经济信息中存在的舞弊行为进行鉴证和发表意见，进而评价有关人员履行受托责任的实际情况。因此，舞弊审计的本质是对受托经济责任的履行中是否存在舞弊行为的一种认证。

二、舞弊审计目标

审计目标是指人们通过审计实践活动所期望达到的理想境界或最终结果，或者说是指审计活动的目的与要求。审计目标的确定，除受审计对象的制约以外，还取决于审计社会属性、审计基本职能和审计授权者或委托者对审计工作的要求。同时，审计目标规定了审计的基本任务，决定了审计的基本过程和应执行的审计程序。

（一）审计目标

审计具有应用性，为了适应社会的要求，其目标也在不断变化。在详细审计阶段，查错防弊是其总体目标，由于当时公司内部牵制制度尚不完整，而且不被人重视，技术错误和舞弊行为经常发生。为了察觉营私舞弊，察觉技术上的错误，察觉原理上的错误，保证会计记录的正确和财产的安全，必须采取详细的审计方法，对检查期内所有会计资料进行逐一查明，以取得充分的证据，便于作出有无错误和舞弊的结论。在资产负债表审计阶段，查错防弊的审计目标已退居第二位，第一位审计目标是提供信用证明，对资产负债表进行公正性审计。也即通过对被审计单位一定时期内资产负债表所有项目的余额真实可靠性和是否实际存在的审查，判断其财务状况和偿债能力。这时的审计功能之所以能从防护性发展到公正性，一是因为当时的企业能够依靠内部牵制制度来控制和防止各种弊端和错误，使审计人员有可能摆脱账簿的束缚；二是因为银行信贷业务的发展，银行界需要进行企业信用调查，以判断企业的偿债能力，防止信用危机和维护银行家的权益。在财务报表审计阶段，注册会计师的审计目标是判定被审计单位被审期内的财务报表是否公允地反映了其财务状况和经营成果，被审计单位所采用的会计政策和会计处理方法是否符合公认会计准则。20 世纪 30 年代，世界经济危机的爆发和大批企业破产倒闭，说明过去对资产负债表的静态审计，已不能满足广大投资者对企业全面了解的需要，因此有必要对企业全部财务报表进行动态审计，而且要以显示盈利能力的损益表作为报表审计的中心。第二次世界大战以后，随着现代经济和科学技术的迅速发展，审计也突破了财务会计的范畴，涉及了管理领域，管理审计（包括经营审计、效益审计、效果审计）也由此诞生，审计目标也因此增加了经济性、效率性和效果性的内容。

（二）舞弊审计目标

1. 舞弊审计一般目标

舞弊审计的一般目标是对审计人员开展舞弊审计的一般要求，也是最基本要求，是舞弊审计核心职能的体现，具有广泛的适用性。从国外一些主要法规准则的变迁来看，虽然对审计中查找舞弊的责任有过观点的变化，但是迄今为止，查找舞弊、揭示舞弊已经成为舞弊审计的基本要求。舞弊审计的一般目标包括两个方面。

第一，揭示舞弊。舞弊审计对舞弊的揭露与财务报表审计有所区别，主要体现在舞弊审计中，发现舞弊是审计的主要目的和出发点。但在财务报表审计中，审计人员的主要目标是就财务报告的合法性和公允性发表意见，揭示舞弊只不过是一种次要目的。也就是说，“揭示舞弊只是为了达到证明报表公允性这一最终目的的手段，只有当审计人员认为舞弊会影响报表的公允表达时才将舞弊列入审计范围”。

第二，防止舞弊。确立这个目标可以为舞弊审计开拓更广阔的空间，这个目标也体现了舞弊审计目标与财务报表审计目标的重要区别。舞弊审计人员不仅要评估存在的舞弊风险，查找可能存在的舞弊，也要对防止舞弊的出现或再次出现提出意见。

2. 舞弊审计具体目标

舞弊审计具体目标是指审计人员在舞弊审计具体实践中所要达到的审计目的。它是舞弊审计一般目标在审计具体实践中的应用。具体目标必须结合被审计对象的特点制定。

下面我们举两个舞弊审计项目的例子，看舞弊审计的具体目标应该如何表述和界定。

案例 1. 查找外部人员对某公司员工的商业贿赂。

审计的具体目标是寻找商业贿赂是否存在证据。

案例 2. 查找公司财务报表中利润虚构的事实。

审计的具体目标是查找利润虚构的具体金额、虚构方法等证据。

从上述案例可以看出，舞弊审计具体目标无非是舞弊审计一般目标在特定环境下的展开而已。在表述舞弊审计具体目标时，要做到具体情况具体分析。

三、舞弊审计假设

假设是哲学和逻辑学中的一个概念，指若干理所当然的原始命题是进行演绎推理或科学论证的先决条件。假设是任何科学产生和发展的先导。因为对任何科学的研究都会产生一系列未被确知并难以直接论证的问题，而任何科学的原理、定律及结论的产生，都要依赖于某种特定的假设，即首先建立假设，再进行实验、实践，作进一步的验证，然后才能形成科学的理论。在社会科学领域中，人类要对各种社会疑难问题找出答案和作出解释，势必都要借助种种假设。然后通过对客观事物的观察提出合乎逻辑的假设，经过不断实践得到验证，在反复验证中探索出科学的奥秘和正确的结论。因此，提出切合实际而又符合情理的假设，既是进行科学研究的必要，又是指导社会实践的必要。

舞弊审计假设是指为了实现舞弊审计的目标，考虑到客观环境的影响而设定的舞弊审计活动的若干前提或制约条件。如果违反了这些基本前提或制约条件，舞弊审计就不能建立一套完整的理论体系，从而不能很好地为公众服务，甚至还会改变舞弊审计的性质和职能。

（一）审计假设的内容

审计假设是20世纪60年代由美国学者莫茨和夏拉夫在其成名作《审计哲理》中首次提出的。审计学作为一门监督科学，自然也需要有特定的假设。比如，为什么要进行审计，要对什么样的资料和活动进行审计，如何判别审计证据力与证明力，怎样提出审计意见和建议，等等，都离不开假设。如果没有既符合客观实际又合情合理的审计假设，不仅建立不起审计学科的理论，也无法开展审计工作。无论社会制度如何，也不管人的主观认识程度如何，审计假设始终存在，它是审计理论和实务产生和发展的基本前提。

审计假设的研究起步于美英审计理论界。其代表性人物有莫茨和夏拉夫、托马斯·李和弗林特，他们的研究成果分别代表国外的三种相互联系的审计假设体系。自实施审计制度以后，20世纪80年代中期，我国的审计学者开始了对审计假设的研究，由于受到美英学派的影响，我国的研究一般分为三种情况：一是根据莫茨和夏拉夫审计假设理论进行研究，把审计基本假设归纳为四条、五条或六条不等；二是根据托马斯·李审计假设理论进行研究，首先把审计假设分为必要性假设或原因假设、审计人员假设或行为假设和审计程序假设或审计报告假设三大类，其次在各类中设若干条；三是在综合研究美英学派审计假设理论的基础上，结合我国审计人员的发现，把审计假设划分为基本假设和特种假设两大类，并进一步规定各类审计假设所包括的内容。

1. 审计基本假设

审计基本假设是指适合于各种审计项目与审计全过程的假设，它是建立审计制度与开展审计工作的基础，主要反映审计必要性、可能性与目的性。

（1）审计必要性假设。审计是有目的的经济监督活动，其必要性和目的性应建立在假设经济责任关系和经济责任人存在的基础上。

当生产资料所有者与经营者分离以后，经营者接受所有者的资源，为所有者管理受委托的事项，这样，经营者对所有者就负有经济责任或会计责任。人们普遍认为，财产的经营者对财产的所有者应负的这种经济责任是理所当然的。正是因为这种经济责任关系和经济责任人的存在，审计工作才有存在的必要，才具有鲜明的目的性与针对性，审计就是监督检查被审计单位是否履行了它的经济责任或会计责任，并借以加强被审计单位的社会责任感。

（2）审计对象可证实性假设。审计工作之所以能进行，就是因为大家都假设：会计资料及其他经济资料、经济业务与经营活动是可以查得清的，对经营人员应负的经济责任是能够确定的。如没有这样的假设，也就没有进行审计的必要，因为被审计的对象无法证实，审计人员也无法对被审计对象表示任何意见。有了可证实性假设，审计人员就会使用有效的审计方法，去搜集能证实问题的各种审计证据；同时也促进了对审计证据与审计方法的理论研究和经验总结。证实是否存在、证实优劣状况、证实责任大小等，均要凭严格的证据说话。而整个审计过程实质上也就是取得充分、适当的证据，并据以判明受审对象状况与责任归属的过程。

（3）错误与舞弊存在性假设。在审计必要性和可证实性假设的基础上，就可以对错误与舞弊的存在、性质、原因、形成过程等进行假设。这样便于确定审计的范围和重点，实施必要的程序和方法，以利于查明问题与提高工作效率。

从审计对象整体上看，一般假设为内部控制健全可以减少错误与舞弊，现代审计的检查范围和使用方法取决于被审计单位内部控制是否健全和完善。如果没有这样假设，认为无论在什么样的单位内，在什么样的情况下，错误和舞弊无时无处不存在，就无法进行合理的审计。事实上，只要内部控制措施实施严密和得到良好执行，无意识的错误和有意识的舞弊现象必然会减少。根据错误和舞弊存在可能性的假设，在进行审计时，应首先检查内部控制设计与执行情况，然后根据评价结果决定进一步审计程序性质、范围和时间，这样有利于提高审计工作效率，把审计人员从大量的"数字游戏"中解放出来。

根据上述假设，还可以进一步假定为：如果被审计单位内部控制与以往相比没有改变，则以往的差错可能会增加本期的差错概率；同样，若以往没有差错，则会减少本期产生差错的概率。有了这一假设，审计人员就可以根据以往的检查情况，来确定本期应该检查的范围及重点、程序与方法，这样有助于减少审计风险，增加审计结论的可靠性。

对错误和舞弊，除根据内部控制状况进行假设外，还可以根据业务性质、业务重要程度及经手人员素质等方面进行假设。如收支频繁的业务发生差错的可能性大；货币资金与可变现资产收支业务发生舞弊的可能性大；大金额业务收支发生差错的可能性大；工作马虎、经验不足的管理人员发生差错的可能性大；思想品质不好又缺乏一定经验的管理人员发生舞弊的可能性大；经手钱、物的人比其他管理人员发生差错和舞弊的可能性大；差错有主观因素造成和客观因素导致两种，有意识造成的差错难以查明……总之，依据审计项目与具体对象的不同，错误与舞弊的假设也会多种多样。

（4）行为衡量标准假设。这里主要是指依据什么衡量会计人员行为方面的假设。会计人员进行记录、计算与报告时理应遵循公认的会计准则，即要正确地运用会计原理、原则与方法，客观地、前后一致地如实反映单位的财务状况与经营成果。审计人员在进行审计时，如果发现被审计单位的会计工作是按照会计的原理、原则与方法进行反映与报告的，各时期所采用的会计标准又是前后一致的，则可以认为其会计报告和会计资料是真实与公允的。有了这一假设，审计人员在开展工作时，就可以把精力放在对会计行为过程的检查上，而不必放在对行为结果方面的检查上，即要查明会计工作对各项财经法规、会计制度、会计原理等的贯彻执行情况，并据此来判定其结果的真实与否。

（5）无反证判定假设。审计理应重证据，但有时又很难找到合理的证据。在这种情况下，如果对于准备判定的问题提不出任何反对的证据，则可以以"提不出反对证据"为理由进行判定；另外，如果难以找到正面证据，倒有很多反面证据，则可以根据反面证据进行判定。

根据这一假设，可以对过去已被认为是真实的问题，在以后未发现任何明显的反证时，则还保持这种看法。例如，审计人员过去检查过的问题，在以后检查时没有发现明显的反证，则可以认为过去的检查是可信的。有了以上假定，可使审计工作具有连续性，前后一致，并使审计人员的责任有一个合理的界限，以降低审计风险。

2. 审计特种假设

审计特种假设主要是指适合于特定对象和特定场合的有关假设，例如，审计主体假设、审计方法假设和审计证据假设等。

(1) 审计主体假设。对审计人员素质与其专业职责要求相称方面的假设，即为审计主体假设。其主要内容是对审计人员可信性与胜任能力及承担责任方面的假设。

(2) 审计方法假设。审计方法假设是指审计方法运用条件及其使用成效方面的假设。审计假设与审计方法存在着十分密切的关系，无论是总体方法的使用，还是个别技术的使用，均离不开对特定对象与方法使用效果的假设。审计方法假设的内容很多，但主要有抽查法使用、程序法使用及询证法使用等。

(3) 审计证据假设。审计证据假设，即对审计证据进行收集、判断、评价时所运用的各种假设。这种假设的内容很多，主要包括四个方面：一是证据力的一般假设；二是证明力的一般假设；三是合理证据的假设；四是取证方法对证据力影响方面的具体假设。

(4) 其他方面假设。其他方面的假设是指审计过程中，遇到一些能够解决的具体问题，从而需要作出特别处理的种种假设。如某些具体问题性质的假设、产生原因的假设及影响的假设等；又如，对一些作案手段的假设，对案件涉及的范围及有关人员责任方面的假设；再如，具体项目审计成本、审计效益及审计风险方面的假设等。

(二) 舞弊审计假设的内涵

结合审计假设的内容，舞弊审计的假设体系应当包括以下内容（叶雪芳，2008）：

1. 前提条件假设

假设一：被审计单位及其递交验证的财务报表和其他资料可能存在串通作弊和其他舞弊

这一假设是关于舞弊审计客体方面的，它不仅明确了舞弊审计的必要性，而且说明舞弊审计师应保持足够的职业怀疑态度。众所周知，审计产生于两权分离。随着商品经济的发展，财产所有权和经营权发生了分离，于是在这二者之间就存在一定的经济利益关系。财产经营者与财产所有权人关心的利益不同，客观上存在舞弊的动机。舞弊可能存在的假设不仅说明舞弊审计产生的理由，而且还从性质上明确了舞弊审计是一种证实性活动。该假设也说明，在审计人员和被审计企业的相关人员甚至管理部门之间存在潜在的利益冲突，这也与财务报表审计的基本假设相悖。

假设二：信息可验证性假设

该假设是舞弊审计存在的客观基础。可验证性是指两名以上独立工作的合格审计人员从数据的检查中能得出大体相同的结论。验证是使人相信命题的手段。通过验证获取充分的资料，可能证明命题是正确的，也可能得出相反的结论。这一假设非常重要，由于舞弊审计是一种证实性活动，除非财务报表等资料是可验证的，否则，舞弊审计就失去了可验证审计的对象，也就失去了生存的条件。

假设三：审计人员可信性假设

这一假设说明审计人员在审计过程中能够尽职尽责，承担起应有的审计责任。根据这一假设，审计人员为了履行其职责，必须对审计工作作出周密的安排，并以应有的职业谨慎态度去执行审计业务，以便尽可能地发现被审计单位可能存在的问题。

2. 审计行为假设

假设一：成本效益原则假设

这个假设说明，在进行审计前要充分估计舞弊审计的投入和产出。在其他条件相同的情况下，舞弊审计的效果一般与审计资源的投入成比例，投入越多，舞弊审计的效果越好。在考虑是否进行舞弊审计时，要考虑投入与产出，如果得不偿失，不如放弃审计。也就是说，如果进行舞弊审计的效果大于进行舞弊审计成本，则进行舞弊审计，否则，应停止舞弊审计。但在考虑舞弊审计的效果时要考虑各种因素，不仅是直接效果，还包括侦破舞弊带来的间接收益，如威慑作用等。随着审计实践的发展，对成本与效益的评估会出现较为精确的量化方法。

假设二：内部控制局限性假设

这一假设认为，内部控制系统有其局限性，并非总是能够减少错误与舞弊事项的发生，舞弊审计不可过分信任内部控制。该假设是由舞弊的性质决定的。舞弊是一种故意的行为，有理由相信，舞弊者会故意利用内部控制的缺陷，甚至伪造内部控制有效的假象，常规的控制测试很难查出精心设计的舞弊行为。这一假设也决定了舞弊审计中经常采用详细审计的方法。

3. 审计人员有限责任假设

该假设认为，舞弊审计人员应以其获得的审计资源为限，承担有限责任。舞弊审计师在承接业务前，应考虑其将要承担的责任。该假设说明，舞弊审计责任不同于财务报表审计责任。在财务报表审计中，应对有关责任问题进行具体分析，如果审计行为是恰当的，所得出的审计结论也应是合理的，则审计就可以不负责任。但在舞弊审计中，由于舞弊审计的主要目标是发现舞弊，在审计人员能力相同的情况下，舞弊审计获得的证据与其投入的资源成正比。因此，舞弊审计人员承担的责任也应与其耗费的审计资源相联系，审计人员根据事先约定投入的审计资源确定承担的相应责任。

在舞弊审计中，审计师的责任是依据公认的审计准则、会计原则和其他相关法规的要求出具审计报告，对被审计单位会计报表等审计对象中是否存在舞弊及舞弊的严重程度等表示意见，并对审计报告的真实性、合法性负责。根据这一假设，审计人员对被审计单位的会计报表进行审计、出具审计报告后，如果所提供的审计报告与事实不符，审计人员应承担违约责任和其他责任。将舞弊审计师的责任定位类似于律师的有限责任，可以帮助审计师走出困境。该假设为判定舞弊审计的法律责任提供了前提，使审计师不至于经常陷于诉讼的旋涡，从而有利于舞弊审计事业的发展。

四、舞弊审计责任

舞弊审计责任包括舞弊审计职业责任和舞弊审计法律责任。舞弊审计的职业责任和法律责任之间具有密切的联系，不明确职业责任，就很难追究舞弊审计人员的失职行为所应承担的法律责任。

（一）舞弊审计职业责任

舞弊审计职业责任是指审计人员在承办舞弊审计业务中所应履行的职责。研究舞弊审计职业责任，主要应解决职业责任主体、范围和对象三方面的问题，也就是要明确舞弊审计由谁负责、对什么负责、对谁负责。

1. 舞弊审计职业责任主体

舞弊审计职业责任主体也就是舞弊审计的主体，是指承担舞弊审计职责的组织或个人。目前，承担舞弊审计职责的审计机构可分为三类，即：国家审计机关、内部审计机构和社会审计组织。这三类机构在执行舞弊审计的职责时体现出不同的特点，各自有不同的优势和劣势。

（1）国家审计机关。国家审计机关是代表国家执行审计监督的机关，它依法独立行使审计监督权，不受其他行政机关、社会团体和个人的干涉。国家审计机关在执行舞弊审计的职能时具备如下优势：

首先，与内部审计和社会审计不同的是，国家审计居于高层次监督的地位，它不以本部门的收益为目标，唯一业务目标就是经济监督。国家审计机关由国家拨付经费，在经济上完全不依赖任何被审计单位，不会为了取得被审计单位提供的审计收入和咨询服务收入而丧失独立性。

其次，国家审计机关处于对内部审计部门和会计师事务所进行再监督的地位。在经济犯罪监督体系中，国家审计机关站在前沿“阵地”，可以主动“侦察敌情”，从纷繁复杂的会计账目中发现舞弊线索，为检察、纪检、公安等部门办案提供重要的证据。国家审计的特点决定了国家审计机构可以承担舞弊审计的重任，尤其是在我国国有资产庞大且公司治理结构不完善的环境下，国家审计在舞弊审计中更应该起到先锋、主导作用。

国家审计机关开展舞弊审计虽有地位上的优势，但也有其不足之处，主要表现在国家审计会受到审计资源条件的限制，所能审计的业务很有限。国家审计机关应利用其特有的地位确立合理、有效的舞弊审计实施策略，既要发挥在舞弊审计中的先锋、主导作用，又要充分利用和调动社会审计和内部审计的积极性，在开展舞弊审计时，采用联合社会审计和内部审计的策略和方法（如组合审计等），使审计资源得到最优利用，使舞弊审计在最大范围内开展。

（2）内部审计机构。内部审计机构是由部门、单位内部组织建立，在部门、单位内部行使审计监督权，对内部经济责任履行情况进行监督检查的审计组织。内部审计人员在本质上关注的是控制，这自然就包括对舞弊的控制，因此，实施舞弊审计是内部审计人员的基本职责之一。当前，国外企业组织的高级管理层特别重视开展企业内部的舞弊审计工作，这是由于内部审计师对组织的业务和控制都比较熟悉，因此内部审计人员更容易发现舞弊问题。在治理结构完善的公司中，公司内部审计委员会直接向董事会报告，这样就可以合理保证内部审计人员在舞弊行为追查过程中的有效性和客观性。但内部审计人员仍有不足之处，包括独立性不足、专业胜任能力有限等。目前，内部审计人员的舞弊审计效率还是很低，很多情况下舞弊行为的发现取决于运气或是舞弊行为人的自我暴露。为了保证舞弊审计工作的质量，内部审计还必须满足下面几个条件：

第一，应满足内部审计资金需求。为适应外部经济形势的变化和公司管理当局的新要求，内部审计工作范围正逐步扩大，不仅包括财务审计，还涉及经营审计等。面对越来越多的任务，要保证舞弊审计的效果，就必须相应增加内部审计预算规模，从而保证反舞弊的人力和物力投入。

第二，应加强反舞弊专门培训。审计程序是审计人员在审计过程中必须实施的审计步骤，按照恰当的程序进行审计可以防止疏漏，及时发现舞弊。内部审计人员的传统审计操作程序无助于提高舞弊审计效率，只有加强对内部审计人员在反舞弊方面的相应技术培训，使他们掌握各类舞弊行为的形式、发生频率、预警信号以及应采取的措施等，才能够最终提高审计效率。

第三，要保持一定的审计独立性。独立性是一切审计工作质量得以保证的根本前提，内部审计人员保持足够的独立性在舞弊审计中尤为重要。因为在实际工作中，组织内部舞弊的主体常常是管理者。这样一来，就形成了一组矛盾。一方面，内部审计部门受管理层的领导；另一方面，审计部门要对上司进行审计，保持独立性自然就成为一个重要的问题。为了保障内部审计的独立性，应在公司治理结构中将内部审计的地位提升到较高的层次，使其尽量少受各级管理层的干涉。

(3) 社会审计组织。社会审计组织，又称“民间审计组织”，是指根据国家法律规定，经政府有关部门批准注册登记，开展查证、咨询等业务，为社会各界服务的审计组织。它依法独立承办鉴证、咨询等服务，实行有偿服务，自收自支，独立核算，依法纳税。

从公司反舞弊的角度看，外部独立审计是公司控制舞弊行为发生的重要环节。注册会计师比内部审计人员受到的专业训练更多，因此，实际上注册会计师目前是舞弊审计的主体。但现代审计的主要目标已不再局限于最初的查错防弊，而是转向了财务报告公允性的验证。从成本效益角度考虑，注册会计师承担舞弊审计责任的意愿是不足的：一方面，由于舞弊专项审计要求采用特殊的审计程序和技术，开展舞弊专项审计必然导致投入增加和成本上升；另一方面，审计期望差的存在使社会公众认为原先的审计费用已经涵盖了舞弊专项审计服务，注册会计师没有很好的理由要求其客户多支付审计费用。同时，由于资产流失舞弊本身并不一定对财务报表的鉴证产生影响，注册会计师在对客户财务报表进行鉴证的时间框架内往往不能同时开展资产流失舞弊行为审计。然而，随着实务中由于资产流失舞弊和财务报表舞弊所导致的审计风险的逐渐加大，注册会计师的或有成本也将会大大增加，因此社会审计组织开展舞弊专项审计已是必然趋势，他们丰富的审计经验有利于提高舞弊专项审计效率。

2. 舞弊审计职业责任的范围

舞弊审计职业责任范围是一个由审计目标范围和审计行为依据所共同决定的二维职责域，其中，第一维由审计目标的内容所确定，第二维由反映审计行为依据的审计假设和审计准则所确定。

(1) 舞弊审计的行为依据对舞弊审计职责的影响。

首先，舞弊审计假设是舞弊审计职责域的下限。舞弊审计是一门应用科学，舞弊审计假设规定了舞弊审计活动的前提和制约条件，也同时设定了对舞弊审计职业责任的最低要求，是判断审计职责的重要依据，只有对舞弊审计所依赖的基本假设有一个清楚的表述，才能对舞弊审计人员的职责作出令人满意的规定。例如，在进行舞弊审计时，如果没有审计人员有限责任假设，那么审计人员就必须对企业舞弊行为的后果负无限责任，审计人员的职责就无止境。只有确立了这条假设，才能使舞弊审计人员承担的责任与其耗费的审计资源相联系，使审计人员根据事先约定投入的审计资源确定承担的相应责任，审计职业才能健康长久地发展下去。可见，审计假设在舞弊审计职责的界定中有其特殊的意义。

其次，舞弊审计准则是舞弊审计职责域的上限。审计准则是审计人员从事审计工作并进行质量控制所依据的行为标准，制定审计准则的目的，一方面是为了提高审计工作质量，另一方面也是为了明确审计人员的职责。由于审计准则是审计职业界和客户及社会公众共同期望达到的审计工作质量标准，所以具有公认性和可接受性。虽然它是最起码的质量标准，但由于只要达到了审计准则的基本要求，审计人员就完成了其专业职责，因而它是衡量审计职业责任的上限。舞弊审计准则在舞弊审计职责的确定中也应起到同样的作用。

（2）舞弊审计目标对舞弊审计职业责任的影响。

舞弊审计目标是根据社会需求和审计能力确定的，它是社会与审计职业界对审计所要达到的预定结果的共识。从事舞弊审计工作的职责在于运用恰当的审计技术和方法保质保量地实现审计目标。因此，舞弊审计的目标范围影响着舞弊审计的职责域。

首先，舞弊审计的第一目标就是揭示舞弊。为了确保这一目标的实现，审计人员必须履行正确鉴定舞弊是否存在的职责。这一职责是舞弊审计区别于财务报表审计的一个重要方面。财务审计人员的主要职责是对企业所选择的会计方法是否适合公司的业务环境作出判断，以确定其适当性。其主要目的是评价企业管理部门所作出的选择是否恰当，从而评价报表的合法性和公允性。在舞弊审计中，揭露舞弊（未必是重大舞弊，也可能是性质轻微的舞弊）却成为审计人员不可推卸的责任，评价财务报表的合法性和公允性并不是舞弊审计的直接责任。

其次，为了实现舞弊审计第二目标——防止舞弊，舞弊审计人员应做到：

第一，计划自己的工作，以查出舞弊行为；

第二，帮助委托人健全内部控制，以防止舞弊的再次发生。对于审计人员在舞弊审计中发现的被审计单位内部控制缺陷，应该给予提示。

此外，审计人员在努力实现舞弊审计目标时除应履行上述职责外，还有一些其他职责，包括保持独立性的职责、遵守职业道德准则和公认审计准则的职责等。

舞弊审计是一种专业技术服务，它应随社会环境的发展而发展，只有这样，才能充分显示其价值，因而审计目标的确定应尽可能与社会期望相统一。相应地，舞弊审计的职责也会随着舞弊审计目标的变化而变化。

另外，在进行舞弊审计时，必须将舞弊审计的目标、审计人员的职责在合同或业务约定书中规定清楚，以便一旦发生责任纠纷时能够分清各方责任。虽然在财务报表审计中为了让客户明确审计人员的职责范围，一般也都签有业务约定书，但由于法定审计的目标、职责等都有较为明确的规定和法律依据供参考，因而财务报表审计业务约定书的内容基本都相同，只是作为一种法律手续予以履行。由于舞弊审计目标和职责尚无具体的法律规定和依据，因此，在舞弊审计实践中，审计人员的职责范围主要是根据具体审计项目的审计目标在业务约定书中确定的，为了更好地确定舞弊审计的目标和职责，必须在委托合同或业务约定书中予以说明。

3. 舞弊审计职业责任的对象

舞弊审计职业责任对象是指舞弊审计人员承担的职业责任涉及的利益相关者。与财务报表审计不同，舞弊审计的职业责任对象通常只包括客户，并不包括利用财务报表和审计报告的其他第三者。

客户是指舞弊审计的委托人。审计人员对客户的责任是建立在合同关系基础之上的。财务报表审计业务的委托常常没有明确的严格意义上的合同，取而代之的是由各会计师事务所与客户签订的业务约定书，用以明确对审计的目标、范围以及审计人员与企业管理部门的职责划分等相关事项。由于委托审计人员进行财务报表审计是一种法定要求，因此这种约定在各个国家都具有法律效力，都为法庭所认可。与财务报表审计不同的是，对于舞弊审计，各国法律中尚无明确的要求，因此，进行舞弊审计必须事先签定更为详细的业务约定书，这种业务约定书更类似于经济合同。在舞弊审计中，审计人员的所有权利、义务和责任完全由客户与审计人员协商而定，因而业务约定书的作用就更重要，一旦发生责任纠纷，主要以业务约定书的条款作为确定责任的依据。由于业务约定书阐明了审计人员的全部职责和义务，因此舞弊审计人员向客户承担的首先是业务约定书的合同责任。

与财务报表审计不同的是，舞弊审计的责任不一定会扩展到第三者。所谓第三者，是指与审计人员没有合同关系的一切报表使用者，包括债权人、保险商、潜在投资者、银行、政府机构、职工以及财务咨询服务机构等。在财务报表审计中，第三者是信息资源的重要消费者，财务报表审计的审计责任已经扩展到第三者。但在舞弊审计中，因为舞弊审计的主要目标只是揭示舞弊和防止舞弊，业务约定书中已经将舞弊审计的范围规定清楚，应根据合同的约定、具体的环境和具体的案情对第三者的范围作出合理的界定。一般情况下，舞弊审计责任不会扩展到第三者。但如果确实存在舞弊却未发现，给合同中约定的第三者造成损失，审计人员则须承担责任。

（二）舞弊审计的法律责任

法律责任是人的社会性的强制实现，其意义在于规范人们的某些积极行为和通过强制对后果负责来约束人的消极行为。舞弊审计法律责任是指依照有关法律法规，审计人员在承办业务过程中因工作失误等原因给委托人等造成损失而应承担的责任。舞弊审计法律责任按责任产生的原因可分为合同责任和民事侵权责任，按责任性质可分为过失责任和欺诈责任，按审计人员承担责任的内容可分为行政责任、民事责任、刑事责任三种形式，其中，审计人员较多涉及的是民事责任和刑事责任。

1. 舞弊审计的民事责任

行政或刑事处罚只涉及对审计师的惩罚，只有民事责任才关系到注册会计师或其会计师事务所对他人利益负民事赔偿责任问题。由于审计人员与客户之间存在合同关系，舞弊审计对客户的民事责任主要是合同责任。合同责任是指审计人员在执行审计业务中因违反合同条款而应承担的法律责任。在合同法下，合约双方都拥有合同条款所确立的权利。审计人员一旦失职，客户就可依据这种权利进行起诉。舞弊审计人员在履行对客户的合同责任时，必须注意要签订一份明确陈述其审计目标、范围和要求的合同或业务约定书，并认真负责地履行所有的合同职责。

舞弊审计除对客户负有合同责任外，在审计工作中如未恰当地发表审计意见，还须承担民事侵权责任。民事侵权行为是指民事侵犯权利或民事违法，而不是违反合同。审计人员在审计工作中如果没有保持应有的谨慎而出现差错、失职或错误表述，并由此给相关各方造成损害，就须承担民事侵权责任。

由于审计人员对客户负有上述责任，客户有权依据审计人员的违约行为和民事侵权行为等向法院提起起诉，从而迫使审计人员不断提高审计质量、履行审计义务。严峻的事实告诫审计人员在执业中必须保持应有的职业谨慎，以承担对客户的民事责任。这种来自客户的对审计人员的监督是促进其提高审计质量、履行审计职责的一个重要因素。

2. 舞弊审计的刑事责任

对于审计人员来说，刑事诉讼的结果可能不只是承担辩护费、罚金和判刑，一件成立的刑事诉讼案往往会引起民事责任，常常会导致审计人员破产，因此后果相当严重。

在美国，对审计人员追究刑事责任的联邦法律主要有 1933 年《证券法》、1934 年《证券交易法》《联邦虚假表述法》和《联邦邮件欺诈法》等。审计人员对明知虚假的报表故意作不实证明是被提起刑事诉讼的主要原因。

在英国，对审计人员提起刑事犯罪诉讼的法律主要是 1958 年的《防止欺诈法》和 1968 年的《盗窃法》。其中，《盗窃法》的第 15 条至第 19 条专门处理公司高级职员伪造报表，提供有重大错误、误解或欺诈的信息，通过欺骗手段获取不当财产和好处，以及由公司高级职员公布或同意公布意在诈骗股东或债权人的含有严重误解、错误和欺骗性信息的书面说明或报表等刑事犯罪行为。这些规定虽然只适用于公司的高级职员，但在英国的《公司法》中规定，公司委托进行法定审计的审计人员也被看作是公司的高级职员，所以对公司高级职员的法律条款同样适用于审计人员。《防止欺诈法》则对任何参与编制误解的、错误的和欺骗性的说明、许诺或预测以引诱购买证券或提供资金的人提起刑事犯罪诉讼。与 1968 年的《盗窃法》相比，前者主要是对以欺诈为目的的行为进行起诉，后者则对粗心大意的行为进行起诉，只要审计人员参与了这些工作，他们就须对此负法律责任。

我国判断审计人员刑事责任的主要是成文法。主要包括《中华人民共和国审计法》《中华人民共和国注册会计师法》《中华人民共和国公司法》和《中华人民共和国刑法》等法律中有关审计人员刑事责任的规定。但目前我国法律环境还不够完善，体现在审计师法律责任上，主要表现为：法律法规不协调，《中华人民共和国刑法》和《中华人民共和国证券法》等法律中涉及的注册会计师法律责任存在许多矛盾之处，现行法律的可操作性较差，处罚力度不足等。与此同时，诉讼爆炸的冲击已经波及我国。当审计人员失职使客户及利益相关者的利益受到损害时，他们往往会诉诸法律。在 1992 年深圳原野公司事件和 1993 年北京长城公司事件以及“红光实业”、“东方锅炉”、“银广夏”等案例中，相关会计师事务所均被追究法律责任，相关注册会计师也因此受到了刑事处罚，这些案例已经成为中国审计责任史上的典型。

为了恢复资本市场的信心和重建人们对经审计的财务报表的信任，职业界开始倾向于承担更多的查找舞弊的责任。为此，审计准则制定机构作出了多方面的努力，修订、发布了多项准则，试图建立更有效的反舞弊标准体系。但是，提高舞弊审计效果是一个系统的工程，不是发布一个较为完善的舞弊审计准则就能解决的，还需要责任承担机制、审计目标定位、审计委托机制、风险处理机制等相关方面的配套改革，其中，健全与舞弊审计法律责任相关的法律法规，建立责任承担机制，解决舞弊审计的责任界定问题，是实现职业界良好意愿的前提，否则，仍无法解决注册会计师面临的难题。

本章小结

通过本章的学习，我们从舞弊审计的产生和发展、舞弊审计的内涵及与相关概念之间的异同、舞弊审计的目标、假设和责任几个方面对舞弊审计有了一个整体性的认识。舞弊审计的产生相对较晚，其中还有很多理论问题处于不断总结、完善的阶段，还需要在实践中加以深化。

思考题

1. 舞弊审计与财务审计有什么区别？
2. 哪些因素推动了舞弊审计的发展？
3. 舞弊审计假设体系应当包括哪些内容？

第三章 舞弊审计准则

案例导入

2020 年 9 月，广州市浪奇实业股份有限公司（以下简称“广州浪奇”）发布公告称价值 5.72 亿元的存货“不翼而飞”。公司无法对存放在江苏鸿燊物流有限公司及江苏辉丰石化有限公司的货物开展正常盘点及抽样检测工作，相关存货价值高达 5.72 亿元。而在沟通之后，鸿燊公司、辉丰公司均否认保管有公司存储的货物。

经过调查发现，洗衣粉消失是假，事实是广州浪奇在 2018 年和 2019 年年报中存在虚假记录，其两年虚增营业收入逾 128 亿元，虚增利润逾 4 亿元、虚增存货逾 20 亿元。

最终广东证监局对广州浪奇作出行政处罚决定显示：

2018 年 1 月 1 日至 2019 年 12 月 31 日，广州浪奇通过虚构大宗商品贸易业务、循环交易乙二醇仓单等方式，虚增营业收入、营业成本和利润。通过上述方式，广州浪奇《2018 年年度报告》虚增营业收入 6234322859.99 元，虚增营业成本 6023835603.98 元，虚增利润 210487256.01 元，占当期披露利润总额的 518.07%。

广州浪奇《2019 年年度报告》虚增营业收入 6651448598.32 元，虚增营业成本 6450009272.10 元，虚增利润 201439326.22 元，占当期披露利润总额的 256.57%。

2018 年 1 月 1 日至 2019 年 12 月 31 日，为美化报表，广州浪奇将部分虚增的预付账款调整为虚增的存货。通过上述方式，广州浪奇《2018 年年度报告》虚增存货金额为 956423831.44 元，占当期披露存货金额的 75.84%、披露总资产的 13.54%、披露净资产的 50.53%。

《2019 年年度报告》虚增存货金额为 1082231342.91 元，占当期披露存货金额的 78.58%、披露总资产的 12.17%、披露净资产的 56.83%。

广东证监局决定：

对广州市浪奇实业股份有限公司给予警告，并处以 450 万元罚款；对傅勇国给予警告，并处以 300 万元罚款；对陈建斌、王志刚、邓煜、黄健彬给予警告，并分别处以 150 万元罚款；对陈文给予警告，并处以 50 万元罚款；对王英杰给予警告，并处以 5 万元罚款。

——资料来源：《新浪财经》

思考：为了避免此类案件再度发生，舞弊审计准则应当着重从哪几个方面进行规范？

学习目标

1. 了解国际舞弊审计准则及其发展历程；
2. 了解美国舞弊审计准则及其发展历程；
3. 熟悉中国舞弊审计准则。

第一节　国际舞弊审计准则

进入21世纪以后，以安然事件为代表的一系列特大财务舞弊和审计失败的案例，引起了社会公众的强烈不满。为了恢复对资本市场的信心，重新把经审计的财务报表塑造为投资者了解企业经营状况的“干净”窗口，审计准则制定机构作出了多方面的努力。国际会计师联合会（International Federation of Accountants，IFAC）下属的国际审计与鉴证准则委员会（International Auditing and Assurance Standards Board，IAASB）连续重拳出击，修订、发布了多项准则，包括2018年10月发布的ISA 540《对会计估计和相关披露的审计》、2020年12月发布的ISA 220修订版《财务报表审计中的质量管理》、2022年4月发布的ISA 600修订版《集团财务审计的特殊考虑》等。

ISA 240 2022年修订版草拟是基于2009年起实施的《国际审计准则第240号——审计师在财务报表审计中对舞弊考虑的责任》。在当前世界范围内财务报告舞弊案件层出不穷、舞弊形式日益复杂的大背景下，IAASB修订ISA 240是形势所迫，其目的是要提高注册会计师在执行财务报告审计时发现并揭露公司舞弊财务报告的能力。

一、修订版ISA 240的简要介绍

修订版ISA 240主要包括介绍、目标、定义、要求和应用及其他解释性材料五部分，其中，要求和应用包括以下10方面：（1）职业怀疑态度；（2）审计小组成员间的讨论；（3）风险评估程序和相关活动；（4）舞弊性重大错报风险的识别和评估；（5）针对舞弊性重大风险的应对措施；（6）审计师退出审计聘约；（7）同管理层和公司治理负责人的沟通；（8）同监管部门的沟通；（9）管理当局的陈述；（9）评价审计证据；（10）文件。

二、修订版ISA 240的主要变化

（一）指出识别舞弊或疑似舞弊的阶段

舞弊可能在企业的各个环节发生，ISA 240修订版指出可以在风险识别和进一步审计程序中获取企业舞弊或疑似舞弊的审计证据。其中，风险评估程序可以帮助了解实体及其环境、适用的财务报告框架和实体的内部控制系统，为识别因欺诈造成的重大错报风险提供适当的基础；进一步审计程序可以帮助应对评估的风险。

（二）提出对有效质量管理体系的承诺

职业怀疑是一种对审计证据的怀疑和批判评价的态度。ISA 240 修订版提出对有效质量管理体系的承诺，强调在审计全程中保持职业怀疑精神。其中，有效质量管理体系的承诺包括：（1）公司领导对质量的承诺，高层领导支持和鼓励审计师在财务报表的审计中关注审计师与欺诈相关的责任；（2）认识到资源需求是以符合公司对质量的承诺的方式来规划和获得、分配的，例如，在执行与财务报表审计中欺诈有关的审计程序时可能需要具有适当的专业知识和技能的资源。

（三）强调舞弊预防，提出舞弊风险管理项目的五要素

为了更好地执行风险评估，ISA 240 修订版指出，管理层可以通过实施舞弊风险管理计划，作为实体风险评估过程的一部分，强调舞弊预防。舞弊风险管理程序的设计可能会受到实体的性质和复杂性的影响，并可能包括以下五个关键要素：（1）建立欺诈风险治理策略；（2）执行舞弊风险评估；（3）设计和部署舞弊预防性和检验性控制活动；（4）进行调查；（5）监督和评估总体舞弊风险管理计划。

（四）强调了收入确认中的舞弊风险

在识别和评估因舞弊导致的重大错报风险时，审计师应基于收入确认中存在舞弊风险的假设，确认和评估哪种类型的收入、收入交易或相关认定导致此类风险。ISA 240 修订版明确指出，由于收入非常容易受到欺诈性财务报告的影响，尽管收入交易简单或适用的确认标准简单，但在收入确认中可能存在欺诈，因此在收入确认时应假设存在舞弊风险。同时，当存在与收入确认相关的欺诈风险因素时，通常不适合反驳收入确认中的欺诈风险推定。

（五）补充了收集审计证据后的可能情形

根据对财务报表层次和认定层次因舞弊造成的重大错报风险的评估所执行的审计程序，ISA 240 修订版指出，如果审计师可以获得审计证据，那么存在如下三种情况：（1）将舞弊导致的重大错报风险降低到可接受的低水平；（2）表明存在舞弊或疑似舞弊；（3）已发现舞弊造成的错报。如果审计师无法获得足够的适当审计证据来得出结论，那么存在如下两种情况：（1）舞弊造成的重大错报风险已降低到可接受的低水平；（2）存在舞弊造成的错报，可能导致财务报表的重大错报。针对审计师执行进一步审计程序，ISA 240 修订版补充了有迹象表明存在舞弊或疑似舞弊时及由于舞弊而造成的错报已被确认的两种可能情形并提出相应的应对措施。

（六）强调从定性和定量的角度识别由舞弊导致的重大错报风险

审计师应通过考虑定性和定量因素来确定因欺诈而导致的错误陈述是否重要。ISA 240 修订版补充了考虑定性和定量因素的实例。其中，定性因素的例子包括考虑错报是否涉及治理层、管理层、关联方或其他第三方；是否遵守法规要求；是否遵守债务契约或其他合同要求。定量因素的例子包括考虑错报是否影响诸如每股收益、净收益和营运资本等关键绩效指标；是否影响多个报告期，如错报对当期财务报表产生非重大影响，但可能对

未来期间的财务报表产生重大影响。

（七）补充了与舞弊相关的关键审计事项细节，包括沟通、确定、描述、特殊状况等

针对沟通关键审计事项，包括审计人员报告中的舞弊风险部分，ISA 240 修订版指出，审计人员应描述每个与舞弊相关的关键审计事项，并使用适当的副标题，明确描述该事项与因舞弊导致的重大错报风险有关。

针对确定舞弊相关的关键审计事项，ISA 240 修订版指出，在确定关键审计事项时需要考虑可能相关的由舞弊引起的重大错报风险的重要性，需要考虑到：（1）基础会计政策的性质，涉及因舞弊而造成的重大错报风险，或管理层在选择适当的其他实体时所涉及的复杂性或主观性；（2）因舞弊而造成的已更正和累积的未更正的错报的性质和重要性，这与因舞弊而造成的重大错报风险有关。（3）处理舞弊导致的重大错报风险所需的审计工作的性质和程度，包括应用审计程序处理由于舞弊导致的重大错报风险所需的专门技能或知识的程度，或评估这些程序的结果（如适用）；（4）由于舞弊而造成的重大错报风险是否涉及许多独立但相关的审计考虑。例如，长期合同可能涉及审计师对收入确认、诉讼或其他或有事项的重大关注，并可能对其他会计估计产生影响。

针对描述舞弊相关的关键审计事项，ISA 240 修订版指出，每个舞弊相关的关键审计事项的描述应包括参考相关披露，并应说明：（1）为什么舞弊导致的重大错报的风险被认为是最重要的，因此确定为舞弊相关的关键审计事项；（2）审计中如何处理由舞弊造成的重大错报风险，同时针对每种发现与舞弊相关的关键审计事项的舞弊预防和检测相关的内部控制存在重大缺陷时对舞弊相关的关键审计事项的描述提出了具体要求，并提供了具体操作示例。

针对被确定为与舞弊相关的关键审计事项因舞弊而造成的重大错报风险未在审计人员的报告中得到传达的情况，ISA 240 修订版指出，审计师应在审计报告中描述每个与舞弊相关的关键审计事项，除非法律或法规排除公开披露因舞弊造成的重大错报风险；或在极罕见的情况下，审计师决定由于舞弊导致的重大错报风险不应在审计师的报告中传达，因为这样做的不利后果将合理地预期超过这种沟通的公共利益，除非该实体公开披露了有关舞弊风险的信息。同时，ISA 240 修订版指出，如果审计人员基于事实和不同的情况进行审计，确定实体没有舞弊相关关键审计事项需要沟通，审计师应在审计报告的单独一节中以“关键审计事项，包括舞弊风险”的标题提出相应的声明。

第二节　美国舞弊审计准则

一、美国舞弊审计准则产生的背景

安然、世通等公司财务舞弊丑闻的曝出使号称最完美的美国资本市场也变得人心惶惶，注册会计师作为资本市场的“经济警察”，未能及时发现并披露公司财务报告中存在的重大舞弊，其舞弊审计方法肯定是存在一定问题的，这也使公众对注册会计师的信用产生了普遍怀疑。在加强会计监管、严厉打击公司财务造假呼声高涨的背景下，美国国会于2002年7月25日通过了对审计职业界影响重大的《公司改革法案》，这一法案打破了审计职业界的自律模式，取而代之的是以政府监督下独立监管为主的模式。自此之后，公认审计准则、事务所质量控制准则、职业道德准则、独立性准则以及其他与审计报告相关的准则由证券交易委员会监督下的“公众公司会计监管委员会”负责制定，这意味着美国注册会计师协会（American Institute of Certified Public Accountants，AICPA）正在逐渐失去审计准则制定权。如何制定审计准则往往关系到对注册会计师法律责任的认定，因此，该法案的通过给审计职业界带来了巨大压力。

此外，财务报告舞弊的经济后果也呈现出进一步扩大的趋势。单是世通公司财务报告舞弊一案就导致了近1200亿美元的市值损失，近1000亿美元的财产损失，其破产总额超过1000亿美元，再一次刷新了美国历史上的破产规模纪录。面对如此严重的经济后果，公众强烈希望注册会计师能在财务报告审计中及时发现和揭露舞弊。

在上述背景下，AICPA下属审计准则委员会为帮助审计职业界恢复公众信心，在综合理论界、实务界众多意见的基础上，于2002年10月15日发布了《审计准则第99号——考虑财务报告中的舞弊》（SAS No. 99），全面取代了1997年颁布的第82号审计准则。SAS No. 99引入新的舞弊风险评价模式，旨在从审计程序入手增强注册会计师执行财务报告审计时发现和揭露上市公司财务报告舞弊的能力。但是，SAS No. 99号准则的颁布并不是一蹴而就的事，该准则也经历了相当长时间的研究和完善。

二、美国舞弊审计准则的制度变迁史

从20世纪70年代到21世纪初，美国舞弊审计准则经历了四次重要的制度变迁，几乎每一次变迁都是在社会公众的强烈不满、政府加强监管的呼声下被迫进行的。

（一）第一次制度变迁（SAS No. 1—SAS No. 16）

1972年，AICPA在发布的SAS No. 1《审计准则和程序汇编》中明确规定：（1）揭露舞弊行为不是注册会计师的审计目的；（2）不能依赖常规的财务报表审计来确保揭露舞弊行为。这一准则实际上将注册会计师的财务报表审计和揭露舞弊严格区分，意味着审计人员在一定程度上可以不承担对舞弊的审计责任。在这一准则颁布以后，美国又连续发生了几起重大的舞弊案，如产权基金公司和全国学生营销公司舞弊案等，这与审计准则对注册会计师审计责任的规定不无关系。由于公众的强烈不满，加上政府监管呼声高涨，特别是证券交易委员会的压力，AICPA采取了一系列补救措施，如成立公众监督委员会（Public Oversight Board，POB），创建同业复核制度和在“会计师事务所部”下设“证券交易委员会业务处”，并于1977年1月发布了SAS No. 16《独立审计师检查错误和舞弊的责任》，取代了原SAS No. 1的有关规定，承认了注册会计师对舞弊负有审计责任。

从不承认注册会计师的舞弊审计责任到承认这一责任，美国舞弊审计准则实现了第一次重大转变，具有划时代的里程碑意义。

（二）第二次制度变迁（SAS No. 16—SAS No. 53）

SAS No. 16 虽然指出了注册会计师对舞弊的审计责任，但只是泛泛而谈，没有提供舞弊审计准则的详细指南，因此实际的效果并不理想。公司舞弊和审计失败的大案仍会经常出现，如 20 世纪 80 年代在美国轰动一时的林肯邮储信贷银行舞弊案，该银行通过欺诈性的房地产关联交易虚构利润，并借此出售大量的垃圾债券，使大批投资者损失惨重。该银行的审计业务曾先后被安达信、安永和杜罗斯三家会计师事务所承接，但均未能及时揭发该银行的舞弊问题，造成了严重的审计失败。该案同时也暴露出了当时注册会计师行业存在的许多问题，一些事务所为了争夺客源，赚取高额的审计费用，愿意冒着巨大的审计风险，承认虚假的财务报表；另外，审计人员在审计程序和审计方法上也存在着严重的失误。

为进一步改进和完善审计舞弊准则，1987 年，国会议员 Dingell 在《纽约时报》上发表声明："责成注册会计师职业界在一年内改进其工作，否则政府将正式介入。"虽然 AICPA 实行自律监管，但是始终存在被政府收回监管权的威胁。迫于国会的压力，AICPA 迅速采取行动，在充分考虑"全国反欺诈性财务报告委员会"提出的建议后，于 1988 年 4 月发布了 SAS No. 53—SAS No. 61，其中 SAS No. 53 和 SAS No. 54 分别取代了 SAS No. 16 和 SAS No. 17。

与 SAS No. 16 相比，SAS No. 53《审计师检查和报告错误及违规的责任》提供了更广泛的舞弊审计指南并强调了检查舞弊时应警觉的五大环境特征。SAS No. 53 扩大了注册会计师的责任，要求其必须评价舞弊和差错可能引起财务报表严重失实的风险，并以此为依据设计审计程序，以合理地保证揭露对财务报表有重大影响的舞弊和差错。不仅如此，注册会计师在拟定审计计划、实施审计程序及对其结果进行评价时必须给予应有的职业关注，审计人员必须保持适度的职业怀疑态度以合理地保证发现重大舞弊和差错。因此，除鉴证报表的公允性以外，揭露舞弊、差错以及非法行为已被看作是注册会计师财务报表审计时的重要审计目标，并成为注册会计师的直接责任。

美国舞弊审计准则的第二次制度变迁，实现了从总体立场上抽象承认注册会计师对舞弊负有审计责任，到明确要求注册会计师检查舞弊的工作重心前移至审计计划阶段，并合理保证所设计的审计程序能够查出重大错误和舞弊的转变。

（三）第三次制度变迁（SAS No. 53—SAS No. 82）

SAS No. 53 虽然扩大了注册会计师的责任，但是为避免因审计责任扩大而对审计行业产生严重不利影响，同时还规定了保护条款，指出因审计的局限性和舞弊的复杂性，注册会计师只能获取相应审计证据，合理保证财务报表不存在因错误和舞弊导致的重大错报，并不能对财务报表无重大错误和舞弊提供担保，更不能绝对保证发现由"欺诈或串谋"导致的重大舞弊行为。SAS No. 54 将非法行为分为两类：一是对财务报表所列项目的金额有直接的重大影响的非法行为，对这类非法行为的揭露，审计人员具有与揭露舞弊差错同样的责任；二是对财务报表有间接影响的非法行为，对这类非法行为，只有当这些情况发生并引起审计人员注意时，审计人员才有责任对其进行评价。

由此可知，美国舞弊审计准则的第二次制度变迁仍然存在不足，未能有效缩小与公众的审计期望差距。1993 年 3 月，POB 在题为《为了公众利益》的报告中明确指出，社会公众最关注和最期望的是注册会计师能够揭露管理舞弊并承担审计责任，但是注册会计师却无法满足这一要求，并且存在较大的差距。除这一报告外，1995 年通过的《私人有价证券诉讼改革法案》中也明确规定，注册会计师应承担识别和揭露某些舞弊的责任。这些压力促使 AICPA 在 1997 年 2 月颁布了 SAS No. 82《财务报表审计中对舞弊的关注》，取代了 SAS No. 53。

SAS No. 82 对注册会计师发现舞弊的责任进行了界定，并提供了相应的指南，包括应有的职业关注、计划审计、评价内部控制、收集充分适当的审计证据支持审计师的意见等方面的内容。和以往的舞弊审计准则相比，SAS No. 82 是第一个单独提及舞弊的审计准则，在这之前的准则是将“错误”和“违规”一同提及；SAS No. 82 还第一次单独使用了“舞弊”一词，以往的准则多是使用“违规”一词；SAS No. 82 将审计师审查舞弊的责任明确为审计全过程，而不仅局限于计划阶段，而以前并未明确审计计划阶段后审查舞弊的责任；SAS No. 82 要求审计师应对确定舞弊风险的过程进行记录，但以往准则并无具体规定；SAS No. 82 要求审计师书面记录其如何应对发现的审计风险，而以往准则对该要求提及甚少；SAS No. 82 强调审计师在与客户来往时要保持职业怀疑，并提供了需要审计师考虑的各类风险的具体指南；此外，SAS No. 82 还要求审计师应专门就舞弊风险询问管理当局，以从舞弊产生的源头开始审查。

美国舞弊审计准则的第三次制度变迁，使舞弊审计准则对审计实务的指导更具有综合性，尽管该准则并未改变公认审计准则对于审计责任的认定，即“合理保证财务报表不存在重大错报”，但它更多地阐述了发现舞弊的方法。

（四）第四次制度变迁（SAS No. 82—SAS No. 99）

SAS No. 82 颁布之后，财务舞弊的情况并没有得到有效遏制，仍然接连发生了一系列震惊世界的特大财务欺诈及审计失败案例，如安然公司舞弊案和世通公司舞弊案等。在这些舞弊事件爆发后，不但给投资者造成了重大的经济损失，同时还引发了公众对审计质量的强烈不满，美国政府及公众作出强烈反应，要求审计职业界作出自我检讨，切实改进舞弊审计的效果。在时任美国总统布什的直接干预下，AICPA 迅速作出反应，于 2002 年 10 月 15 日发布了 SAS No. 99《考虑财务报告中的舞弊》，这一修订周期是历次中最短的，也是从注册会计师审计程序入手解决舞弊问题迈出的重要一步。SAS No. 99 全面取代了 SAS No. 82，并修订了 SAS No. 1 中“执行审计工作时应有的职业谨慎”和 SAS No. 85 中“管理当局声明”的有关内容。

SAS No. 99 由十部分内容组成：（1）舞弊的描述与特征；（2）实施职业怀疑的重要性；（3）审计小组成员间讨论因舞弊导致重大错报的风险；（4）获取识别因舞弊导致重大错报的风险所需要的信息；（5）识别因舞弊可能导致重大错报的风险；（6）在考虑对被审计单位有关计划及控制的评价情况后评估已识别的风险；（7）对风险评估结果作出反应；（8）评价审计证据；（9）与管理当局、审计委员会及其他方面沟通舞弊情况；（10）记录审计人员对舞弊的考虑。其结构严谨，指导性更强，要求注册会计师在编制和实施审计计划时，必须保持职业怀疑的态度，识别和评估因舞弊导致重大错报的可能性，不考虑以前对该客户的审计经验及对管理层诚实性的观点，获取充分、适当的审计证据，以合理保证被审计单位财务报表不存在因错误和舞弊等导致的重大错报。AICPA 主席柏瑞·C. 梅勒肯指出："新准则对注册会计师的审计程序产生了实质性指导意义，增强了注册会计师发现和揭露财务报告舞弊的可能性。"

美国舞弊审计准则的第四次制度变迁，最突出的贡献在于以务实的态度总结提炼了更加有效的舞弊审计思路和程序，但并没有改变对注册会计师责任的定位，仍然只要求注册会计师提供合理保证，而非绝对保证。诚然，不断提高注册会计师舞弊审计的能力和效果固然重要，但更需强调的是审计客户管理当局、审计委员会、法规制定者及其他方面在预防和揭示舞弊中不可替代的作用。舞弊也应和财务报表一样，由公司管理当局承担首要责任。

三、SAS No. 99 的主要变化

与 SAS No. 82 相比，SAS No. 99 在舞弊财务报表的审计思路及程序上发生了显著变化，主要有七大新变化：

（一）引入新概念，强调了解舞弊环境的特别重要性

SAS No. 99 提出了新的"舞弊风险评价模式"，即建议注册会计师将足够的注意力放在产生舞弊的主要条件上，首次明确指出了解舞弊的环境及特征对审计舞弊的特别重要性，强调审计舞弊必须以了解舞弊环境为前提。为使注册会计师充分了解可能发生舞弊的环境，SAS No. 99 基于舞弊三角理论描述了舞弊普遍存在的三方面环境特征：（1）动机/压力（Incentive/Pressure）。指管理层受到一定压力或者具有某种动机进行财务报告舞弊。（2）机会（Opportunity）。指管理层利用某种方法获得进行财务报告舞弊的机会。（3）态度/企图（Attitude/Rationalization）。指一种态度、特征或是一组道德价值观使个人或多人有意或故意从事舞弊行为；或是指在某种环境下，某人能够为其舞弊行为找到合理借口。SAS No. 99 要求注册会计师从这三个方面关注舞弊风险因素，并结合利用从法律专家及其他人员处获得的相关信息来综合评价舞弊风险。

（二）共享经验，保持职业怀疑态度

SAS No. 99 对职业怀疑在审计工作中的重要性进行了强化，要求注册会计师由"合理怀疑"到"怀疑一切"。原舞弊审计准则（SAS No. 82）指出："注册会计师既不能认为管理层不可靠，也不能认为其完全可靠；注册会计师应该对审计证据持有怀疑的态度和批判式评价。" SAS No. 99 修正了这种对于"职业怀疑精神"的中性理解，首先假设不同层次上管理层舞弊的可能性，包括共谋、违反内部控制的规定等，并要求在整个审计过程中保证这种精神状态。正如柏瑞 · C. 梅勒肯指出："该准则试图使注册会计师在审计每个项目时都要保持高度的职业怀疑精神，不能推测管理层是诚实可信的，注册会计师应首先考虑是否有舞弊的嫌疑"。具体而言，新准则中关于提升"职业怀疑精神"包含两个方面的要求。

1. 在实务中，多数审计项目在接受委托阶段就已对客户诚实性及报表公允性作了初评，这会导致注册会计师对客户诚实性缺乏应有的职业怀疑态度。SAS No. 99 要求审计小组全体成员在审计计划阶段就管理层舞弊的可能性展开讨论，目的是在小组内共享集体智

慧结晶和识别舞弊的经验。准则第三部分规定：(1) 注册会计师应就被审公司的财务报告何处最容易发生舞弊，最可能以何种方式舞弊进行讨论和交换意见；(2) 注册会计师应在整个审计过程中对于重大舞弊的可能性保持适当程度的关注。

2. 在确认舞弊风险后，应采取必要手段收集和评价审计证据。在证据收集的过程中，审计小组的成员不应因认为管理层是诚实可靠的而满足于没有足够说服力的证据，应该更多地采用"突击性的审计测试方法"，即审计小组的审计计划设计应不易为客户所预料，并对那些一般不太可能进行测试的项目、账户等进行抽样测试。如 SAS No. 99 第 49 段规定："对存货的盘点应在事先未通知客户的日期或地点进行。"这一方法从一定程度上能够防止客户舞弊，提高注册会计师对会计信息质量的保证程度。

(三) 拓展询问

SAS No. 99 要求注册会计师向管理层询问其对本单位舞弊风险的看法以及所了解或怀疑舞弊方面的任何信息，也要求向被审计单位以外的其他个人或被审计单位各级雇员询问。关于具体向谁询问及询问何种问题，则需要合理运用专业判断。

(四) 扩大了识别舞弊风险的范围

SAS No. 99 强调注册会计师除关注 SAS No. 82 中提供的舞弊风险因素外，还应通过审计小组讨论、向管理层和其他人员询问、在计划阶段执行分析程序、考虑舞弊风险因素等途径获取所需的信息。在识别舞弊风险时应综合利用这些信息，并考虑可能存在的风险类型（是舞弊财务报告或是重大资产错报）、风险的重要性、导致报表重大错报的可能性、风险的类别（是报表总体风险或是特定账户风险）等。这样，注册会计师就可在识别舞弊风险基础上，结合对客户有关计划与控制有效性的分析，评价已识别舞弊风险水平，并据此作出适当反应。

(五) 强调收入确认风险

收入确认是大量财务舞弊案涉及的核心问题，也一直是注册会计师调整报表的主要理由。为此，SAS No. 99 强调要求注册会计师应特别注意识别与收入确认有关的舞弊风险，并在计划阶段更有效地运用分析程序，找出涉及收入及相关账户的非正常或非预期的关系。此外，SAS No. 99 还提供了详细指南，帮助注册会计师在发现舞弊风险时确保适当调整有关审计程序，以提高舞弊审计的效果。

(六) 评价被审计单位计划和控制的适当性

SAS No. 99 要求注册会计师应在评价客户针对已识别舞弊风险而施行的有关计划和控制的有效性后，考虑这些计划和控制是减轻还是加剧了已识别的舞弊风险，再据此评估已识别舞弊风险的水平高低。与 SAS No. 82 不同的是，SAS No. 99 要求注册会计师先评价这些计划和控制的适当性，再评估舞弊风险水平，最终将舞弊风险水平分配到认定层。

(七) 规定了对舞弊风险评估结果作出适当反应的具体方式及程序

SAS No. 99 要求，注册会计师应对舞弊风险评估结果作出适当反应，并强调在收集及评价审计证据时，应保持职业怀疑态度。SAS No. 99 还具体规定了注册会计师对舞弊风险评估结果作出适当反应的以下三种方式及程序。

1. 应首先考虑舞弊风险评估结果对审计工作的总体影响，即在制定总体审计计划时，应考虑舞弊风险评估结果的一般影响。

2. 考虑已识别舞弊风险对审计工作的具体影响，即在制订具体审计计划时，应考虑已识别风险对将要执行的审计程序的性质、时间和范围的特定影响。

3. 要求注册会计师在每项审计业务中必须对管理层逾越内控风险执行专门的实质性测试，建议考虑执行下列审计程序（但不限于），以进一步确定有关管理层逾越内控的舞弊风险对财务报表产生重大错报的影响。

（1）检查会计分录和其他调整事项，以收集舞弊可能导致重大错报的证据。不少舞弊报表往往是通过编制不当会计分录或其他一些打“擦边球”的调整分录的方式实现的，尽管以前准则包括 SAS No. 94《信息技术对审计师在财务报表审计中考虑内部控制的影响》也要求注册会计师注意复核非正常或非标准的分录，但 SAS No. 99 更强调注册会计师要了解财务报表的手工或自动编制过程及有关信息的披露过程，特别关注重大错报可能会怎样发生，明确规定注册会计师应依据职业判断评价舞弊风险因素，不是先考虑内部控制在有关财务报告的哪个或哪些方面能够得到有效实施，而是依据财务报表及账户的性质和复杂性，验证各种证据，包括手工证据和电子证据。

（2）复核会计估计以检查其倾向性，包括对重要的管理层判断和假设进行追溯复核。现代财务报告很大程度上依赖于管理层估计，其所作出的许多判断或假设将对资产价值、具体交易的认定（如收购、重组或处置）、重要应计负债等会计估计产生重大影响，并可能进一步牵涉到以后各期会计假设或会计估计重大调整。许多公司（如安然公司）的报表舞弊通常是通过蓄意利用会计估计差错的方式以达到目的。以往的准则虽然对此进行了规范，要求注册会计师关注管理层蓄意用于不当盈余管理的会计估计偏差，但 SAS No. 99 还要求对以前年度的重大会计估计实施再复核程序，特别是对管理层假设或判断最为敏感的项目进行追溯复核，利用事后优势以确定与之相关的管理层判断或假设是否存在倾向性，以发现那些隐藏在会计报表中的舞弊行为。如果注册会计师发现管理层以前年度存在会计估计的倾向性问题，就应该评价该环境可能产生舞弊的风险。

（3）评价重大非经常性交易的合理性。复杂的经营结构及交易安排，特别是涉及特定目的个体或关联方的非经常性交易安排，是财务报表舞弊的惯用伎俩，尽管先前的准则已经要求注册会计师应具备评价这些重大交易的相关知识，但 SAS No. 99 仍强调要求注册会计师清楚了解重大非经常性交易的实质，评价其内在合理性，并将其作为审计重点。

第三节　中国舞弊审计准则

我国自恢复注册会计师审计以来，揭示财务舞弊的责任就一直困扰着注册会计师。自1991 年福建省发生第一起针对审计人员的诉讼案后，又发生了原野公司案、长城机电公司案、中水国际公司案和银广夏案等。由于上市公司的会计造假屡屡发生，社会公众对揭露重大欺诈、舞弊和非法行为的要求愈加强烈。借鉴国外舞弊审计准则的发展历程，我国注册会计师舞弊审计准则也基本实现了与国外准则的趋同。我国在2006年之前，审计准则都将财务报表的审计目标定位于鉴证会计报表的公允性和合法性，注册会计师没有专门发现舞弊问题的义务。在国际审计准则、美国审计准则的修订背景下，我国于2006年2月颁布了体系较为完整的《中国注册会计师执业准则》，该准则的最大特点是增加了《中国注册会计师审计准则第1141号——财务报表审计中与舞弊相关的责任》（简称《CRAAS 1141号》），专门对审计中的舞弊问题进行了规范。其后，《CRAAS 1141号》又经过数次修订，最新版于2022年12月22日发布。

《CRAAS 1141号》的内容与国际舞弊审计准则、美国舞弊审计准则基本一致，主要包括11个方面：（1）职业怀疑；（2）项目组内部的讨论；（3）风险评估程序和相关活动；（4）识别和评估舞弊导致的重大错报风险；（5）应对评估的舞弊导致的重大错报风险；（6）评价审计证据；（7）无法继续执行审计业务；（8）书面声明；（9）与管理层和治理层的沟通；（10）向被审计单位之外的适当机构报告舞弊；（11）审计工作底稿。

一、总则：对舞弊的概念进行基本界定，并与错误进行区分，明确了注册会计师发现舞弊的责任

舞弊是一个宽泛的法律概念，但注册会计师关注的是导致财务报表发生重大错报的舞弊。与财务报表审计相关的故意错报包括两个方面：一是编制虚假财务报告导致的错报；二是侵占资产导致的错报。财务报表的错报可能由于舞弊或错误所致。舞弊和错误的区别在于，导致财务报表发生错报的行为是故意行为还是非故意行为。

（一）被审计单位治理层和管理层对防止或发现舞弊负有主要责任

管理层在治理层的监督下，高度重视对舞弊的防范和遏制是非常重要的。对舞弊进行防范可以减少舞弊发生的机会；对舞弊进行遏制，即发现和惩罚舞弊行为，能够警示被审计单位人员不要实施舞弊。对舞弊的防范和遏制需要管理层营造诚实守信和合乎道德的文化，并且这一文化能够在治理层的有效监督下得到强化。治理层的监督包括考虑管理层凌驾于控制之上或对财务报告过程施加其他不当影响的可能性，例如，管理层为了影响分析师对被审计单位业绩和盈利能力的看法而操纵利润。

（二）固有限制的潜在影响

由于审计的固有限制，即使注册会计师按照审计准则的规定恰当计划和执行了审计工作，也不可避免地存在财务报表中的某些重大错报未被发现的风险。在舞弊导致错报的情况下，固有限制的潜在影响尤其重大。舞弊导致的重大错报未被发现的风险大于错误导致的重大错报未被发现的风险。其原因是舞弊可能涉及精心策划和蓄意实施以进行隐瞒（如伪造证明或故意漏记交易），或者故意向注册会计师提供虚假陈述。如果涉及串通舞弊，注册会计师可能更加难以发现蓄意隐瞒的企图。串通舞弊可能导致原本虚假的审计证据被注册会计师误认为具有说服力。注册会计师发现舞弊的能力取决于舞弊者实施舞弊的技巧、舞弊者操纵会计记录的频率和范围、舞弊者操纵的每笔金额的大小、舞弊者在被审计

单位的职位级别、串通舞弊的程度等因素。即使可以识别出实施舞弊的潜在机会，但对于诸如会计估计等判断领域的错报，注册会计师也难以确定这类错报是由于舞弊还是错误导致的。

（三）注册会计师可能承担额外的责任

根据法律法规或相关职业道德要求，对于被审计单位的违反法律法规行为（包括舞弊），注册会计师可能承担额外责任。这些责任可能与本准则和其他审计准则不同，或超出了本准则和其他审计准则的规定，例如：

1. 应对识别出的或怀疑存在的违反法律法规行为，包括要求与管理层和治理层专门进行沟通，评价其对违反法律法规行为所作应对的适当性，并确定是否需要采取进一步行动。

2. 向其他注册会计师（例如，在集团财务报表审计中）沟通识别出的或怀疑存在的违反法律法规行为。

3. 对识别出的或怀疑存在的违反法律法规行为的记录要求。

对额外责任的履行，可能提供与注册会计师按照本准则和其他审计准则执行工作相关的进一步信息（如与管理层和治理层诚信相关的信息）。

二、定义：界定了舞弊和舞弊风险因素的定义

舞弊，是指被审计单位的管理层、治理层、员工或第三方使用欺骗手段获取不当或非法利益的故意行为。

舞弊风险因素，是指表明实施舞弊的动机或压力，或者为实施舞弊提供机会的事项或情况。

三、目标：界定了注册会计师对舞弊问题的目标

注册会计师的目标：一是识别和评估由于舞弊导致的财务报表重大错报风险；二是通过设计和实施恰当的应对措施，针对评估的由于舞弊导致的重大错报风险，获取充分、适当的审计证据；三是恰当应对审计过程中识别出的舞弊或舞弊嫌疑。

四、要求：对注册会计师执业中的职业怀疑、项目组内部的讨论等问题进行了规范

（一）职业怀疑

按照《CRAAS 1101 号》的规定，注册会计师应当在整个审计过程中保持职业怀疑，认识到存在由于舞弊导致的重大错报的可能性，而不应受到以前对管理层、治理层正直和诚信形成的判断的影响。除非存在相反的理由，注册会计师可以将文件和记录作为真品。但如果在审计过程中识别出的情况使注册会计师认为文件可能是伪造的或文件中的某些条

款已发生变动但未告知注册会计师，注册会计师应当作出进一步调查。如果管理层或治理层对询问作出的答复相互之间不一致或与其他信息不一致，注册会计师应当对这种不一致加以调查。

（二）项目组内部的讨论

按照《CRAAS 1211 号》的规定，项目组成员之间应当进行讨论，并由项目合伙人确定将哪些事项向未参与讨论的项目组成员通报。

项目组内部讨论的重点应当包括财务报表易于发生由于舞弊导致的重大错报的方式和领域，包括舞弊可能如何发生。

在讨论过程中，项目组成员不应假定管理层和治理层是正直和诚信的。

（三）风险评估程序和相关的活动

当注册会计师实施风险评估程序和相关活动，以了解被审计单位及其环境时，应当实施以下审计程序，以获取用以识别由于舞弊导致的重大错报风险所需的信息。

1. 注册会计师应当向管理层询问：（1）管理层对财务报表可能存在由于舞弊导致的重大错报风险的评估，包括评估的性质、范围和频率等；（2）管理层对舞弊风险的识别和应对过程，包括管理层识别出的或注意到的特定舞弊风险，或可能存在舞弊风险的各类交易、账户余额或披露；（3）管理层就其对舞弊风险的识别和应对过程向治理层的通报；（4）管理层就其经营理念和道德观念向员工的通报。

2. 注册会计师应当询问管理层和被审计单位内部的其他人员（如适用），以确定其是否知悉任何影响被审计单位的舞弊事实、舞弊嫌疑或舞弊指控。

3. 如果被审计单位设有内部审计，注册会计师应当询问内部审计人员，以确定其是否知悉任何影响被审计单位的舞弊事实、舞弊嫌疑或舞弊指控，并获取这些人员对舞弊风险的看法。

4. 除非治理层全部成员参与管理被审计单位，注册会计师应当了解治理层如何监督管理层对舞弊风险的识别和应对过程，以及为降低舞弊风险而建立的内部控制。

5. 除非治理层全部成员参与管理被审计单位，注册会计师应当询问治理层，以确定其是否知悉任何影响被审计单位的舞弊事实、舞弊嫌疑或舞弊指控。治理层对这些询问的答复，还可在一定程度上作为管理层答复的佐证信息。

6. 注册会计师应当评价在实施分析程序时识别出的异常或偏离预期的关系（包括与收入账户有关的关系），是否表明存在由于舞弊导致的重大错报风险。

7. 注册会计师应当考虑获取的其他信息是否表明存在由于舞弊导致的重大错报风险。

8. 注册会计师应当评价通过其他风险评估程序和相关活动获取的信息，是否表明存在舞弊风险因素。

存在舞弊风险因素并不必然表明发生了舞弊，但在舞弊发生时通常存在舞弊风险因素，因此，舞弊风险因素可能表明存在由于舞弊导致的重大错报风险。

（四）识别和评估舞弊导致的重大错报风险

按照《CRAAS 1211 号》的规定，注册会计师应当在财务报表层次和各类交易、账户余额、披露的认定层次识别和评估舞弊导致的重大错报风险。在识别和评估舞弊导致的重大错报风险时，注册会计师应当基于收入确认存在舞弊风险的假定，评价哪些类型的收入、收入交易或认定将导致舞弊风险。

如果认为收入确认存在舞弊风险的假定不适用于业务的具体情况，从而未将收入确认作为舞弊导致的重大错报风险领域，注册会计师应当按照规定形成相应的审计工作底稿。

注册会计师应当将评估的舞弊导致的重大错报风险作为特别风险。如果此前未识别与此类风险相关的控制，注册会计师应当识别被审计单位用于应对该特别风险的控制，评价控制的设计，并确定控制是否得到执行。

（五）应对评估的舞弊导致的重大错报风险

按照《CRAAS 1231 号》的规定，注册会计师应当针对评估的舞弊导致的财务报表层次重大错报风险确定总体应对措施。在针对评估的舞弊导致的财务报表层次重大错报风险确定总体应对措施时，注册会计师应当：

1. 在分派和督导项目组成员时，考虑承担重要业务职责的项目组成员所具备的知识、技能和能力，并考虑舞弊导致的重大错报风险的评估结果。

2. 评价被审计单位对会计政策（特别是涉及主观计量和复杂交易的会计政策）的选择和运用，是否可能表明管理层通过操纵利润对财务信息作出虚假报告。

3. 在选择审计程序的性质、时间安排和范围时，增加审计程序的不可预见性。

按照《CRAAS 1231 号》的规定，注册会计师应当设计和实施进一步审计程序，审计程序的性质、时间安排和范围应当能够应对评估的舞弊导致的认定层次重大错报风险。例如，针对舞弊导致的认定层次重大错报风险，注册会计师应当考虑实施函证程序以获取更多的相互印证的信息。管理层处于实施舞弊的独特地位，其原因是管理层有能力通过凌驾于控制之上操纵会计记录并编制虚假财务报表，而这些控制却看似有效运行。尽管管理层凌驾于控制之上的风险水平因被审计单位而异，但所有被审计单位都存在这种风险。由于管理层凌驾于控制之上的行为发生方式不可预见，这种风险属于舞弊导致的重大错报风险，从而也是一种特别风险。

无论对管理层凌驾于控制之上的风险的评估结果如何，注册会计师都应当设计和实施审计程序，用以：

1. 测试日常会计核算过程中作出的会计分录以及编制财务报表过程中作出的其他调整是否适当。

2. 复核会计估计是否存在偏向，并评价产生这种偏向的环境是否表明存在舞弊导致的重大错报风险；

3. 对于超出被审计单位正常经营过程的重大交易，或基于对被审计单位及其环境的了解以及在审计过程中获取的其他信息而显得异常的重大交易，评价其商业理由（或缺乏商业理由）是否表明被审计单位从事交易的目的是对财务信息作出虚假报告或掩盖侵占资产的行为。

在设计和实施审计程序，以测试日常会计核算过程中作出的会计分录以及编制财务报表过程中作出的其他调整是否适当时，注册会计师应当：

1. 向参与财务报告过程的人员询问与处理会计分录和其他调整相关的不恰当或异常

的活动。

2. 选择在报告期末作出的会计分录和其他调整。

3. 考虑是否有必要测试整个会计期间的会计分录和其他调整。

在复核会计估计是否存在偏向时，注册会计师应当：

1. 评价管理层在作出会计估计时所作的判断和决策是否反映出管理层的某种偏向(即使判断和决策单独看起来是合理的)，从而可能表明存在由于舞弊导致的重大错报风险。如果存在偏向，注册会计师应当从整体上重新评价会计估计。

2. 追溯复核与以前年度财务报表反映的重大会计估计相关的管理层判断和假设。

当按照上述实施的程序无法涵盖特定的管理层凌驾于控制之上的其他风险时，注册会计师还应当确定是否有必要实施其他审计程序，以应对识别出的管理层凌驾于控制之上的风险。

（六）评价审计证据

在就财务报表与所了解的被审计单位的情况是否一致形成总体结论时，注册会计师应当评价在临近审计结束时实施的分析程序，是否表明存在此前尚未识别的舞弊导致的重大错报风险。如果识别出某项错报，注册会计师应当评价该项错报是否表明存在舞弊。如果存在舞弊的迹象，鉴于舞弊不太可能是孤立发生的事项，注册会计师应当评价该项错报对审计工作其他方面的影响，特别是对管理层声明可靠性的影响。如果识别出某项错报，并有理由认为该项错报是或可能是舞弊导致的，且涉及管理层，特别是涉及较高层级的管理层，无论该项错报是否重大，注册会计师都应当重新评价对舞弊导致的重大错报风险的评估结果，以及该结果对旨在应对评估的风险的审计程序的性质、时间安排和范围的影响。在重新考虑此前获取的审计证据的可靠性时，注册会计师还应当考虑相关的情形是否表明可能存在涉及员工、管理层或第三方的串通舞弊。如果确认财务报表存在舞弊导致的重大错报，或无法确定财务报表是否存在舞弊导致的重大错报，注册会计师应当评价这两种情况对审计的影响。

（七）无法继续执行审计业务

如果由于舞弊或舞弊嫌疑导致出现错报，致使注册会计师遇到对其继续执行审计业务的能力产生怀疑的异常情形，注册会计师应当：

1. 确定适用于具体情况的职业责任和法律责任，包括是否需要向审计业务委托人或监管机构报告。

2. 在相关法律法规允许的情况下，考虑是否需要解除业务约定。如果决定解除业务约定，注册会计师应当采取下列措施：(1) 与适当层级的管理层和治理层讨论解除业务约定的决定和理由；(2) 考虑是否存在职业责任或法律责任，需要向审计业务委托人或监管机构报告解除业务约定的决定和理由。

（八）书面声明

注册会计师应当就下列事项向管理层和治理层（如适用）获取书面声明：

1. 管理层和治理层认可其设计、执行和维护内部控制以防止和发现舞弊的责任。

2. 管理层和治理层已向注册会计师披露了管理层对舞弊导致的财务报表重大错报风险的评估结果。

3. 管理层和治理层已向注册会计师披露了已知的涉及管理层、在内部控制中承担重要职责的员工以及其他人员（在舞弊行为导致财务报表出现重大错报的情况下）的舞弊或舞弊嫌疑。

4. 管理层和治理层已向注册会计师披露了从现任和前任员工、分析师、监管机构等方面获知的、影响财务报表的舞弊指控或舞弊嫌疑。

（九）与管理层和治理层的沟通

如果识别出舞弊或获取的信息表明可能存在舞弊，除非法律法规禁止，注册会计师应当及时与适当层级的管理层沟通此类事项，以便管理层告知对防止和发现舞弊事项负有主要责任的人员。如果确定或怀疑舞弊涉及管理层、在内部控制中承担重要职责的员工以及其舞弊行为可能导致财务报表重大错报的其他人员，除非治理层全部成员参与管理被审计单位，否则注册会计师应当及时与治理层沟通此类事项。如果怀疑舞弊涉及管理层，除非法律法规禁止，注册会计师应当与治理层沟通这一怀疑，并与其讨论为完成审计工作所必需的审计程序的性质、时间安排和范围。如果根据判断认为还存在与治理层职责相关的、涉及舞弊的其他事项，除非法律法规禁止，注册会计师应当就此与治理层沟通。

（十）向被审计单位之外的适当机构报告舞弊

如果识别出或怀疑存在舞弊，注册会计师应当确定法律法规或相关职业道德的要求：（1）要求注册会计师向被审计单位之外的适当机构作出报告；（2）规定了相关责任，基于该责任，注册会计师向被审计单位之外的适当机构报告在具体情形下可能是适当的。

（十一）审计工作底稿

按照《CRAAS 1211 号》的规定，注册会计师应当记录对被审计单位及其环境的了解以及对重大错报风险的评估结果。注册会计师应当将下列内容形成审计工作底稿：

1. 项目组内部就舞弊导致财务报表重大错报的可能性进行讨论所得出的重要结论。

2. 识别和评估的舞弊导致的财务报表层次和认定层次的重大错报风险。

3. 在控制活动中识别出的，用于应对评估的舞弊导致的重大错报风险的控制。

按照《CRAAS 1231 号》的规定，注册会计师应当记录对评估的重大错报风险采取的应对措施。注册会计师应当将下列内容形成审计工作底稿：

1. 对评估的舞弊导致的财务报表层次的重大错报风险采取的总体应对措施。

2. 审计程序的性质、时间安排和范围。

3. 审计程序与评估的舞弊导致的认定层次的重大错报风险之间的联系。

4. 实施审计程序（包括用于应对管理层凌驾于控制之上的风险而实施的审计程序）的结果。

注册会计师应当在审计工作底稿中记录与管理层、治理层、监管机构或其他相关各方就舞弊事项进行沟通的情况。

如果认为收入确认存在舞弊风险的假定不适用于业务的具体情况，注册会计师应当在审计工作底稿中记录得出该结论的理由。

本章小结

本章从背景、演变过程、框架和具体规定等方面梳理和比较了国际舞弊审计准则、美国舞弊审计准则与中国舞弊审计准则。舞弊审计准则作为指导舞弊审计的规范性文件，在专业性、权威性上都面临高要求、高标准。面对日益复杂的商业环境与交易，舞弊审计准则仍需不断调整与完善，从而更好服务于现实世界。

思考题

1. 新 ISA 240 与旧 ISA 240 相比有哪些优点？
2. 什么因素促使了美国舞弊审计准则的改变？
3. 我国的舞弊审计准则和其他舞弊审计准则有什么不同？

第四章　舞弊审计的程序、方法和报告

案例导入

2018年夏，正值某房地产公司一楼盘样板房软装，需大量采购样板房内的装饰摆设。共6套样板房，装饰摆设的数量不小。该软装的采购由项目营销中心主导。最终装饰摆设采购共花销500万元，平均每套样板房的软装80余万元。

审计人员调取了软装清单和报价并对其中价值高的家具进行了比价，如对沙发、厨卫用品进行了市场比价。发现这些大件物品与市场价相比没有太大的差异。审计人员继续进行对比，发现壁画、吊灯、客厅铺设的地毯、摆设在数量上较多，共计价值150万元。审计人员根据清单对现场进行了盘点，发现壁画、摆设数量短缺。审计人员做好相关盘点记录并由相关人员签字确认，然后对这些零星物品进行了市场比价，发现均高于同档次市场价格。根据职业嗅觉，判断这是一起舞弊事件，可能存在吃回扣的现象。

审计人员顺藤摸瓜，对相关的合同进行审查，将合同后附的供货清单与相关收货验收记录进行比对，并没发现太大问题。

审计人员果断控制了相关采购人员，分成三组，对涉及采购的人员及进行案场布置的人员进行面谈，面谈前三组人员确定了面谈策略，就是让约谈人员对结合已查实的价格问题及数量问题进行解释。在赤裸裸的证据面前，涉事人员陈某等人交代了其与供应商串通吃回扣的事实。

这起案例告诉大家的是，舞弊常常隐藏在大家最容易忽视的角落，看似不起眼，却十分阴暗腐朽。随着时代的发展，舞弊的手段变幻莫测且具有隐匿性。只有通过不断积累经验，深入到各业务层，挖掘舞弊风险点，明察秋毫，才能将舞弊公之于众，并使相关人员得到相应的惩处。

在本案例的调查中，调查人员使用了穿行测试、价格比对、盘查资产、讯问等调查方法。

（一）对招标采购流程进行穿行测试

这属于常规审计的做法，就是从采购开始到最终的合同签订进行完整的测试，关注是否符合公司规定，是否存在不合逻辑的地方。

（二）采购价格的比对

为了公平公正，节约成本，一般采购管理会采用两种做法，即比价和招标。如何进行选择，主要是通过采购物资的数量及金额（每个企业有不同的标准）。一般金额较小、数量较少的采用比价采购；数量多、金额大的采用招标采购。我们可以对采购物资价格进行比对，从而初步判断是否存在猫腻。

该案例中，采用的是招标采购方式，在穿行测试中我们并没有发现不符合流程及规定的地方，于是将重点放在了价格的市场比对上，通过对极易忽视的小件摆设、壁画等进行市场比价询价，发现存在远高于市场价的商品。

（三）对软装摆设的盘查

在盘查过程中，调查人员根据合同清单和验收单据进行盘点，发现一些摆设、壁画并没有在房屋内，对管理样板房的人员进行询问，得到的回答是从未见过此类物品。

最简单的是网络比价，可以通过淘宝、京东以及一些专业的售卖网站进行比价。比价切记要将物品的品类、品牌、规格等信息尽可能详尽掌握，否则价格不具备说服力。

（四）采购合同检查

在进行常规的穿行测试后，需要对采购合同进行详尽的检查，主要包括以下几个方面：价格是否合理，付款条件是否符合常理；甲、乙双方的权利及义务是否对等；违约条款的设定是否存在霸王条款；检查合同附件清单并与验收单进行对比。

（五）对采购经办人的调查

在上述几个步骤发现猫腻并排除某些客观因素后，可初步判定采购存在违规，需要对采购经办人进行调查。这时可调阅采购相关人员档案，同时开展既定的面谈策略，用证据说话，察言观色，最终收获调查成果。

——资料来源：《新浪新闻》

思考：舞弊审计过程中可以通过什么程序获取审计证据？

学习目标

1. 了解舞弊审计三个阶段的程序；
2. 熟悉舞弊审计的基本方法和特殊方法；
3. 熟悉舞弊审计报告。

第一节　舞弊审计的程序

舞弊审计程序是指审计人员在审计工作期间为达到舞弊审计目标而收集充分、适当的舞弊审计证据所开展的活动和所使用的方法，包括审计工作所要经历的各个阶段、步骤和环节及其相互的关系和先后顺序。审计程序有一定的工作规律可循，审计人员必须按照其内在联系，将各项检查工作分布于一定的时间和空间，并通过各阶段的工作递进衔接，最终实现审计工作目标。但预先拟定的舞弊审计程序在整个审计过程中不是一成不变的，而是需要根据舞弊风险评估结果随时进行调整。通常每个审计项目都有对应的舞弊审计程序，由于项目的性质、复杂程度等原因，相应程序中的内容和重点会有差异，特殊情况的发生也会使审计程序作出调整。因此对不同项目进行舞弊审计时要根据实际情况设计相应的程序并及时进行必要的调整、补充，不能一套程序套用所有项目。相对于非舞弊审计程序而言，舞弊审计程序扩大了范围，其覆盖审计全过程，从制订计划确定目标、拟定程序、收集证据到发表意见、出具报告。同时，它覆盖被审单位的范围从会计信息延伸到非会计信息。

审计人员执行舞弊审计业务时必须遵循舞弊审计程序准则，否则出现审计过失甚至审计失败时就必须承担违法责任。实现舞弊审计总目标需要一个过程，舞弊审计过程是由一系列的舞弊审计程序组成的。舞弊审计理论中存在“财务报表认定与舞弊审计总目标→舞弊审计具体目标→舞弊审计程序→舞弊审计证据→舞弊审计意见”的技术程序，舞弊审计程序的设计和执行就是为了实现舞弊审计目标。本章以实现舞弊审计目标作为出发点和落脚点，将舞弊审计程序划分为项目准备阶段、审计执行阶段和项目完成阶段，这三个阶段相互衔接，上一阶段工作的完成便是下一阶段工作的开始，循序渐进地完成舞弊审计工作的全过程。

一、项目准备阶段

舞弊审计在舞弊审计风险指引下，谨慎运用重要性水平，科学采用审计抽样方法，周全设计舞弊审计计划，按照该计划切实严格履行舞弊审计程序，从而将舞弊审计风险降低到社会公众可接受的水平。舞弊审计程序的设计和执行应以风险导向性为原则，项目准备阶段一般是整个舞弊审计程序的起始，越是复杂、存在舞弊可能性越大的项目，此阶段的工作量便越大，耗时也更长。对舞弊审计项目的管理和调查分析是保证审计质量、实现舞弊审计目标的基础性工作，这一阶段审计程序主要包括以下方面：

（一）明确舞弊审计的对象、范围、性质和目标，进行事件管理

舞弊审计通常是“被动”启动，存在多种原因：可以由上级部门对舞弊审计项目进行总体部署，也可以基于本部门、行业和地区工作的安排进行确定；可以根据经济发展形势所需开展，也可能是配合其他部门和组织的合作项目；可以是由于相关举报以及根据被审计单位的异常等有效线索安排舞弊审计；还可以是基于审计工作的需要或是应被审计单位要求。舞弊审计程序的设计和执行均是以发现财务报表中存在的重大舞弊为导向，不论出于何种原因，审计人员都必须明确舞弊审计对象的性质、双方要达到的审计目标，以及明确实现其目标所包括的范围和基本要求，从而为制定舞弊审计方案以及审计执行阶段的实施做准备。

（二）调查、了解被审计单位及其环境（包括内部控制）以及举报信息

此项工作是项目准备阶段最为关键，也是整个舞弊审计程序极为重要的一个流程。审计人员应尽量在外部调查远程获取相关资料，旨在对被审计单位有初步了解，理解委托人的真实意图以及所获得的举报线索的真实程度。调查、了解被审计单位由局部到整体、由浅入深，了解的内容包括但不限于以下几个方面：（1）被审计单位的实际情况，审计人员要知悉公司的股权和治理结构，合理的结构和有效的机制能够保证权责分明、内部协调机制健全和治理结构的清晰性、有效性和制约性；还要了解公司的经营情况以及经营战略。收入和利润对公司来说至关重要，其来源结构、增速是否与财务报表反映的一致、是否与

实际相符，都需要审计人员进行调查分析；而公司战略目标一定程度上在一段时间内主导着公司经营，很可能导致舞弊。(2) 企业所处环境，要求审计人员掌握整体宏观环境、所属行业的发展情况、竞争形势和产业发展前景以及法律法规和监管环境，国家政策法规和行业现状等大环境因素要主动进行学习和补充，关于审计项目出现的新问题、与之相关的新举措要及时获取并领会其实质，对规定条款以及政策举措的地域性和时效性等问题要注意适用度和尺度。(3) 关注企业的内部控制，对内控制度的有无、设计是否合理以及运行是否有效都要进行了解和评估，对于设计有缺陷或者运行薄弱的环节要重点分析并预测可能产生的后果。(4) 对于由举报启动舞弊审计工作的事件，要及时详细记录原始信息，防止在长时间的工作期间内由于可能出现人员变动而造成的信息流失，偏离调查方向从而浪费审计资源，确保将来的审计质量。同时建立舞弊项目清单，记录各项质控事件、举报人及举报信息、收集的证据、审计结果等，并加以严格授权管理和访问流程，防止信息泄露。详细客观准确阐明举报事实，对举报信需多次审阅琢磨，避免举报人由于表达能力不强或过于主观而无法将举报重点和事件真实展现出来，审计人员需进行辨别提炼，明确审计信息。完成上述工作后，在进行舞弊审计工作前，要求审计人员先进行初查，对可信度和现实合理性作出评估，了解被举报人或单位背景，筛查掉恶意、无基础的无效举报。还应尽快（通常为接到举报后48小时内）联系举报人，注意与其交流的方式方法，鼓励举报人如实提供尽可能多的线索，做好对举报人的安抚和保护工作。

（三）评估舞弊风险，舞弊审计项目立项

舞弊审计在多数情况下是常规审计的必要延伸，一般是由于财务审计人员发现了异常迹象或舞弊嫌疑，才会进一步开展舞弊审计。审计人员在前期了解的被审计单位组织性质和内部治理结构、业务性质、经营战略以及行业现状、竞争形式等信息基础上，分析和预测与之相关的舞弊环境线索以准确识别舞弊迹象。舞弊的环境线索主要包括企业的内部控制是否健全有效、一股独大、强势的管理者特征是否十分明显、被审计单位是否有财务困境以及内外部和相关利益者造成的压力是否沉重等。在此基础上，审计人员应借助舞弊三角理论等模型对舞弊风险进行评估，对项目分类和相应风险分级，对舞弊项目可以视被审计单位具体情况进行分类，如根据舞弊项目的性质，或主要所涉及的业务流程，或可能参与舞弊的员工级别等标准，大致估计进行舞弊审计潜在的困难和阻碍，在此基础上预测审计风险并思考预防措施和控制对策。需明确的是，舞弊风险评估是一个持续的过程，舞弊审计程序贯穿全程，直至审计工作终结。舞弊审计程序是基于舞弊风险评估的结果，应及时进行修改，即对审计资源配置作出调整，以有效实现舞弊审计目标。

（四）制定舞弊审计计划

项目立项后，应初步建立审计小组和大致确定内部分工，开始制定审计方案，建立调查框架，以指明审计方向，根据框架图一步步有针对性地执行程序，可以按照涉及指控——所需证据——如何收集获取的思路，将其作为一个引导工具，协助审计人员有计划有组织地开展审计工作，必要时应懂得向其他单位或部门寻求协助。项目负责人根据风险评估结果合理分配调动审计资源，优先处理风险更高、性质严重、情况紧急的项目，集中审计资源，根据舞弊案件的轻重缓急合理及时调动审计资源。此外，舞弊审计小组人员需

保证具有较高的审计能力，没有审计经验或未进行过相应培训的审计人员禁止单独开展审计工作。小组成员应各具强项，一专多能，形成年龄、性别、性格、职位等结构合理的团队，从而能综合解决多方面问题，保证整个舞弊审计项目能顺利进行。做好审计人员的心理准备工作，帮助其尽快摆正心态进入角色，充分激发其主观能动性和积极性，更好地投入工作。审计小组成立后，应尽快准备好与审计工作相关的文件、工具和资料，如工作底稿、计量工具、通信工具、计算机相关设施等并完成相应的审计手续，如向被审计单位下达通知书、提前与有关部门取得联系等，为即将开展的审计执行阶段做好准备。

二、审计执行阶段

审计执行阶段主要工作内容就是执行舞弊审计，审计组前往现场进行检查，实施对应的各项舞弊审计程序，对审计对象进行调查、收集证据、分析、判断和评估，最终得出初步结果。此阶段应完成如下几项工作：

（一）开展现场审计

当准备阶段工作结束后，审计小组就可以进入现场开始执行审计调查工作。但需准备好一个恰当、“常规”的现场审计理由，不得说明是进行舞弊调查，目的就是防止被审计单位产生警觉和防范，而引起不必要的麻烦。

通过询问相关人员听取其汇报，观察整个或部分经营活动，实地走访有关业务部门，进一步获取相关信息和收集有关证据。执行舞弊审计工作时，不仅需发现被审计方进行的舞弊行为，还要查明其舞弊的意图，证明舞弊人的违规行为是故意的。审计人员通过向涉及部门查阅和借用有关资料了解信息，包括通常所需的常规资料，如被审计单位的规章制度类文件，涉及的业务合同、发票、凭证、收据、账册及财务报表等基本经济信息材料，审计期间以及之前年度的各项审计资料和其他机构或部门的分析评价资料等。为解决与被审计单位的沟通协作解答工作，可要求其安排有关联络人员，通过安排他们介绍情况、带路和找寻资料等基本事务性工作，方便审计工作的开展，提高审计效率，但需注意“内外有别”，不能让其过多参与审计工作，如不能让其代审计人员执行审计程序、不能代寄相关文件等，以防止知悉内部情况和干扰舞弊审计工作。

在执行现场审计时，审计人员当发现实际情况与事先制定的调查框架有偏差时，应及时作出调整。在舞弊审计实务中，存在很多突发状况和客观变化，或是为了审计的隐蔽性，而导致某些设定的审计程序无法执行，若一味强求按照计划行事，审计工作将无法开展，应随机应变，及时根据现状改变和优化审计方案。同时审计人员要具备敏锐的观察力，不能放过任何微小线索，对任何可疑的蛛丝马迹都应保持严谨的态度，避免错过藏在不起眼信息里的关键线索。实际上，舞弊审计正是依靠一个个小线索串联起来构成重要证据，往往所谓“重大证据”会被舞弊人员重点精心掩盖，而不易被发现，更多是依靠分析“小线索”来挖掘舞弊证据。审计人员要时刻注意自己的视线盲点和思维局限，不可因为线索不起眼而不进行调查分析。

在执行舞弊审计时，一要务必保持沟通。包括及时向上级部门报告工作情况听从有关指示，还要适当与被审计单位、其他专家进行必要的沟通交流，在交流过程中要时刻注意保密。二要严格遵守法律法规和相关准则，不得损害他人的合法权益。

（二）采取相应调查、测试等程序获取有效证据

审计准则要求审计人员必须根据舞弊审计具体目标设计相应的具体舞弊审计程序，围绕着消除疑虑或证实某一事项而亲自收集相关证据。与非舞弊审计程序获取的一般是肯定性的审计证据不同，舞弊审计程序旨在查找的证据是否定性的，即证明某一财务报表项目中存在舞弊。由于舞弊审计的特殊性，即发现违规事实的同时还需证实其故意的舞弊意图，在舞弊审计中收集的证据也有相应的要求。证据通常可分成直接证据和间接证据，对于直接证据，大部分都可直观反映一个事实或行为，如合同等文件类、音视频等电子记录，但难以准确或直接展现出当事人的真实意图，因此，在舞弊审计中，审计人员往往需大量借助间接证据来证实涉嫌人员的舞弊意图。间接证据可以理解为一个基于合理逻辑推论的结果，单独或少量的间接证据通常无法得到结论，需有足够多的可得到同一推断合理结论的间接证据，即要保证充分的间接证据数量。审计人员应根据实际情况采用多种审计方法综合执行舞弊审计，保证审计证据的合法性、真实性、相关性、充分性、证明性、固定性、唯一性和连贯性。

通过舞弊审计取得的证据是得出审计结论形成审计意见的基础，而实施各项舞弊审计程序则是获取舞弊审计证据的主要途径。常用的舞弊审计程序有：(1) 控制测试程序，是指为了获取证据，以证实被审计单位内部控制政策和程序设计适当性及运行有效性的程序。(2) 交易业务实质性测试程序，指为了审定某类或某项交易认定恰当性的程序。(3) 分析性复核程序，指为交易和余额的实质性测试和发现会计报表数据及其关系是否存在舞弊提供方向性指导的程序，它对财务信息和非财务信息都可适用。(4) 余额细节测试程序，指为了审定某账户余额认定恰当性的程序。后三类均为实质性测试程序，运用实质性测试程序可以取得证明被审计单位的管理层在财务报表上的各项认定是否存在重大舞弊的证据。在舞弊审计实务中，控制测试程序和交易业务实质性测试程序经常是利用同一凭证或账项样本来完成的，因此两者统称为交易业务测试程序。除控制测试程序外，其余三类程序加上了解程序在每次财务报告舞弊审计中都必须执行。此外，无论内部控制是否有效，都要运用实质性测试程序对各类重大交易、重要账户余额和重要信息披露进行详细审计。在舞弊审计程序中，审计计划程序、对被审计单位及其环境的了解程序和分析性复核程序更受重视，而在非舞弊审计程序中，控制测试程序、交易业务实质性测试程序与余额细节测试程序更受重视。不同的舞弊审计具体目标对应不同的具体舞弊审计程序，具体舞弊审计程序又称舞弊审计方法，它包括检查、监盘、观察、查询及函证、计算和分析性复核等六种。在舞弊审计过程中，为了证实被审计单位管理层对财务报表的五个认定，需要设置九个舞弊审计具体目标，可以采用六种具体舞弊审计程序获取相应的舞弊审计证据。所以审计人员应思考选择什么样的具体舞弊审计程序去证实何种财务报表认定和实现何种舞弊审计具体目标。

在收集舞弊审计证据的同时，要重视对证据的梳理和保管。对于舞弊审计证据，审计人员必须清楚了解证据的相关法定要求，提高对证据的敏感度，尽可能避免在取证过程中污染证据、证据不够充分齐全或打草惊蛇使证据被销毁。为方便后续的翻阅和利用，对已经找到的证据要及时做好相应的标记，形成条理清晰的证据档案，有效提高审计效率。同

时在对外报告或沟通时，要有条不紊地随时拿出相应审计证据展示本审计小组的专业度，舞弊审计工作的可信度也会增加，避免让被审计单位和有关部门对最终的审计结论和审计意见产生质疑。获取的证据要防止被污染。对于凭证、合同等文件类证据要尽量保持原始状态，禁止做标记或损坏。由于电子版证据易被篡改和丢失，在调取和保存时要十分注意。当审计人员在取证时，电子文件要防止被污染，如属性被无意改动，此证据的真实性和完整性会被质疑，因此要通过电子镜像的方式进行备份，不能直接拷贝；视频和音频类证据则要保留在原始的设备中，以确保是一手证据，电子设备也要保管好，防止证据丢失或被损坏。

（三）形成舞弊审计工作底稿

舞弊审计的执行阶段除获取相应审计证据外，还需形成舞弊审计工作底稿，工作底稿内容包括实施的审计程序以及实施过程中检查出的问题的详细记录，并附上审计团队进行初步分析后的审计结论，即审计工作底稿不仅是审计执行记录，也是舞弊审计结果。在实务操作中，舞弊审计工作底稿可以一事一稿单独编，也可以一事多篇连续记录；可以是一员一稿，也可以是一员多稿，但较少出现多员一稿的情形。由于舞弊审计工作底稿是被调查对象与审计报告二者间的桥梁，一方面，工作底稿要做到可层层追溯，也就是可以从工作底稿中清楚查到有关会计资料信息，如证、表、单、账等，能够分析得知舞弊审计对象的性质、成因、结果和影响；另一方面，工作底稿也应做到可再加工和整合，为最终形成审计报告提供依据和材料。每张审计工作底稿的填写和复核不能由同一名审计人员完成，在舞弊审计执行阶段所有工作结束之前，项目负责人应验收全部工作底稿，查看执行的舞弊程序中获取的证据材料是否能够展示被审项目的基本事实，是否可以实现预期审计目标，以及是否达到委托人和本单位的审计要求，若均能够完成，则可以结束舞弊审计执行阶段，进入最后阶段的工作。

三、项目完成阶段

经过项目准备阶段和审计执行阶段，审计人员需总结之前所进行的所有舞弊审计工作，对确定的舞弊事实或行为进行分析和判断，形成审计结论并得出审计意见。具体而言：

（一）整理舞弊审计工作底稿，得出审计结论

对之前形成的工作底稿，审计小组要进行充分分析和讨论，针对不同情况的问题分别作出处理。一类是证据确凿、无争议事实的事项，需依法依准则、定性定量地作出正确结论，并附上有关处理建议。另一类是缺乏证据而无法现在得出结论的问题，首先考虑继续追加相应审计程序，其次是进行调查。对于短时间内不能取得必要证据的项目，审计人员不得作出审计结论；对存在特殊情况的特殊问题，审计人员可将其列为专门问题或另行立项调查。总而言之，舞弊审计结论必须完全基于所获取的合理、充分的审计证据，充分利用工作底稿，由审计小组成员共同讨论形成。

（二）撰写审计报告初稿，听取被审计单位意见

在小组成员共同讨论得出审计结论后，一般由审计组长撰写审计报告初稿。对调查的实际和收集的证据，审计人员要做到认真仔细依据相应法律制度和准则规定，作出缜密正确的舞弊审计结论。审计报告在于揭示舞弊审计过程中调查所发现的严重问题事实及其主要成因，内容基本上要涵盖舞弊审计的客体、涉及范围、舞弊审计方法、开展时间和舞弊审计执行情况，还包括被审计单位的基本情况、被调查的经济活动和业务环节的情况以及存在的舞弊问题的行为、性质、舞弊原因和意图及其造成的后果，最后还要说明舞弊审计意见、提出的对应处理处罚意见及其依据。

撰写完舞弊审计报告初稿，审计小组应在一定范围内与被审计单位指定的人员见面，目的是听取对方针对报告初稿的看法和提出的意见。在双方沟通过程中，审计人员应重点关注被审计单位的态度，仔细观察他们的行为表现。通常而言，对方人员发现报告中可能存在误拒风险（即审计人员可能把被审计单位实际上不存在的舞弊行为误判成存在）时，常常会果断迅速地表示否认和提出反对，态度比较强烈，并且积极配合审计人员对报告内容的不实之处进行纠正。相反，对于报告中可能存在的误受风险（即审计人员可能把被审计单位实际的确存在的舞弊行为误判成不存在），对方很可能会选择视而不见，保持沉默，表现出淡然的态度并且很快接受审计报告内容。另外，当被审计单位对报告的舞弊事实作出的处理处罚反应不大，几乎并未进行解释或者“巧言善辩”一番，此时审计人员应立马警觉起来，对所查对象保持怀疑，因为这不符合常理，冷静分析对方的心理和意图，便于发现对于该舞弊事实是否还存在未查明的情况以及是否还存在更严重的其他舞弊问题。此外，审计人员应注意，不仅仅是在完成初稿后要与对方沟通，在舞弊审计过程中若有重大的舞弊审计发现，尤其是涉及法务的，应及时按要求和遵守相关流程向被审计单位管理层汇报。

（三）出具审计报告定稿，舞弊事件后续处理

在听取意见并作出相应调整后审计报告即可定稿，舞弊审计报告要求内容完整清晰，事实直观明了，证据充分确凿，结果公正准确，处理处罚恰当，建议合理可行。之后将报告递交给委托人，同时可以下达审计处理决定和审计意见书。审计人员除递交审计结果报告外，还应重视审计结论的落实，包括但不限于：敦促其及时修改存在错误的财务报表，要求尽快健全存在缺陷的内部控制制度，要求撤换存在过失和不称职的相关人员，要求被审计单位对舞弊事实进行改正，没收其非法所得，对有关涉案人员追究责任并移交相应部门进行处理，如犯法应追究法律责任，并移交司法部门，注意移送应办理有关手续，并做好记录。舞弊事件一定会存在企业内部处理的情况，此时由企业自行负责，审计人员并不参与对涉案人员的处罚和惩戒。对于问题严重、影响恶劣、事实证据充分并且达到立案标准的，企业进行权衡商讨后可以外移司法机关进行处理。审计单位和被审计单位双方都应重视对舞弊的处理，通过严肃的惩罚警戒威慑其他员工，让有舞弊意图或正进行舞弊的人不敢实施或继续，让顽固心存侥幸的人深知企业和公众反舞弊的决心和实力，以减少甚至杜绝类似舞弊情况。

审计程序是连接审计准则与审计实务以及审计目标与审计证据的桥梁和纽带。目前，

我国舞弊审计程序准则处于从制度基础审计向风险导向审计过渡的阶段，而舞弊审计程序在总体上却处于从账项基础审计向制度基础审计过渡的阶段。因此，审计人员应依据舞弊审计程序准则，针对舞弊审计具体目标正确设计和有效执行舞弊审计程序，提高舞弊审计获取证据的效率和舞弊审计的实务水平。

第二节 舞弊审计的方法

舞弊审计方法相较于非舞弊审计方法具有更多特殊性：一是更多地需要运用审计专业判断，因此舞弊审计通常需要更多的舞弊审计专家参与实施。二是重点寻找审计突破口。众所周知，发现舞弊十分困难，舞弊审计最难的莫过于找到审计线索，或者是发现风险点，即预警信号。舞弊审计方法主要是针对寻找审计突破找出审计线索，本书所指的舞弊审计的基本方法都属于查找舞弊点，寻找审计突破口。几种特殊的舞弊审计方法，如利用奔福德定律发现舞弊征兆、共同规模分析法以及头脑风暴法都属于审计预警。只有找到审计突破口才能有效推进舞弊审计的进行，实施审计程序收集充分、适当的舞弊审计证据。三是舞弊审计方法的选择，实施舞弊审计必须估计舞弊的经济后果，从经济后果严重的方面着手选择相应的审计方法查找舞弊，只有关注舞弊的经济后果舞弊审计才有意义。由于舞弊的复杂性，舞弊审计必须采用更多的技术方法和一些非常规的审计方法，以查找审计突破口，实施舞弊审计程序。

一、舞弊审计的基本方法

（一）分析性复核法

在舞弊审计过程中，最为重要的是发现相应的风险点和审计证据，审计作为一种鉴证业务，必须要以客观发现的事实为依据，需要通过去关注那些高风险点的领域来提高审计效率、节约审计成本。

分析性复核作为一种基本的舞弊审计方法，从定义而言指的是审计师通过对一些重要财务数据和指标（如毛利率、应收账款周转率、存货周转率等）的增减变动趋势进行分析、比较和研究，发现审计对象是否存在财务异常情况的一种方法，也是审计师用来寻找舞弊突破口的一种常用方法。

分析性复核的内容一般包括：（1）将审计会计期间的财务数据和指标同上年甚至前几年已审计财务数据和指标进行对比；（2）将审计会计期间的财务数据和指标同审计师的预测数和行业平均数进行对比；（3）将审计会计期间的财务信息和非财务信息进行对比。

审计师在开展分析性复核的时候一般可以使用三种方法：简易比较法、比率分析法和趋势分析法。简易比较法就是将审计会计期间的财务数据和指标与一个既定的标准进行比较，这个既定的标准可以是注册会计师的计算数和估算数，也可以是行业的平均数。当审计会计期间的财务数据和指标与注册会计师的计算数和估算数或者行业的平均数之间存在显著的差异时，注册会计师便可以将其视为一个风险点。

比率分析法就是将审计会计期间的一些重要财务指标，比如资产负债率、销售毛利率、应收账款周转率、存货周转率、流动速率、产权比率等进行比较和分析，从而发现这些财务指标在当前审计期间是否存在异常。趋势分析法就是将审计会计期间的一些重要财务指标和前几期的相同指标进行时间序列分析，判断这些财务指标在相应时间段内的增加变动趋势，从而帮助审计师发现这些财务指标是否存在异常。

（二）审阅法

审阅法是获取审计证据运用最为广泛的方法，从审阅法运用的对象来看，主要是对被审计单位有关书面资料进行仔细观察和阅读来取得审计证据。书面资料主要包括会计资料和其他经济信息资料及管理资料，书面资料是审计人员获取直接证据的重要来源，通过对资料中经济业务的记录、表达和特点的关注，审计人员可以获取证明舞弊存在或者不存在的重要证据，以国家的方针、政策、法令、制度、规定作为判断是非的准绳以此来判断会计信息的真实性、合法性和合规性。审阅法是一种十分有效的审计技术，不仅可以取得一些直接证据，同时还可以取得一些间接证据，如通过审阅可以找出可能存在的问题和疑点，作为进一步审查的线索。审阅法主要用于对各种书面资料的审查，以取得书面证据，成功与否在很大程度上取决于注册会计师自身的观察能力、分析能力和判断能力，取决于其经验水平。审阅法由于涉及上市公司的会计信息和非会计信息，在注册会计师水平不错的情况下，能够很好地发现上市公司是否存在财务舞弊现象。

（三）交易实质分析法

交易实质分析法是分析审计对象一项经济业务的实质，以发现审计线索的方法。出现以下两种典型情况，审计师需要采用交易实质分析法对被审计单位的经济交易或事项进行认真的分析：(1) 被审计单位把本来应该放入应收账款或存货科目的经济交易或事项放在其他应收款或者预付账款科目当中。(2) 被审计单位通过资产重组和关联交易等复杂的交易形式来掩盖自身交易的真实目的，这样即可以在表面上符合相关会计准则的情况下将资产重组和关联交易获得的投资收益计入营业利润，达到虚增利润的目的。但是，这样的会计信息在实质上会误导投资者等会计信息使用者，因为其本身就是虚假的会计信息。

（四）资产质量分析法

资产质量分析是指通过对被审计单位的资产质量进行判断，以此来分析其实际变现能力和获利能力，便于审计师能够较为充分地了解被审计单位的经营状况。当上市公司财务状况恶化时，往往会采取各种措施对财务报表进行粉饰，从而达到股东、分析师等的预期。当被审计单位不良资产接近或超过其净资产时，一方面说明存在虚增利润的嫌疑，另一方面说明其可持续经营能力出现了问题。当被审计单位的净利润减去不良资产的净额较小甚至为负数的时候，说明该单位通过某些手段虚增了收入和利润。审计师通过资产质量分析可以较好地了解上市公司的资产状况，从中发现可供审查舞弊的线索和证据。

二、舞弊审计的特殊方法

（一）利用奔福德定律发现舞弊预警信号

奔福德定律简单地说，就是指从1到9分别出现在数字首位的概率依次降低，它是由弗瑞克·奔福德在1938年通过观察各种自然现象，并运用数学公式证明得来的。奔福德定律属于一种自然规律，在自然状态下（非人为改变后的）数字1到9出现在一列数据首位的概率，随着1到9数字的变大概率随之降低。我们可以运用这种统计规律检验各种财务数据的真实性。若该组财务数据是经过人为调整的，而不是自然状态下的经济交易形成的数据，那就很可能违背奔福德定律。反过来说就是，如果一组财务数据不符合奔福德定律，就很可能存在人为操控，即存在财务舞弊的嫌疑。注册会计师可以运用奔福德规律来审查一组财务数据的真实性，以发现舞弊的预警信号。注册会计师可以借助Excel或者专门的分析软件，套用奔福德定律来检测财务数据。这种方法具有很大的优点，即非常简单，只要懂得Excel公式就很容易操作，也不需要什么成本，消耗的时间也非常少，查找舞弊的准确率也相对较高，因为人为操作的数据很难符合自然规律。

但是，运用奔福德定律检查财务数据也具有一定的缺陷，一组真实的财务数据也可能不符合奔福德定律，因为财务数据也是人为确认、计量、记录和分类的结果，带有很多人工的成分。因此运用奔福德定律时，选择财务数据也有一定的要求，尽量选择原始数据，并不是所有数据样本都服从奔福德定律。研究表明，能够用奔福德定律进行数值分析的数据应该符合以下条件：（1）数值既不是完全随机的，也不能过度集中。（2）数值不能有上下限，比如百分比、年龄、人的身高、田径比赛成绩、邮件的邮资等有限制的数据一般不符合奔福德定律。（3）数值在一个很宽的范围里连续变动，不存在间断点或间断区间。（4）数字没有被特别赋值，诸如电话号码、证件号码、股票代码等按一定编码规则形成的数字一般不符合奔福德定律分布。（5）数值的形成受多种因素的影响，是多种因素综合作用的结果，如城镇的人口数量。（6）奔福德定律识别舞弊的有效性会随着人们对其知晓程度的提高而下降。运用奔福德定律还存在一个缺陷就是，违背奔福德定律的财务数据不能直接认定为舞弊数据，这仅是一种可能性，一个预警信号，还要进行实质性测试收集充分、适当的审计证据加以证实。

（二）头脑风暴法

头脑风暴法常常用在决策的初级阶段，以解决组织中出现的新问题或重大问题，一般只是用来产生方案，而不是进行决策。头脑风暴法对于解决组织中出现的新问题或重大问题发挥着非常有效的作用，具有很强大的威力。在通常情况下，对于组织而言，只有少量的问题需要真正借助于专家来解决，大约有80%的问题可以由组织自行解决，而这个解决问题的方法就是头脑风暴法。头脑风暴法是一种可以激发人们创造性的思维方法。在开展头脑风暴法的过程中，以小组为单位，在一个舒适而安静的环境当中小组成员可以畅所欲言，有什么想法就可以立马说出来，小组成员之间相互交流观点，在观点的碰撞当中可以产生更多的观点，越有可能找到相关问题的解决方案。对于舞弊审计而言，在开展审计工作的过程当中，可以通过审计小组的形式来运用头脑风暴法，通常包括三个阶段，即准备阶段、讨论阶段和评估阶段。在准备阶段，审计小组中的成员要从舞弊三角理论出发，从舞弊机会、动机和借口三个角度出发，单独分析所审计单位存在舞弊风险的地方；在讨论阶段，审计小组中的每个人都要根据自身的判断向其他小组成员说明被审计单位哪些地方存在舞弊风险，然后再结合后续小组成员的发言形成新的观点和建议，这样经过多轮分析和讨论后，最终获得一个总体的观念和建议，形成书面文档，记录被审计单位在哪些方面存在舞弊风险；在评估阶段，审计小组需要根据所获得的讨论结果，结合之前的审计计划和审计方案，进一步探讨是否有必要重新修改审计计划和审计方案，以更好地应对被审计单位的财务舞弊。

头脑风暴法的类别很多，根据国外学者 Beasley 和 Jenkins（2003）的观点，从舞弊审计的角度来看，较为适合的头脑风暴法包括开放式头脑风暴法、循环头脑风暴法和电子头脑风暴法。开放式头脑风暴法是在非常自由的氛围当中进行的，此时，审计小组的各个成员坐在一起，共同商讨与上市公司舞弊风险有关的问题，不需要遵循固定的规则和程序。这种头脑风暴方法由于没有什么约束，因此在审计小组开展舞弊审计讨论会时经常被使用，在小组成员畅所欲言的氛围当中，很容易激发大家的灵感，发现更多的舞弊风险因素。当然，这种无序状态带来的弊端就是容易让讨论会的场面陷入混乱，最后可能导致效率不高。循环头脑风暴法要求审计小组成员按照顺序来发言，没有发言的审计小组成员需要随时记录正在发言审计小组成员的观点，每轮结束后，进行下一轮的发言。此时发言的审计小组成员需要根据其他审计小组成员之前的发言来形成新的观点。如此循环直到审计小组成员得到较为满意的结果为止。电子头脑风暴法与循环头脑风暴法类似，只不过此时需要在计算机软件上开展。即审计小组每位成员以匿名的方式在相应的计算机软件上将自己的观点罗列出来，最后全部成员的观点会出现在计算机屏幕上。然后每位审计小组成员在结合其他审计小组成员观点的基础上再形成新的观点，并列示在计算机软件上，如此循环，直到最终形成整个审计小组较为满意的观点为止。这种头脑风暴法的优点在于审计小组成员可以同时将自己的观点列示在计算机软件上，节省了讨论会的时间，同时由于观点都是列示在计算机软件上，也便于保存。

在进行舞弊审计的过程中，使用头脑风暴法时需要注意以下一些问题：第一是阻碍现象，审计小组某个成员在发表意见的时候，其他审计小组成员既需要记录这个成员的观点，又要考虑自己的观点，此时很容易导致自己的观点被遗忘，从而在总体上影响观点的效果和数量，这种现象就是阻碍现象。第二是群体支配现象，使用头脑风暴法的目的就是通过审计小组成员之间的沟通、交流和互动来充分挖掘每个审计小组成员在主动性和创造性上的潜力，从而实现最优的结果。第三是社会惰化现象，根据社会学和心理学的研究，与个人独立完成任务相比，当集体成员一起完成某些任务时，个体在其中的努力程度便会降低，导致“搭便车”行为产生。

（三）共同规模分析法

共同规模分析法是指审计师用来帮助自己对上市公司资产负债表、利润表中各个要素与一个共同要素（通常为总资产或总销售额）之间关系进行分析的方法。使用这种方法分析资产负债表时，审计师通常用某个资产负债项目余额除以总资产，得到一个比值。分析利润表时，审计师通常使用某个利润表项目余额除以销售收入或净销售额得到一个比值。审计师可以通过共同规模分析法来判断被审计单位财务健康状况以及利润水平如何。共同规模分析包括横向分析和纵向分析。审计师在使用共同规模分析法进行纵向分析时，资产负债表中的所有项目余额都以占总资产的比值来表示，利润表中以各项目的余额与销售收入的比值来表示。这样审计师可以发现各个项目余额的变化情况。当审计师发现异常时，便会予以特殊的关注，因为被审计单位的某个比值通常在一段时间内应该保持稳定。审计师在使用共同规模分析法进行横向分析时，会选择一个特定的年份为基期，以后年度的百分比变化以基期数据为准进行计算，这可以帮助审计师分析被审计单位在某个时间段内资产负债表和利润表出现的趋势变化。

（四）反舞弊画像法

目前，数字化反舞弊系统是企业防范舞弊的重要手段，会计师事务所和企业逐渐通过构建舞弊全景画像和分析舞弊行为图谱来进行审计。舞弊全景画像可以基于企业人、财、物等各类业务数据信息，通过对不同风险对象的全方位梳理，快速发现目标对象的违规行为。系统会根据需求设置风险画像基础维度，以及一整套风险定义、风险发现、风险识别、风险驱动的监管闭环应用工具，通过知识图谱的动态标签技术实现对企业及人员的谱系关系进行全景、多维识别。此外，运用图谱分析，通过异常行为识别引擎，根据深度图谱关联分析，可以发现各种显性和隐性的复杂多层级关系，有助于提高舞弊行为甄别能力和降低人工核查成本，极大地提高舞弊案件的核查效率，提升反舞弊的及时性、规范性和有效性。

第三节 舞弊审计的报告

舞弊审计报告是审计人员执行舞弊审计工作的成果，因此，其最主要目标是反映舞弊事实并直接报告有关内容，而不是针对管理层的舞弊行为作出评价，这也是舞弊审计程序区别于非舞弊审计程序的地方。基于此特征，审计人员发表的简短的审计意见无法达到满足信息相关使用者需求的目的。另外，舞弊审计不仅是为了查出舞弊事实追究涉案者责任，更是为了最终能防止同类舞弊行为再次上演，所以舞弊审计的报告内容除揭示事实问题外，还应附有关于解决和防范相类似舞弊发生的建议。

一、舞弊审计报告的要求和要素

尽管目前我国有关法律法规和准则单独对舞弊审计报告的说明较少，规定也不是十分明确，但在审计实务中舞弊审计报告往往呈现出以下一般特征：要素基本一致（含有摘要、背景介绍、审计结论、审计目标与范围、审计方法、详细事实、附录等内容）；写作顺序大致相同，通常遵循先简后繁、先结论后事实的逻辑原则，便于读者直观了解报告内容。中国内部审计准则第 2204 号《对舞弊行为进行检查和报告》第十八条规定：“内部审计人员完成必要的舞弊检查程序后，应当从舞弊行为的性质和金额两方面考虑其严重程度，并出具相应的审计报告。审计报告的内容主要包括舞弊行为的性质、涉及人员、舞弊手段及原因、检查结论、处理意见、提出的建议及纠正措施。”舞弊审计报告的关键是本着对委托人负责、对被审计单位负责、对审计单位自身负责的态度，对所调查的对象应尊重事实依据和证据，既不能故意隐瞒也不能夸大其词，对于证据不足无法证实的问题不应过多描述甚至可以不予提及，以避免增加审计风险。对严重问题和重点方面要突出反映，对次要问题可以略有保留，保证舞弊审计报告内容的重点性和可读性。

舞弊审计报告除所有审计报告都具有的内容（如审计对象、审计意见及形成基础、责任划分、报告事项、注册会计师签章、报告日期等）外，通常还应添加两个部分。一是管理责任和审计责任，在舞弊审计报告中，应专门增加段落说明如何区分管理责任与审计责任。在一定程度上，舞弊审计不同于常规审计，即财务报表审计，没有单独的准则或规定对舞弊审计责任作出明确指示，因此在舞弊审计报告中有必要给出相应界定。但是从另一角度而言，舞弊审计也类似于财务报表审计，审计人员同样只能提供合理保证，仅能将舞弊审计风险降至可接受的水平，为防止相关报告使用者可能误认为是绝对保证，因此必须在报告中对双方的责任进行界定和区分，旨在一定范围内保护审计人员的同时也再次提醒报告使用者合理恰当地解读和使用报告。二是审计目标与范围，在报告中予以说明是为了帮助报告使用者理解所写内容和进一步解释审计结论。审计人员在表述舞弊审计的目标和范围时要十分注意，因为目前在我国审计准则和审计实务并没有形成一致的舞弊审计目标，所以审计师在报告中需对具体的审计对象进行舞弊审计目标的说明。审计范围的限制是审计师得出审计结论、发表公正审计意见的前提，审计范围的设定一般可借助明确被审主体、被审项目加之审计业务所涵盖的期间，同时应注意在报告中反映审计人员在执行审计工作时是否受到审计范围的限制，若有则受限程度如何。舞弊审计报告所含内容还包括有别于财务报表审计报告的特殊要素：审计程序与方法部分和审计发现的事实部分。舞弊审计较之财务报表审计的不同还体现在审计程序和审计方法的复杂，除询问、检查、函证、控制测试等常用通用的审计程序外，通常还会涉及和执行针对舞弊对象独特的程序，这些应按要求在舞弊审计报告中加以说明和反映。财务报表审计报告无需列示审计工作中发现的事项，对于不符合规定的项目通常先通知被审计单位进行调整修改，若拒绝，审计师应再次评估项目风险并考虑对审计意见的影响。而舞弊审计则不同，审计结果完全建立在所查事实的基础之上，审计结论充分依据收集得来的大量审计证据，因此，舞弊审计报告要求对所发现的主要事实和获取的重要证据进行列示。

二、舞弊审计报告的撰写要求和格式分类

审计人员应在舞弊审计启动时就同时准备报告，避免由于审计工作时间长内容杂导致重要信息被忘记和遗漏。一般在审计工作前期根据确定的审计目标、建立好的调查框架等信息设计报告大纲，在之后执行舞弊审计工作的同时，也相应填制和修改舞弊审计报告，既保证了报告内容的完整和清楚，还合理分摊了审计工作量，防止将报告堆积在最后完成。

舞弊审计的目标不仅是发现舞弊事实，还要求查明舞弊人员的舞弊意图。因此舞弊审

计报告在反映由相关员工舞弊造成的后果情况时，应客观、直接、详细地表述舞弊事实的来龙去脉，可以公开参与舞弊员工的身份信息及其意图和行为，要求清晰罗列所获得的证据。报告内容仅仅是在描述一个事实，不予评论，不加揣测，严禁使用有暗示性、引诱性、褒贬义、正负面等其他语义的文字，防止产生误解和造成不良影响，更不能进行编造或篡改，必须完全尊重事实依据和证据，保证公平公正。撰写报告时必须对每一个字反复斟酌，要求意思表达准确、语境合适准确，为防止添加个人主观色彩，应尽量使用中性词，不使用形容词进行描述。

舞弊审计报告目前还没有标准统一的规范格式，不同审计项目有不同的报告内容和顺序，中国内部审计准则第 2204 号第十八条规定，舞弊审计报告的内容主要包括舞弊行为的性质、涉及人员、舞弊手段及原因、检查结论、处理意见、提出的建议及纠正措施。在我国目前舞弊审计实务中，舞弊审计报告通常包括五个方面的内容：背景和起因、审计发现和舞弊事实（调查过程、获取证据、审计方法）、损失金额和挽回金额、舞弊原因和改正措施、审计结论及处理结果。

中国内部审计准则第 2204 号第十六条规定，内部审计人员应以书面或口头形式向组织适当管理层或董事会报告舞弊检查情况及结果。在绝大多数情况下，审计人员一般选择 PPT 或者 Word 文档保存舞弊审计报告和进行汇报。但在审计中发现的涉及核心技术、应进行商业保密、可能存在法律风险的情况可以先通过口头汇报告知管理层，沟通后再以合适的方式记录在文件中，以免造成不必要的影响和后果。财务报表审计报告根据审计意见的不同有不同的分类和格式要求，同理，舞弊审计报告也包括清白审计报告和不清白审计报告，审计人员在执行舞弊审计工作中，若没有发现舞弊迹象或没有充分证据表明存在舞弊行为，则应发表清白审计意见；反之，若确实发现了舞弊并且已收集到足够的证据，则应发表不清白审计意见。

本章小结

通过本章的学习，我们可以从舞弊审计的程序、方法和报告三方面深入了解舞弊审计的实践操作。舞弊行为在实务中形式多样，因此应采取不同对应措施进行针对性审计。此外，利用舞弊审计报告展示舞弊审计工作的成果也是舞弊审计工作的重要一环。可以说，舞弊审计工作的全程与审计师的职业判断和专业能力息息相关。

思考题

1. 你认为舞弊审计与传统审计在审计程序上有什么不同？
2. 除了本章涉及的舞弊审计方法，你还能想出来其他方法吗？
3. 影响舞弊审计方法选择的因素有哪些？
4. 舞弊审计报告有哪些特殊性？

第五章　财务报告舞弊及其审计策略

案例导入

2020年9月11日晚间，证监会官方网站发布消息称，獐子岛（002069.SZ）涉嫌构成违规披露、不披露重要信息罪，根据《行政执法机关移送涉嫌犯罪案件的规定》，证监会决定将獐子岛及相关人员涉嫌证券犯罪案件依法移送公安机关追究刑事责任。

此前，獐子岛发布了证监会对其的《行政处罚决定书》和《市场禁入决定书》的公告，公告中披露了2016年和2017年獐子岛对业绩的虚报和对公司及其高层的处罚决定。獐子岛在2014年、2015年已连续两年亏损的情况下，利用海底库存及采捕情况难发现、难调查、难核实的特点，不以实际采捕海域为依据进行成本结转，导致财务报告严重失真。

证监会的报告认为，“2016年獐子岛通过少记录成本、营业外支出的方法将经营成果由亏损披露为盈利，2017年将以前年度已采捕海域列入核销海域或减值海域，夸大亏损幅度，导致财务报告严重失真。”

自獐子岛上市以来，共上演了3次扇贝死亡或逃走的事件，分别发生在2014年、2017年、2019年。此次，证监会调查的正是第二次扇贝死亡事件。自第一次“扇贝跑了”事件发生后，獐子岛连续两年亏损，面临强制退市的情况，在此背景下，獐子岛的高层选择了粉饰2016年业绩，以便挽救獐子岛。

随着证监会调查结果的出炉，獐子岛的部分真相开始浮出水面，证监会正式提出“公司提到大规模的灾情，与已采捕完毕的海域没有直接关联性”，否决了獐子岛以自然灾害为理由，对业绩造成巨大的波动。

至于为何打捞出死去的扇贝，獐子岛上有着各类传言，有的岛民认为在播种之时，獐子岛公司扔下去的就是已经死亡的苗种；但也有岛民认为，可能是播苗的时候，撒的是带有激素的扇贝苗，这种扇贝刚开始看着是不错的苗，但是生长一段时间后，由于激素失效等原因就会死亡。对于播撒的扇贝苗是否是劣质苗的问题，村民则有着不同的猜测和说法，“扇贝苗的采购员是一个好营生，之前就有采购员收受贿赂吃回扣被抓判刑的，这件事最后还涉及原董事长吴厚刚的弟弟。”

证监会的调查证明了“人祸”是獐子岛财务造假的最终原因，也确认了獐子岛的高管在财务造假中负有不可推卸的责任。对除獐子岛镇大耗村村委会主任金显利以外的所有16位高管和董事进行了顶格处罚，董事长吴厚刚辞职。

——资料来源：由网络资料改编

思考：1. 上述案例中獐子岛通过哪些财务舞弊手段扭曲财务报告？

2. 审计中可以采取哪些措施来应对财务舞弊的各种手段？

学习目标

1. 了解财务报告舞弊的含义、主要目的和主要手段；
2. 熟悉针对财务报告舞弊的主要审计策略。

第一节 财务报告舞弊概述

一、财务报告舞弊的含义

随着舞弊性财务报告的出现，各国对财务报告舞弊的表述略有不同，但实质是相同的，都认为财务报告舞弊是舞弊的一种，它是管理当局通过违背一般公认会计准则，故意编制和披露虚假财务会计信息，有意识地采用各种方式和手段歪曲反映企业某一特定日期财务状况和某一会计期间经营成果和现金流量，对企业的经营活动作出不实陈述，以欺骗财务报告使用者，并实现自身目的的犯罪行为。AICPA 1977 年对财务报告舞弊的定义为：公司或企业故意错报和遗漏重大事项在财务报告中的披露，即进行欺诈性的财务报告，又称“管理当局欺诈”或“管理当局舞弊”（Management Fraud）。财务报告舞弊可能涉及以下几种行为：（1）篡改、伪造或变更编制财务报告所依据的会计记录或支持性凭证；（2）有意错报或遗漏事项、交易或其他主要信息；（3）在处理金额、分类、表达或披露等方面有意错用会计原则。美国反欺诈财务报告全国委员会（Treadway 委员会）对财务报告舞弊的定义是描述性的，认为“是一种故意的或轻率的行为，无论是虚报还是漏列，其结果是导致重大的误导性财务报告”。SAS No. 99 认为财务报告舞弊是指为欺骗财务报告使用者而对财务报告所列示的数据或披露的信息进行蓄意的错报或漏报，导致财务报告忽略了某些关键财务信息，违背了公认会计准则。中国注册会计师审计准则第 1141 号中认为有两类故意错报与财务报表审计相关：一是对财务信息作出虚假报告导致的错报；二是侵占资产导致的错报。这里我们主要关注的是第一类问题，第二类问题留待下一章再作探讨。

如前文所述，财务报告舞弊也叫“管理当局欺诈”或“管理当局舞弊”，这是因为财务报告舞弊通常是由管理层当局授意和掌控，管理层往往会利用所处的特殊地位、拥有的权力，对内部控制进行任意践踏，良好的内部控制也可能被管理层逾越。所以管理层舞弊具有隐蔽性、复杂性、动态性的特征，常规审计程序和方法已无法保证发现所有的重大舞弊行为，注册会计师往往难以准确判断它的存在与否；且随着企业环境的日益复杂和迅速变化，新兴业务的大量出现，企业舞弊的手法和程度均远胜于从前，对管理层舞弊的识别难度也日趋增大。

总之，财务报告舞弊已经成为世界范围内的重大问题，给世界经济带来了重大的负面影响，成为全世界范围内日益重要和亟待解决的难题。

二、财务报告舞弊的主要研究

财务报告舞弊一直是困扰注册会计师的一大心病。自 20 世纪五六十年代以来，伴随着针对注册会计师诉讼案件的急剧上升，美国证券交易委员会（SEC）开始重申和强调注册会计师对揭露欺诈的职责，同时社会公众要求注册会计师承担起查错防弊责任的愿望也日趋强烈。而基于审计技术固有的局限性及财务报告舞弊的复杂性，现有的审计程序和方法可能无法保证查出重大舞弊行为。面对这一挑战，注册会计师亟须开展对财务报告舞弊的深入研究，以提高揭错查弊的能力。美国注册会计师协会在这方面开展了卓有成效的研究工作。

1985 年，美国注册会计师协会（AICPA）、美国会计学会（AAA）、国际内部审计师协会（IIA）、财务经理人协会（FEI）以及全美会计师协会（NAA）达成协议，成立了全美反舞弊性财务报告委员会（National Commission on Fraudulent Financial Reporting），由前任 SEC 委员 Treadway 担任主席，即 Treadway 委员会，致力于有关财务报告舞弊问题的研究。Treadway 委员会曾对美国 1977—1986 年的财务报表舞弊案件进行了系统研究，提出了著名的财务舞弊研究报告。随后其赞助机构又成立了一个专门研究内部控制与舞弊性财务报告的委员会，也就是 COSO（Committee of Sponsoring Organization of the Treadway Commission）委员会。为了进一步推进反舞弊的斗争，COSO 委员会展开了一项实证研究。该研究从 1987 年至 1997 年被 SEC 认定为提供了舞弊性财务报告的公司中随机选取 200 家，对这些公司的近 300 个财务报告舞弊案例进行统计分析，旨在捕获有关舞弊公司的特征、典型的舞弊手法等信息，从而为打击财务报告舞弊奠定基础。2008 年，COSO 委员会完成并发布了该项研究报告《全美虚假财务报告：1998—2007》。该报告通过统计研究对美国上市公司财务报告的典型特征进行了多方位的归纳。

ACFE 近年来关于职务腐败的研究中对财务报告舞弊问题也进行了关注。在最近一次研究报告，即《2022 年 ACFE 全球舞弊调查报告》中指出：财务报表欺诈的比例是最小的，只有不到 10%，然而其引起的损失金额中位数为 59.3 万美元。有许多人使用了超出一种的舞弊方式。国内近年来也有许多专家学者就财务报告舞弊问题进行了针对性研究，例如，厦门大学黄世忠教授、“财务侦探”郑朝晖等，对我国的财务舞弊问题进行了案例研究和统计分析并取得了丰硕的成果。

三、财务报告舞弊的主要目的

《CRAAS 1141 号》认为，对财务信息作出虚假报告，可能源于管理层通过操纵利润误导财务报表使用者对被审计单位业绩或盈利能力的判断。具体来说，对财务信息作出虚假报告的动机主要包括：迎合市场预期或特定监管要求；牟取以财务业绩为基础的私人报酬最大化；偷逃或骗取税款；骗取外部资金；掩盖侵占资产的事实。

财务报告舞弊的主要驱动力来自管理层，而公司管理层面临的压力来自多个方面。以资本市场为例，由于资本市场实行公开信息披露制度，且公司信息披露要求充分且及时，如季度报告、半年报、年度报告等，有点像“三个月一小考（季报）、半年一中考（半年报）、一年一大考（年报）”，极大地增加了公司管理层的压力。即便不存在任何对公司管理层的业绩评价指标，市场的评比、排队，也会增加公司管理层的压力。比如，2021 年年报一公布，就有各种机构从不同角度进行排名。2022 年 7 月，福布斯还推出“2022 中国最佳 CEO”，他们进行排行的依据中，有部分信息就是来自上市公司的年报数据。

根据舞弊存在时通常伴随的三种情况，这些风险因素可以分为以下三类。

1. 实施舞弊的动机或压力

舞弊者具有舞弊的动机是舞弊发生的首要条件。例如，高级管理人员的报酬与财务业绩或公司股票的市场表现挂钩、公司正在申请融资等情况都可能促使管理层产生舞弊的动机。

2. 实施舞弊的机会

舞弊者需要具有舞弊的机会，舞弊才可能成功。舞弊的机会一般源于内部控制在设计和运行上的缺陷，如公司对资产管理松懈，公司管理层能够凌驾于内部控制之上因而可以随意操纵会计记录等。

3. 为舞弊行为寻找借口的能力

借口是指存在某种态度、性格或价值观念，使管理层或员工能够作出不诚实的行为，或者管理层或员工所处的环境促使其能够将舞弊行为予以合理化。借口是舞弊发生的重要条件之一。只有舞弊者能够对舞弊行为予以合理化，舞弊者才可能作出舞弊行为，作出舞弊行为后才能心安理得。

（一）动机或压力

1. 财务稳定性或盈利能力受到经济环境、行业状况或被审计单位经营情况的威胁

主要表现为：竞争激烈或市场饱和，且伴随着利润率的下降；难以应对技术变革、产品过时、利率调整等因素的急剧变化；客户需求大幅下降，所在行业或总体经济环境中经营失败的情况增多；经营亏损使被审计单位可能破产、丧失抵押品赎回权或遭恶意收购；在财务报表显示盈利或利润增长的情况下，经营活动产生的现金流量经常出现负数，或经营活动不能产生现金流入；高速增长或具有异常的盈利能力，特别是在与同行业其他企业相比时；新发布的会计准则、法律法规或监管要求。

2. 管理层为满足第三方要求或预期而承受过度的压力

主要表现为：投资分析师、机构投资者、重要债权人或其他外部人对盈利能力增长趋势存在预期（特别是过分激进的或不切实际的预期），包括管理层在新闻报道和年报信息中作出过于乐观的预期；需要进行额外的举债或权益融资以保持竞争力，包括为重大研发项目或资本性支出融资；满足交易所的上市要求、偿债要求或其他债务合同要求的能力较弱；报告较差财务成果将对正在进行的重大交易（如企业合并或签订合同）产生可察觉的或实际的不利影响。

3. 管理层或治理层的个人财务状况受到被审计单位财务业绩的影响

主要表现为：在被审计单位中拥有重大经济利益；其报酬中有相当一部分（如奖金、期权、基于盈利能力的支付计划）取决于被审计单位能否实现激进的目标（如在股价、经

营成果、财务状况或现金流量方面）；个人为被审计单位的债务提供了担保。

4. 管理层或经营者受到更高级管理层或治理层对财务或经营指标过高要求的压力，即治理层为管理层设定了过高的销售业绩或盈利能力等激励指标。

（二）机会

机会要素是指舞弊者进行舞弊而不被发现，或者能够逃避惩罚的条件。舞弊三角理论中，三个因素都必须存在，缺少任何一个，舞弊行为都不可能发生。具体而言，即便压力再大，如果没有合适的机会，管理层也无法将压力转化为从事舞弊行为的“动力”。而在现实的经济活动中，管理层舞弊的机会很多。

1. 被审计单位所在行业或其业务性质为编制虚假财务报告提供了机会

主要表现为：从事超出正常经营过程的重大关联方交易，或者与未经审计或由其他会计师事务所审计的关联企业进行重大交易；被审计单位具有强大的财务实力或能力，使其在特定行业中处于主导地位，能够对与供应商或客户签订的条款或条件作出强制规定，从而可能导致不适当或不公允的交易；资产、负债、收入或费用建立在重大估计的基础上，这些估计涉及主观判断或不确定性，难以印证；从事重大、异常或高度复杂的交易（特别是临近期末发生的复杂交易，对该交易是否按照“实质重于形式”原则处理存在疑问）；在经济环境及文化背景不同的国家或地区从事重大经营或重大跨境经营；利用商业中介，而此项安排似乎不具有明确的商业理由；在属于“避税天堂”的国家或地区开立重要银行账户或者设立子公司或分公司从事经营活动，而此类安排似乎不具有明确的商业理由。

2. 组织结构复杂或不稳定

主要表现为：难以确定对被审计单位持有控制性权益的组织或个人；组织结构过于复杂，存在异常的法律实体或管理层级；高级管理人员、法律顾问或治理层频繁更换。

3. 对管理层的监督失效

主要表现为：管理层由一人或少数人控制（在非业主管理的实体中），且缺乏补偿性控制；治理层对财务报告过程和内部控制实施的监督无效。

4. 内部控制要素存在缺陷

主要表现为：对控制的监督不充分，包括自动控制以及针对中期财务报告（如要求对外报告）的控制；由于会计人员、内部审计人员或信息技术人员不能胜任而频繁更换；会计系统和信息系统无效，包括内部控制存在值得关注的缺陷的情况。

（三）借口

借口实质上是一种个人的道德价值判断，人们总是通过自己的意图来判断自己，而通过行为来判断他人。对于自身而言，意图总是比行为要好得多，因此管理层为实施舞弊行为寻找借口就非常容易，比如，“别人都这么做”“我们只是为了暂时渡过困难时期”“一旦我们渡过这一难关，我们会马上修正账簿的”“我给公司作这么大的贡献，公司又不能多发奖金”等。

1. 管理层态度不端或缺乏诚信

主要表现为：管理层未能有效地传递、执行、支持或贯彻被审计单位的价值观或道德标准，或传递了不适当的价值观或道德标准；非财务管理人员过度参与或过于关注会计政策的选择或重大会计估计确定；被审计单位、高级管理人员或治理层存在违反证券法或其他法律法规的历史记录，或由于舞弊或违反法律法规而被指控；管理层过于关注保持或提高被审计单位的股票价格或利润趋势；管理层向分析师、债权人或其他第三方承诺实现激进的或不切实际的业绩；管理层未能及时纠正发现的值得关注的内部控制缺陷；为了避税目的，管理层表现出有意通过使用不适当的方法使报告利润最小化；高级管理人员缺乏士气；业主兼经理未对个人事务与公司业务进行区分；股东人数有限的被审计单位股东之间存在争议；管理层总是试图基于重要性原则解释处于临界水平的或不适当的会计处理。

2. 管理层与现任或前任注册会计师之间的关系紧张

主要表现为：在会计、审计或报告事项上经常与现任注册会计师产生争议；对注册会计师提出不合理的要求，如对完成审计工作或出具审计报告提出不合理的时间限制；对注册会计师接触某些人员、信息或与治理层进行有效沟通施加不适当的限制；管理层对注册会计师表现出盛气凌人的态度，特别是试图影响注册会计师的工作范围，或者影响对执行审计业务的人员或被咨询人员的选择和保持。

四、财务报告舞弊的主要手段

对财务信息作出虚假报告通常与管理层凌驾于控制之上有关。管理层通过凌驾于控制之上实施舞弊的手段主要包括：

（1）编制虚假的会计分录，特别是在临近会计期末时；

（2）滥用或随意变更会计政策；

（3）故意漏记、提前确认或推迟确认报告期内发生的交易或事项；

（4）隐瞒可能影响财务报表金额的事实；

（5）构造复杂的交易以歪曲财务状况或经营成果；

（6）篡改与重大或异常交易相关的会计记录和交易条款。

在 COSO 的研究报告中统计出，财务报告舞弊的典型手法主要是高估资产和虚夸确认收入。超过一半的舞弊公司都采取了确认虚假收入或者确认未实现收入的手法。多数收入舞弊中只涉及会计期末记录的交易，其具体手法包括确认虚假收入、确认未实现收入、确认附带条件的销售、错误的销售截止、错误地运用完工百分比法以及将试用的货物记录为销售。同时，有将近一半的舞弊涉及高估各类资产，如资产项目中的存货、应收账款、贷款和应收票据、货币资金、投资、商标、矿产资源等（见表 5－1）。

表 5－1　　典型舞弊手法及所占比例　　单位：%

舞弊手法	比例*
多确认收入	50
确认虚假收入	26
确认未实现的收入	24
未具体描述（一般为高估）	16
多计资产	50

续表

舞弊手法	比例*
高估现有资产	37
记录虚无资产或其他资产	12
错误地将费用资本化	6
少计费用和负债	18
资产的挪用或侵占	12
不恰当披露（不包括影响净收益的项目）	8
其他手法	20

*由于每个舞弊案例可能涉及多种舞弊手法，因此，所有项目的比例之和不等于100%，各子项目的合计数也不等于上一级项目。

第二节　财务报告舞弊的审计策略

一、收入舞弊及审计策略

销售收入是企业经营活动现金流量的源泉，是衡量企业核心竞争力最重要的指标之一。美国证券交易委员会前首席会计师林恩·特纳称："收入的增减变动是投资者进行投资决策的重要指标，当投资者评价一家公司的历史业绩和展望其收益前景时，销售收入的变化趋势和成长性总像气压计一样左右着他们的思维。"也正因为销售收入至关重要，使其必然成为舞弊和操纵的对象。美国 SEC 前主席阿瑟－利维特（Arthur Levitt）1998 年 9 月 28 日在纽约大学所作题为"The Number's Game"的演讲中就指出，操纵收入确认是美国上市公司五大财务舞弊手法之一；COSO 发布的《舞弊性财务报告：1998—2007》中表明，50%样本公司采用了不当的收入确认手法；美国财务研究分析中心（CFRA）总裁霍华德·施利特概括了美国上市公司七大骗术及 30 种手段，其中有四大骗术及 17 种手段与收入确认有关；美国审计署（GAO）发表的研究报告《财务报表重编：趋势、市场影响、监管回应和面临挑战》指出，收入确认已成为美国上市公司最热衷的操纵手法。厦门大学黄世忠教授曾写下一篇经典之作《收入操纵的九大陷阱及其防范对策》，以案例剖析方式揭示出收入操纵的九大陷阱，包括寅吃卯粮，透支未来收入；以丰补歉，储备当期收入；鱼目混珠，伪装收入性质；张冠李戴，歪曲分部收入；借鸡生蛋，夸大收入规模；瞒天过海，虚构经营收入；里应外合，相互抬高收入；六亲不认，隐瞒关联收入；随心所欲，篡改收入分配，形象地说明了收入舞弊中的常见手法。对收入的审计，国际、美国和我国的现行舞弊审计准则规定了"有错推定"假设，就是要求审计师要取得充分证据证明客户的收入不存在虚构、隐瞒以及提前、推迟确认等情况。

收入是指企业在日常经营活动中形成的、会导致所有者权益增加的、与所有者投入资本无关的经济利益的总流入。收入包括销售商品收入、提供劳务收入和让渡资产使用权收入。

《企业会计准则第 14 号——收入》将合同作为收入的基础。当企业与客户之间的合同同时满足下列条件时，企业应当在客户取得相关商品控制权时确认收入：

（1）合同各方已批准该合同并承诺将履行各自义务；

（2）该合同明确了合同各方与所转让商品或提供劳务（以下简称“转让商品”）相关的权利和义务；

（3）该合同有明确的与所转让商品相关的支付条款；

（4）该合同具有商业实质，即履行该合同将改变企业未来现金流量的风险、时间分布或金额；

（5）企业因向客户转让商品而有权取得的对价很可能收回。

企业为了调节利润，往往会在收入确认的条件上做文章，将不符合确认条件的收入提前入账，或者将已经满足确认条件的收入推迟入账。

（一）为了达到粉饰财务报表的目的而虚增收入或提前确认收入

1. 利用与未披露关联方之间的资金循环虚构交易。

2. 通过未披露的关联方进行显失公允的交易，例如，以明显高于其他客户的价格向未披露的关联方销售商品。

3. 通过出售关联方的股权、使之从形式上不再构成关联方，但仍与之进行显失公允的交易，或与未来或潜在的关联方进行显失公允的交易。

4. 通过虚开商品销售发票虚增收入，而将货款挂在应收账款中，并可能在以后期间计提坏账准备，或在期后冲销。

5. 为了虚构销售收入，将商品从某一地点移送至另一地点，凭出库单和运输单据为依据记录销售收入。

6. 在与商品相关的风险和报酬尚未全部转移给客户之前确认销售收入。例如，销售合同中约定被审计单位的客户在一定时间内有权无条件退货，而被审计单位隐瞒退货条款，在发货时全额确认销售收入。

7. 通过隐瞒售后回购或售后租回协议，而将以售后回购或售后租回方式发出的商品作为销售商品确认收入。

8. 采用完工百分比法确认劳务收入时，故意低估预计总成本或多计实际发生的成本，以通过高估完工百分比的方法实现当期多确认收入。

9. 在采用代理商销售模式时，在代理商仅向购销双方提供帮助接洽、磋商等中介代理服务的情况下，按照相关购销交易的总额而非净额（扣除佣金和代理费等）确认收入。

10. 当存在多种可供选择的收入确认会计政策或会计估计方法时，随意变更所选择的会计政策或会计估计方法。

11. 选择与销售模式不匹配的收入确认会计政策。

（二）为了达到报告期内降低税负或转移利润等目的而少计收入或延后确认收入

1. 被审计单位将商品发出、收到货款并满足收入确认条件后，不确认收入，而将收到的货款作为负债挂账，或转入本单位以外的其他账户。

2. 被审计单位采用以旧换新的方式销售商品时，以新旧商品的差价确认收入。

3. 在提供劳务或建造合同的结果能够可靠估计的情况下，不在资产负债表日按完工百分比法确认收入，而推迟到劳务结束或工程完工时确认收入。

（三）收入舞弊的审计策略

1. 基于收入确认存在舞弊风险的假定

审计人员在识别和评估与收入确认相关的重大错报风险时，应当基于收入确认存在舞弊风险的假定，评价哪些类型的收入、收入交易或认定导致舞弊风险。《CRAAS 1141 号》要求审计人员在识别和评估舞弊导致的重大错报风险时，应当假定收入确认存在舞弊风险，在此基础上评价哪些类型的收入、收入交易或认定导致舞弊风险。假定收入确认存在舞弊风险，并不意味着审计人员应当将与收入确认相关的所有认定都假定为存在舞弊风险。审计人员需要结合对被审计单位及其环境的具体了解，考虑收入确认舞弊可能如何发生。被审计单位不同，管理层实施舞弊的动机或压力不同，其舞弊风险所涉及的具体认定也不同，审计人员需要作出具体分析。例如，如果管理层难以实现预期的利润目标，则可能有高估收入的动机或压力（如提前确认收入或记录虚假的收入），因此，收入的发生认定存在舞弊风险的可能性较大，而完整性认定则通常不存在舞弊风险：相反，如果管理层有隐瞒收入而降低税负的动机，则审计人员需要更加关注与收入完整性认定相关的舞弊风险。如果被审计单位预期难以达到下一年度的销售目标，而已经超额实现了本年度的销售目标，就可能倾向于将本期的收入推迟至下一年度确认。

2. 识别收入确认方面可能存在舞弊风险的迹象（红旗标志法）

通常表明被审计单位在收入确认方面可能存在舞弊风险的迹象包括：

（1）被审计单位的客户是否付款取决于：①能否从第三方取得融资；②能否转售给第三方（如经销商）；③被审计单位能否满足特定的重要条件。

（2）未经客户同意，在销售合同约定的发货期之前发送商品。

（3）未经客户同意，将商品运送到销售合同约定地点以外的其他地点。

（4）被审计单位的销售记录表明，已将商品发往外部仓库或货运代理人，却未指明任何客户。

（5）在实际发货之前开具销售发票，或实际未发货而开具销售发票。

（6）对于期末之后的发货，在本期确认相关收入。

（7）实际销售情况与订单不符，或者根据已取消的订单发货或重复发货。

（8）已经销售给货运代理人的商品，在期后又大量退回。

（9）销售合同或发运单上的日期被更改，或者销售合同上加盖的公章并不属于合同所指定的客户。

（10）在接近期末时发生大量或大额的交易。

（11）交易之后长期不进行结算。

（12）在被审计单位业务或其他相关事项未发生重大变化的情况下，询证函回函相符比例明显异于以前年度。

（13）发生异常大量的货币资金交易，或被审计单位有非正常的资金流转及往来，特别是有非正常货币资金收付的情况。

(14) 应收款项收回时，付款单位与购买方不一致，存在较多代付款的情况。

(15) 交易标的对交易对手而言不具有合理用途。

(16) 主要客户自身规模与其交易规模不匹配。

3．有效实施分析程序

在收入确认领域实施审计程序时，分析程序是一种较为有效的方法，审计人员需要重视并充分利用分析程序，发挥其在识别收入确认舞弊中的作用。

在收入确认领域，审计人员可以实施的分析程序包括：

(1) 将本期销售收入金额与以前可比期间的对应数据或预算数进行比较。

(2) 分析月度或季度销售量变动趋势。

(3) 将销售收入变动幅度与销售商品及提供劳务收到的货币资金、应收账款、存货、税金等项目的变动幅度进行比较。

(4) 将销售毛利率、应收账款周转率、存货周转率等关键财务指标与可比期间数据、预算数或同行业其他企业数据进行比较。

(5) 分析销售收入等财务信息与投入产出率、劳动生产率、产能、水电能耗、运输数量等非财务信息之间的关系。

(6) 分析销售收入与销售费用之间的关系，包括销售人员的人均业绩指标、销售人员薪酬、差旅费用、运费，以及销售机构的设置、规模、数量、分布等。

审计人员通过实施分析程序，可能识别出未注意到的异常关系，或难以发现的变动趋势，从而有目的、有针对性地关注可能发生重大错报风险的领域，有助于评估重大错报风险，为设计和实施应对措施提供基础。例如，如果审计人员发现被审计单位不断地为完成销售目标而增加销售量，或者大量销售因不能收现而导致应收账款大量增加，需要对销售收入的真实性予以额外关注；如果审计人员发现被审计单位临近期末销售量大幅增加，需要警惕将下期收入提前确认的可能性；如果审计人员发现单笔大额收入能够减轻被审计单位盈利方面的压力，或使被审计单位完成销售目标，需要警惕被审计单位虚构收入的可能性。

如果发现异常或偏离预期的趋势或关系，审计人员需要认真调查其原因，评价是否表明可能存在舞弊导致的重大错报风险。涉及期末收入和利润的异常关系尤其值得关注，例如，在报告期的最后几周内记录了不寻常的大额收入或异常交易，审计人员可能采取的调查方法。

(1) 如果审计人员发现被审计单位的毛利率变动较大或与所在行业的平均毛利率差异较大，审计人员可以采用定性分析与定量分析相结合的方法，从行业及市场变化趋势、产品销售价格和产品成本要素等方面对毛利率变动的合理性进行调查。

(2) 如果审计人员发现应收账款余额较大，或其增长幅度高于销售收入的增长幅度，审计人员需要分析具体原因（如赊销政策和信用期限是否发生变化等），并在必要时采取恰当的措施，如扩大函证比例、增加截止测试和期后收款测试的比例等。

(3) 如果审计人员发现被审计单位的收入增长幅度明显高于管理层的预期，可以询问管理层的适当人员，并考虑管理层的答复是否与其他审计证据一致。如果管理层表示收入增长是由于销售量增加所致，审计人员可以调查与市场需求相关的情况。

4. 积极应对评估与收入确认相关的重大错报风险

根据《CRAAS 1141 号》和《CRAAS 1231 号》的规定，注册会计师应当将评估的舞弊导致的重大错报风险作为特别风险，并专门针对该风险实施实质性程序。如果针对特别风险实施的程序仅为实质性程序，这些程序应当包括细节测试。

在应对该特别风险时，如果审计人员拟信赖管理层针对该风险实施的控制，应当在本期审计中测试这些控制运行的有效性。在实施实质性程序时，审计人员需要根据交易的经济实质判断被审计单位收入确认的政策是否恰当，特别是那些与复杂交易相关的政策。审计人员应当设计和实施恰当的应对措施，获取充分、适当的审计证据，并在选择和实施审计程序时注意融入更多的不可预见因素。《CRAAS 1141 号》列示了应对评估的舞弊导致的重大错报风险的审计程序示例，包括增加审计程序不可预见性的示例，审计人员可以采取的应对措施。

（1）针对收入项目，使用分解的数据实施实质性分析程序。例如，按照月份、产品线或业务分部将本期收入与可比期间收入进行比较。利用计算机辅助审计技术可能有助于发现异常的或未预期到的收入关系或交易。

（2）向被审计单位的客户函证相关的特定合同条款以及是否存在背后协议。因为相关的会计处理是否适当，往往会受到这些合同条款或协议的影响。例如，商品接受标准、交货与付款条件、不承担期后或持续性的卖方义务、退货权、保证转售金额以及撤销或退款等条款在此种情形下通常是相关的。

（3）向被审计单位负责销售和市场开发人员询问临近期末的销售或发货情况，向被审计单位内部法律顾问询问临近期末签订的销售合同是否存在异常的合同条款或条件。

（4）期末在被审计单位的一处或多处发货现场实地观察发货情况或准备发出的商品情况（或待处理的退货），并实施其他适当的销售及存货截止测试。

（5）对于通过电子方式自动生成、处理、记录的销售交易，实施控制测试以确定这些控制是否能够为所记录的收入交易已真实发生并得到适当记录提供保证。

（6）调查重要交易对方的背景信息，询问直接参与交易的员工，交易对方是否与被审计单位存在关联方关系。必要时，考虑是否实地走访存在疑虑的客户或供应商。

（7）如果被审计单位采用完工百分比法确认与提供劳务或建造合同相关的收入，注册会计师需要检查相关合同或其他文件，以发现确认完工百分比的方法是否合理，与从被审计单位内部获取的资料中相关信息是否一致。以及完成的工作能否取得被审计单位客户的确认。能否得到监理报告、被审计单位与客户的结算单据等外部证据的验证，必要时可以利用专家的工作。

（8）如果被审计单位采用经销商的销售模式，注册会计师需要关注主要的经销商与被审计单位之间是否存在关联方关系，并通过检查被审计单位与经销商之间的协议或销售合同、出库单、货运单、商品验收单等相关支持性凭证，以确定是否满足收入确认的条件。此外，注册会计师还可以关注经销商布局的合理性、被审计单位频繁发生经销商加入和退出的情况，以及被审计单位对不稳定经销商的收入确认是否适当、退换货损失的处理是否适当等。

（9）如果被审计单位采用代理商的销售模式，注册会计师需要检查被审计单位与代理商之间的协议或合同，确定是否确实存在委托与代理关系，并检查被审计单位收入确认是否有代理商的销售清单、货物最终销售的证明等支持性凭据。

(10) 如果存在被审计单位关联方注销及非关联化的情况，注册会计师需要关注被审计单位将原关联方非关联化行为的动机及后续交易的真实性、公允性。

(11) 检查已记录的大额货币资金收入，关注其是否有真实的商业背景；检查银行对账单和大额货币资金交易，关注是否存在异常的资金流动。

(12) 结合出库单及销售费用中运输费等明细，检查货物运输单，关注货物的流动是否真实存在，从而确定交易的真实性。

(13) 结合销售合同中与收款、验收相关的主要条款，对于大额应收账款长期未收回的客户，分析被审计单位仍向其进行销售的合理性和真实性。

(14) 浏览被审计单位的总账、应收账款明细账、收入明细账，以发现可能的异常活动。

(15) 检查收入明细账或类似记录的计算准确性，追查将收入过入总账的过程。

(16) 分析和检查预收账款等账户期末余额，确定不存在应在本期确认收入而未确认的情况。

(17) 分析和检查资产负债表日以后的贷项通知单和应收账款其他调整事项。

(18) 将临近期末发生的大额交易或异常交易与原始凭证相核对。

(19) 详细复核被审计单位在临近期末编制的调整分录，调查性质或金额异常的项目。

(20) 检查临近期末执行的重要销售合同，以发现是否存在异常的定价、结算、发货、退货、换货或验收条款。对期后实施特定的检查，以发现是否存在改变或撤销合同条款的情况，以及是否存在退款的情况。

(21) 浏览期后一定时间的总账和明细账，以发现是否存在销售收入冲回或大额销售退回的情况。

(22) 如果被审计单位在本期存在与收入确认相关的重大会计政策、会计估计变更或会计差错更正事项，分析这些事项是否合理，检查是否在财务报表附注中作了恰当披露。

二、资产舞弊及审计策略

作为重要的生产资源，企业的资产管理有着非常重要的意义，同时资产的规模和质量也是各种监管、考核和评价时关注的重要内容。很多企业在操纵利润的同时往往会在资产方面进行相应的调整。因此，资产舞弊也是财务报告舞弊的一种常见现象。

(一) 虚增固定资产的舞弊手法

1. 市价购入内部产品及劳务以虚增固定资产

上市公司通过溢价的方式采购控股子公司的产品及劳务，借助集团内部循环交易，虚增固定资产。这样操作，一方面，该类交易属于集团内部交易，无须在年报中逐项披露，可以瞒过报表使用者；另一方面，集团采购后形成固定资产，则子公司的销售可确认实现。

2. 故意混淆资本性支出与收益性支出

企业外购固定资产的成本，包括购买价款、相关税费、使固定资产达到预定可使用状态前所发生的可归属于该项固定资产的运输费、装卸费、安装费和专业人员服务费等。这样就给企业的舞弊行为提供了可乘之机。会计上将支出按受益期的不同，分为收益性支出和资本性支出，收益性支出是指只能在一个会计年度或一个经营周期以内使上市公司受益的支出项目，直接计入当期损益，如管理费用和销售费用。资本性支出是指能够使上市公司在一个会计年度或一个经营周期以上的期间受益的支出项目，形成长期资产，也就是俗称的“资本化”开支，如购置固定资产和无形资产支出。尽管从理论上按照受益期限长短可以划分清楚，但实务中，仅从受益期限来划分资本性支出和收益性支出是不现实的，因为它还得服从重要性原则、配比原则及稳健性原则。按照会计理论，如果没有对应可靠的收入配比，支出就要直接计入当期损益，如研究开发项目在研究阶段的支出均属于收益性支出。如何区分一笔支出是资本性还是收益性？会计核算有时会人为规定一些“关键时点”，如自创无形资产研究转开发、在建工程转固定资产等，而这些时点的确定又往往存在一些主观判断和弹性空间。如会计制度规定对企业为在建工程和固定资产等长期资产而支付的专项长期借款而支付的利息费用，属于生产经营期间的，如果符合资本化条件，在资产尚未达到预定可使用状态前所发生的利息支出，可予以资本化，计入这些长期资产的成本。

3. 虚构虚增在建工程费用形成注水资产

在建工程是一个与固定资产密切相关的项目，企业增加的自建固定资产，一般都是由完工在建工程转入。企业自行建造固定资产包括自营建造和出包建造两种方式。无论采用何种方式，所建工程都应按照实际发生的支出确定其工程成本并单独核算。这就意味着，一旦虚构或虚增在建工程中的工程价值和定制专用设备的采购价格，抬高工程造价和固定资产购置价格，并按高于实际造价或采购价的“虚高”价格入账，就能够将“虚高”价格与实际价格的差额虚增在建工程和固定资产价值，从而直接增加企业资产总额。借助在建工程项目的舞弊，主要集中在应付工程款以及费用的列支上。企业往往通过虚构相关法律凭证，虚增在建工程成本和应付账款。这些法律凭证单从表面上看难以识别出明显破绽，往往具有很大的欺骗性。

（二）虚增存货的舞弊手法

1. 虚构存货

通过对实际不存在的存货，捏造存货数量，如临时向同行借入产品，伪造装箱单、验收单、订购单、出入库数量，以非法手段购买增值税专用发票，在无依据的情况下暂估入账，通过往来单位虚增销售、虚减成本以编造存货账面数，甚至将合格产品以报废形式处理等少计存货数量，达到人为调节存货账面价值信息的目的。

2. 不合理分配归集成本费用

如将应列入销售费用和管理费用的费用列入制造费用以增加存货的价值；将应列入制造费用的费用列入销售费用和管理费用以降低存货的价值；多转或少转已消耗的原材料价值以调节存货价值；多摊或少摊制造费用以调节存货的价值等。

3. 操纵存货盘点

企业通过对存货的重复盘点，将已经盘点过的存货放到将要盘点的存货中，进行二次盘点，以达到虚增存货数量的目的，如自制存货盘点表或临时向同行借入产品以虚增存货；转移产品以减少存货价值；以货到票未到的商品抵作被挪用的商品等。

4. 随意变更存货的计价方法

企业可以根据自身的需要选用企业会计准则规定的存货计价方法，但方法一经确定，不得随意变更。如确实需要变更，则必须在财务报表中披露变更原因及对财务状况的影响。但舞弊企业可能会随意变更计价方式，造成会计指标前后各期口径不一致，人为调节存货价值，以达到调节生产销售成本及当期利润的目的。

5. 非法销售

主要是企业经营管理者与财务人员相勾结，将本单位存货对外销售，所得款项不入账，伪造票据冲销产品或材料记录，调整账务，达到账面平衡。

6. 不恰当的会计资本化

经营者利用职务之便弄虚作假，错误地把销售费用和管理费用计入产成品的成本，或将产成品成本误计入销售费用和管理费用，使得存货违规资本化，影响利润和产品成本。

（三）虚增应收账款（往来账）的舞弊手法

1. 应收销货款长期挂账，购销双方彼此渔利

企业因赊销商品而产生的应收账款，本应及时收回。但购货单位为了长期占用应付购货款，销售企业经销人员和财会人员为了从购货单位谋取利益，而共谋长期拖欠货款及运杂费，造成企业应收销货款长期挂账。

2. 坏账损失不作处理，有意制造潜亏

根据国家财会制度的规定，对于一般企业来讲，因债务人破产或者死亡等原因，确实不能收回的应收账款以及因债务人逾期偿付超过3年仍不能收回的应收账款，应及时报主管部门审查作坏账处理；按照《企业会计准则》的规定，企业应当在资产负债表日对以公允价值计量且其变动计入当期损益的金融资产以外的金融资产的账面价值进行检查，有客观证据表明该金融资产发生减值的，应当计提减值准备。当发生以下情况时，可以作为判断应收账款发生减值的依据：（1）债务人发生严重财务困难；（2）债务人违反了合同条款，如偿付利息或本金发生违约或逾期等；（3）债权人出于经济或法律等方面因素的考虑，对发生财务困难的债务人作出让步；（4）债务人很可能倒闭或进行其他财务重组；（5）因发行方发生重大财务困难，该金融资产无法再活跃市场；（6）无法辨认一组金融资产中的某项资产的现金流量是否已经减少，但根据公开的数据对其进行总体评价后发现，该组金融资产自初始确认以来的预计未来现金流量确已减少且可计量，如该组金融资产的债务人支付能力逐步恶化，或债务人所在国家或地区失业率提高、担保物在其所在地区的价格明显下降、所处行业不景气等；（7）债务人经营所处的技术、市场、经济或法律环境等发生重大不利变化，使权益工具投资人可能无法收回投资成本。但有的企业经济效益欠佳，为了确保完成利润指标，就对应处理的坏账损失不上报不处理，人为造成大量陈账、呆账长期挂账，以掩盖企业潜亏真相。

3. 调整计提比例，错提坏账准备

采用备抵法核算坏账损失的企业，坏账损失的计提应按年末应收账款余额乘以一定比例与坏账准备科目贷方余额作比较之后计算提取，有些企业在不改变应收账款余额的情况下，采取人为提高或压低提取坏账准备百分比的手法，多提或少提坏账准备，以调节当期利润。

4. 利用应收账款放贷，利息转入“小金库”

根据国家有关规定，企业间可以互相拆借资金，但有些企业却利用应收账款放贷，将利息收入转入“小金库”，并成为企业间拆借资金。

5. 虚列应收账款，虚增销售收入

企业为了体现经营业绩或为了完成承包任务，会在年底结账时，人为地虚列销售收入、挂往来账、虚增利润。待下一年初，再用红字将此笔虚列的往来账冲掉。

（四）虚增资产的审计策略

1. 了解基本情况，初步评价内部控制，确定审计重点

企业制订内部控制制度的目的在于预防、发现和纠正错误与舞弊。在了解企业存货内控制度的基础上，通过其采购、生产、销售、核算等环节的存货实物流转程序和记录程序进行测试，以了解企业内控制度的建设情况及落实情况。审计人员要对内控管理系统进行测试评估，根据评价结论确定下一步审计的重点和范围，设计和调整进行实质性测试的审计程序。

2. 注重分析程序，关注舞弊风险识别

（1）对于固定资产，可以分类计算本期计提折旧额与固定资产原值的比率，并与上期比较；计算固定资产修理及维护费用占固定资产原值的比例，并进行本期各月、本期与以前各期的比较；计算固定资产原值与全年产量的比率，并与以前年度比较，分析其波动原因，可能发现闲置固定资产或已减少固定资产未在账户上注销的问题；计算本期计提折旧额与固定资产总成本的比率，将此比率同上期比较，旨在发现本期折旧额计算上可能存在的问题；计算累计折旧额与固定资产总成本的比率，将此比率同上期比较，旨在发现累计折旧核算上可能存在的错误；比较本期各月之间、本期与以前各期之间的修理及维护费用，旨在发现收益性支出和资本性支出区分上可能存在的错误；比较本期与以前各期的固定资产增加和减少，并根据以往和今后的生产经营趋势，判断差异产生的原因是否合理；分析固定资产的构成及其增减变动情况，与在建工程、现金流量、生产能力等相关信息交叉复核，以检查固定资产相关金额的合理性和准确性。

（2）对于存货，可以按品种分析库存商品各月单位成本的变动趋势，以评价是否有调节生产成本或销售成本的因素；比较前后各期主要库存商品的毛利率（按月、按生产线、按地区等）、库存商品周转率和库存商品账龄等，评价其合理性并对异常波动作出解释、查明异常情况的原因；比较库存商品库存量与生产量及库存能力的差异，并分析其合理性；核对仓库记录的库存商品入库量与生产部门记录的库存商品生产量是否一致，并对差异作出解释；核对发票记录的数量与发货量、订货量、主营业务成本记录的销售量是否一致，并对差异作出解释；比较库存商品销售量和平均单位成本之积与账面库存商品销售成本的差异，并分析其合理性；比较库存商品销售量与生产量或采购量之间的差异，并分析其合理性。

（3）对于应收账款，可以复核应收账款借方累计发生额与主营业务收入关系是否合理，并将当期应收账款借方发生额占销售收入净额的百分比与管理层考核指标和被审计单位相关赊销政策比较，如存在异常应查明原因；计算应收账款周转率、应收账款周转天数等指标，并与被审计单位相关赊销政策、被审计单位以前年度指标、同行业同期相关指标

对比分析，检查是否存在重大异常。

3. 加强对内部控制的评价，发现制度缺陷

（1）进行固定资产的内部控制测试。具体内容包括：固定资产的预算制度；授权批准制度；账簿记录制度；职责分工制度；资本性支出和收益性支出的区分制度；固定资产处置制度；定期盘点制度；维护保养制度。检查固定资产内部控制制度时，针对增加的资产应注意的几个问题：①增加的合理性。固定资产有无盲目购建，造成资产使用效率下降。重点审查固定资产投资项目的必要性、技术上的可行性及经济上的合理性等。如核查产品市场预测、项目规模及技术问题、投资项目的经济效益问题等。审查资本支出预算的编制，是否由工程技术、计划、财务、采购、生产等部门的人员共同参加。②计价的正确性。企业购入的固定资产，按照买价加支付的运输费、保险费、包装费、安装成本和缴纳的税金等计价。重点核对购货合同、发票、保险单、发运凭证等文件，抽查测试其计价是否正确，授权批准手续是否齐备，会计处理是否正确。重点检查竣工结算、验收和移交报告是否正确，与在建工程相关的记录是否核对相等。对于由在建工程转入的固定资产，要仔细检查相关原始凭证，核对其计价及会计处理是否正确，法律手续是否齐全。③费用归属划分的准确性。重点查看有无将资本性支出列为费用性支出，或将费用性支出列为资本性支出。

（2）进行存货的内部控制测试。包括：①存货管理岗位的分工与授权批准：企业内部除存货管理部门及仓储人员外，其余部门和人员接触存货时，应由相关部门特别授权。对于贵重物品、危险品或保密物品等，应当规定更严格的接触限制条件，必要时，存货管理部门内部也应当执行授权接触。②存货的请购与采购控制：企业应当根据预算有关规定，结合本行业的业务特点编制存货年度、季度和月份的采购、生产、存储、销售预算，并按照预算对实际执行情况予以考核。③存货的验收与保管控制：采购部门应验收材料的品种、数量，填制验收单；质量检验部门检验质量，签署验收单；仓库保管部门根据验收单验收存货，填制入库单，登记存货台账，将发票、运单连同收料单送回采购部门。企业应当建立存货保管制度，定期对存货进行检查。④领用与发出控制：企业应当明确存货发出和领用的审批权限，大批存货、贵重商品或危险品的发出应当实行特别授权。仓储部门应当根据经审批的销售（出库）通知单发出货物。⑤盘点与处置控制：企业应当制定并选择适当的存货盘点制度，明确盘点范围、方法、人员、频率、时间等。制订详细的盘点计划，合理安排人员、有序摆放存货、保持盘点记录的完整，及时处理盘盈、盘亏。对于特殊存货，可以聘请专家采用特定方法进行盘点。

（3）进行应收账款的内部控制测试。包括：企业应当建立销售与收款业务的岗位责任制，明确相关部门和岗位的职责权限，确保办理销售与收款业务的不相容岗位相互分离、制约和监督。例如，客户信用调查评估与销售合同的审批签订、销售合同的审批、签订与办理发货、销售货款的确认、回款与相关会计记录、坏账准备的计提与审批、坏账的核销与审批等。建立科学的信用政策，信用政策应当明确规定定期（或至少每年）对客户资信情况进行评估，并就不同的客户明确信用额度、回款期限、折扣标准、失信情况等应采取的应对措施等；建立客户管理制度，在选择客户时，应当充分了解和考虑客户的信誉、财务状况等有关情况，防范账款不能收回的风险；建立赊销业务的管理制度，赊销业务应当遵循规定的销售政策、信用政策及程序；建立应收账款收款制度，针对不同性质的应收款项分类管理，应严格区分并明确收款责任等。

4. 加强对固定资产和存货的监盘

对于有实物形态的资产，包括存货、固定资产和在建工程等，盘点是审计的重要内容之一。

（1）存货须经过整理分类，因此计量器具、盘点表、标签等应准备充分。在实施盘点时，审计人员必须到场，必要时亲自抽盘部分存货。在被审计单位盘点存货前，注册会计师应当观察盘点现场，确定应纳入盘点范围的存货是否已经适当整理和排列，并附有盘点标识，防止遗漏或重复盘点。对未纳入盘点范围的存货，注册会计师应当查明未纳入的原因。对所有权不属于被审计单位的存货，注册会计师应当取得其规格、数量等有关资料，确定是否已单独存放、标明，且未被纳入盘点范围。在存货监盘过程中，应当根据取得的所有权不属于被审计单位存货的有关资料，观察这些存货的实际存放情况，确保其未被纳入盘点范围。即使在被审计单位声明不存在受托代存存货的情形下，在存货监盘时也应当关注是否存在某些存货不属于被审计单位的迹象，以避免盘点范围不当。盘点时要注意存货的质量、包装、期效等因素，对重大或不寻常的盘点差异以及随行人员格外关注及记录等异常情况引起重视。存货的盘点或抽盘的比例应根据企业的存货管理水平和内部控制制度的执行情况确定，并根据盘点结果决定是否扩大抽查范围或对某些存货进行重新盘点。

（2）固定资产的实地盘点应准备好分类及明细盘点基础表、固定资产卡片、已盘点资产粘贴标识、产权证明材料、使用方向证明资料，规划好盘点的时间、路线、先后顺序、分组情况，对毁损、报废、存在重大变化情形的鉴定程序，以及财产损失证明文件的取证安排、申报材料的组织和呈报、总结撰写等，形成书面“固定资产盘点计划”并下达至所有参加盘点人员。固定资产的盘点应分类进行，在盘点账面记载的固定资产时以账查物，并要求查明固定资产的基本情况：仔细核对固定资产编号及名称、结构或规格型号、坐落位置或使用部门、构建日期即投入使用日期、使用方向（单位自用、后勤使用、出租、出借、闲置、其他）、使用状况（正常使用、毁损、报废、封存、部分拆除、技术淘汰等）、产权归属（包括权属性质、权属证书及其牌照等）、变动情况、数量、原值（事业单位还包括累计折旧和净值、折旧年限、已使用年限）。对已盘点的固定资产应及时贴上“已盘点资产粘贴标识”。根据固定资产清查准备会议了解的情况以及固定资产部门自查表，通过与账面记录进行核对和甄别，在排除租入、借入、外单位寄存等情况后，确定账外固定资产清单，并参照固定资产盘点要求进行实地勘察，同时查明固定资产的基本情况，重点查明未入账原因、固定资产的来源、产权状况、价值状况。

5. 落实应收账款的函证

审计人员应当对应收账款实施函证程序，除非有充分证据表明应收账款对财务报表不重要或很可能无效。如果认为函证很可能无效，注册会计师应当实施替代审计程序，获取充分、适当的审计证据，并在审计工作底稿中说明理由。函证是发现应收账款错弊的有效程序。

函证时应当重点关注金额较大的项目，账龄较长的项目，交易频繁但期末余额较小的项目，重大关联方交易，重大或异常的项目，可能存在争议、舞弊或错误的交易。在询证函中指明直接向执行审计业务的审计机构回函，询证函经被审计单位盖章后，由审计人员直接发出。审计人员和回函者应采用一定的程序为电子形式的回函创造安全环境，比如采用加密技术、电子签名技术等，可以降低风险。如果采用积极式询证函方式实施函证而未能收到回函，审计人员应当考虑与被询证单位联系，如给被询证单位打电话询问是否收到询证函、是否已寄出询证函等。如果对方从未收到询证函，审计人员要核对信息然后再次寄发询证函；如果对方已收到询证函但回函尚未寄出，审计人员应催促其尽快寄出询证函回函。如果未能收到被询证者的回应，审计人员应实施替代审计程序，而不能直接形成结论。

6. 关注账簿中的敏感业务

（1）固定资产明细账审计中，要重点关注新增固定资产价值是否真实正确，其固定资产增加的会计处理是否正确合法，所有权是否为企业所有；工程完工的固定资产是否按规定结转，确认固定资产的完整性。当期减少的固定资产的出售、报废、毁损、盘亏等是否经过批准，各种手续是否齐备，会计处理是否正确；通过与银行存款、营业外收入等有关账户相核对，验证出售、报废固定资产净损益的真实性和准确性；审查企业固定资产折旧的方法是否符合国家财经法规和会计制度的规定，是否遵循了一致性原则；其使用年限和预计残值是否符合国家有关规定。现行企业财务制度规定，采用平均年限法的固定资产净残值率为固定资产原值的3% ~5%，低于3%或高于5%的，由企业自主确定，并报财政机关备案；审查固定资产折旧率和折旧额是否计算正确。应注意企业折旧率的计算有无变更，如有，是否在变更年度以前提出申请，报主管财政机关批准并在会计报表附注中予以说明，如企业未按规定随意变更应追查原因。

（2）存货明细账审计中，应做好存货计价测试，存货计价测试目的是验证财务报表中存货余额的真实性，即确定存货实物数量和永续盘存记录中的数量是否经过正确计价和汇总；测试结果出来后，应与被审计单位账面记录对比，编制对比分析表，分析形成差异的原因。如果差异过大，应扩大测试范围，并根据审计结果考虑是否应提出审计调整建议，还应充分关注其对存货可变现净值的确定及存货跌价准备的计提。

（3）应收账款明细账检查中，如果发现应收账款贷方余额，应查明原因，必要时建议作重分类调整；测试应收账款账龄分析表计算的准确性，将应收账款账龄分析表中的合计数与应收账款总分类账余额相比较，并调查重大调节项目，检查原始凭证，如销售发票、运输记录等，测试账龄划分的准确性；对未函证应收账款实施替代审计程序。抽查有关原始凭据，如销售合同、销售订单、销售发票副本、发运凭证及回款单据等，以验证与其相关的应收账款的真实性；检查应收账款中是否存在债务人破产或者死亡，以其破产财产或者遗产清偿后仍无法收回，或者债务人长期未履行偿债义务的情况，如果有，应提请被审计单位处理；抽查有无不属于结算业务的债权；检查银行存款和银行贷款等询证函的回函、会议纪要、借款协议和其他文件，确定应收账款是否已被质押或出售；标明应收关联方［包括持股5%以上（含5%）股东］的款项，执行关联方及其交易审计程序，并注明合并报表时应予抵销的金额；对关联企业、有密切关系的主要客户的交易事项作专门核查。

三、成本费用舞弊及审计策略

（一）成本费用的舞弊手法

1. 低估销货成本

低估销货成本的同时会虚增资产（如期末存货），虚增利润。经营规模较大的上市公司，由于其存货品种繁多、构成复杂、存放地点分散、盘点工作量大、计价方法复杂，很容易利用其调节利润，使会计报表信息失真。典型做法包括：（1）利用存货难以直接盘点或计量误差等特点，夸大期末存货或存货盘盈，少转主营业务成本；（2）通过“预付账款”“其他应收款”“材料采购（在途物资）”等科目虚挂，实质上已经消耗及价值形态已转化为成本费用的存货；（3）归集料、工、费时随意分配，从而在畅销、销售一般及滞销的产品之间调剂成本；（4）多提存货跌价准备，为未来会计期间拓展盈利空间。

2. 随意变更会计核算方法

由于会计核算方法在具体使用中可以有不同的选择，企业按照谨慎性、实质重于形式和重要性原则进行选择，为保护会计信息的可比性和可靠性，企业采用的会计核算方法不得随意变更。但有的企业为了虚计利润经常变更会计核算方法，人为操纵会计利润。

3. 利用资产减值的计提调节利润

《证券市场周刊》曾发表题为“会计魔方”的封面文章，文章提出会计核算乱象的核心是滥用会计估计，主要内容是八项减值准备，当前我国证券市场在实施资产减值会计时，主要问题是减值计提过度及不足现象，减值计提过度导致来年的回冲以及减值计提不足导致来年补提。该文归纳了四种实际上是滥用资产减值的主要手法：一是巨额计提、休克疗法；二是该提未提，埋下隐患；三是大额冲回、超速成长；四是秘密准备、秘密武器。第一种手法及第四种手法都是过度计提，只是两种适用情形不一样，第一种手法俗称“洗大澡”，第四种手法俗称“甜饼罐”。第一种手法针对亏损公司，第四种手法针对盈余公司，两种手法的共同特点是过度计提留下秘密准备，只是前者通过过度亏损达到目标，后者是通过隐瞒利润达到目标。对应收账款不计提坏账准备；对存货可变现净值低于历史成本时，不计提存货跌价准备；同时对固定资产、无形资产、在建工程、委托贷款等发生减值时不计提减值准备，仍以历史成本反映，这样一方面高估资产，另一方面达到实际虚增利润总额的目的。更有甚者，在存货因长期积压已发生霉变、腐烂或已过期且无转让价值时，会计上通过不处理或延期处理达到资产虚估、利润虚增的目的。当然，也有企业通过改变资产减值准备的计提方法来操纵利润。如坏账准备的计提企业可根据自己的需要采用低比例计提，或者在应收账款余额百分比法和账龄分析法中灵活选择。

4. 提前、延后虚计费用，调节当期利润

会计上提前确认费用的手段很多。比如，对原材料以领代耗，将应分担的材料全部计入本期产品成本。对剩余材料不办理退料手续，致使直接材料成本虚增；采用高定额成本调节利润或多估约当产量，将在产品成本提前确认为完工产品成本；将本该计入“待摊费用”“长期待摊费用”的支出一次性计入当期损益；一次性大额、全额计提资产减值准备，来年再采取有关办法冲回，调剂各年利润；缩短固定资产的折旧年限或将一般折旧方法改为加速折旧法，增加折旧费用；减少无形资产的摊销期限，从而增加摊销费用。

延后确认费用与上述做法正好相反，尤其对不是按月结算的费用，如水电费、利息费等，在一季或结算期时，将若干个月的费用一次列入支付月份的生产成本中，或将应由当月负担的费用和损失如广告费、修缮维护费用、试车损失等长期挂在“待摊费用”“长期待摊费用”“待处理财产损溢”账中，造成损益不真实。

5. 将收益性支出资本化，高估当期利润

支出是作为资产入账还是作为费用反映，其标准是该项支出是资本性支出还是收益性支出。虚盈实亏的舞弊行为往往是利用资本性支出与收益性支出的界限并不明显，很难严格划分进行操作的。

在我国，费用计入资产的舞弊手段主要是利用固定资产、无形资产入账价值不易界定的特点将非货币性支出资本化。比如，对专门用于购建固定资产所发生的借款费用、发行债券筹集资金的发行费用，会计制度规定金额大的直接计入所购建的固定资产成本，而金额小的则计入当期财务费用。在实务操作中，金额大小度的确定、发行费用中是否扣减发行期间冻结资金产生的利息收入，则为虚假确认费用舞弊行为的最好机会。

在自创无形资产入账价值的确认方面，费用资本化的舞弊手段就是将自行开发的无形资产在开发过程中发生的材料费、直接参与开发人员的工资及福利费用、开发过程中发生的租金、借款费用直接作为无形资产的价值构成。或者为避免开发失败，先将开发过程中发生的研究与开发费用计入各期损益中，当无形资产获得成功并依法申请取得权利时再将原已计入费用的研究与开发费用资本化。

（二）成本费用的审计策略

1. 重视成本费用内控制度的评价

首先，评价成本费用内控制度设计本身是否健全、合理、有效。所谓健全是指企业需要内部控制的各个环节都设立了相应的控制点，特别是成本费用项目支出的重点环节设有关键控制点；所谓合理是指成本内控制度是否遵循了成本控制的原则，符合成本控制的要求；而有效是指内控制度确实能起到应有的作用，能够达到控制企业执行制度、控制企业合规支出、保证合规支出能合理分配、成本费用数据得以复核、费用差异原因得以分析的目的。

其次，评价成本费用内控制度的执行情况，着重评价有关部门是否执行了成本费用内控制度，通过制度的执行取得了哪些成绩，存在哪些问题，其性质是否严重。通过评价可以观察到企业是否存在虚增、虚减生产成本，是否提前、延后确认成本费用，费用是否错列用途，以确认成本费用内控制度的可信赖程度，一般员工舞弊均可借助内控制度加以有效预防和检查。审计人员不仅审计会计舞弊行为，而且还要审计那些事前精心设计、事后极力设法隐瞒的管理舞弊和审计合谋，所以其在对内控制度的评价上，更多地考虑和判断内控制度链条中哪里最薄弱、最大的缺陷是什么，以锁定重点审计的领域。

2. 重点审验费用凭证、账簿

审计人员通过对会计记录和其他书面文件可靠程度的审阅与验算来判断费用确认方面是否存在舞弊行为，包括审阅原始凭证和账簿。原始凭证是记录经济业务、明确经济责任的书面证明。它的特点在于真实。然而企业为谋取不当利益，往往在原始凭证上造假，使会计信息“合法化”，尤其在虚增、虚减费用方面更是花样百出，跑官买爵费用、为亲友说情沟通花销、送礼行贿支出、观光旅游开支均可以在原始凭证的“盖头”下进行变通而变得畅通无阻。例如，企业欲虚增生产成本，它可以从材料采购开始直到产品入库的全过程，都编制虚假单据和文件作凭证，以达到虚增存货价值、粉饰财务状况的舞弊目的。为此，审计人员在审阅过程中要格外认真、仔细，带着专业怀疑的眼光，试行“有错推定”的方法寻找非法开支的线索，从合法凭证中发现虚假费用的舞弊行为。账簿审阅重点放在“生产成本”“在建工程”“长期借款”和期间费用的有关账户上。

3. 分析成本费用相关数据

如分析成本费用各项目之间的关系及其构成比例，看其发生是否合理；比较实际发生的成本与预算数额之间的差异，分析其差异变动及意外情况是否属实；比较前后期成本费用数据，分析其费用政策调整的合法性；观察成本费用的账务处理，分析其是否具有对应性。在分析性复核中，以重大差异为起点，收集可靠和相关证据，揭示舞弊行为与根源。

4. 内查外调费用真实性

一般舞弊通过常规的审验、分析、函证等能够加以审计，但如果是通过精通业务、财务、管理、法规的相关人员内部串通、内外勾结，从行业特色角度进行高科技、高智商策划进行的集体舞弊、管理舞弊，审计起来就有一定的难度，必须借助于内查、外调，要求审计人员对客户的经营情况、行业特点、舞弊的目的、舞弊可能存在的业务及账务领域有广泛了解与掌握。如被查单位是外资企业，则舞弊的目的多半是隐瞒收入以避税，审计人员应去海关等部门调查其进口材料的购进计价和生产使用方面的情况，看其是否有虚增成本调减利润的行为。如果被查者是上市公司，则舞弊的目的多半是虚盈实亏，为此，审计人员应对疑点积极向有关政府、行业主管部门、银行询证，深入了解其生产、经营、财务情况，看其已经发生的费用和损失是否虚拟资产或将费用资本化。外调可以核实由于被查单位不诚实而带来会计数据的舞弊行为。

四、货币资金舞弊及审计策略

《关于提高上市公司质量的意见》中明确要求，有关方面要督促控股股东或实际控制人加快偿还侵占上市公司的资金，显然，掏空上市公司已成为损害上市公司质量的第一杀手。货币资金本来被人们认为是最可靠的资产，如今却成为大股东掏空上市公司的有力工具。货币资金舞弊可能表现为上市公司虚构货币资金、隐藏账外资金、隐藏货币资金受限制的事实而不披露等，使财务报表反映的货币资金或者不存在，或者不完整，或者货币资金所有者的权利受限制，或者货币资金的分类不合理，使投资者产生重大误解，甚至被欺骗。根据最近的研究发现，不少上市公司存在严重的货币资金舞弊现象，它们大多通过虚构货币资金流伪造收益，隐瞒关联方占款及挪用资金行为。具体表现为四种方式，包括虚构货币资金、隐瞒货币资金受限、虚假货币资金流及挪用募集资金。相关研究表明，至少有 10% 的上市公司涉嫌存在货币资金舞弊的现象。产生这一现象的原因主要包括：

（1）上市公司在缺乏融资渠道情况下，为了弥补经营亏损、炒股亏损及报表虚假黑洞，逃避监管机构的监管及注册会计师的审计，以受限银行存款为掩护，挪用资金弥补黑洞。

（2）货币资金领域在以往审计中，被注册会计师及监管机构作为重点审计监管领域，但更多地是对员工舞弊而非管理层舞弊予以关注。

（3）从货币资金领域舞弊，既可以制造虚假的现金流，又可以最简捷地掏空上市公司，货币资金这一最宝贵的有效资源，也可在金融机构不法人员配合下串通舞弊，欺骗注册会计师及监管机构。

部分上市公司早已空心化，要么存在巨额潜亏，要么被掏空，或者两者皆有，在这种背景下，或出于保壳的需要，或出于骗贷的需要，或出于其他政治及私人目的，尤其是在监管机构清查关联方占用资金风声日紧之下，一些上市公司铤而走险，伪造金融票据，虚构银行存款余额，隐瞒银行存款受限现实，货币资金舞弊已泛滥成灾，成为上市公司的一大公害。

1. 高货币资金舞弊

某些上市公司的货币资金非常高，目的不是为了满足日常经营的需要（刚刚上市、增发或配股的除外），高货币资金可能是因为：大量货币资金本来就是虚构的，根本不存在；大股东或实际控制人早就占用了这笔资金，只是在报告期还回，暂时放在账上；为幕后的某些交易做准备；货币资金被冻结或质押，公司根本无法动用。

2. 受限货币资金舞弊

某些上市公司虽然报表上存在大量货币资金，但这些货币资金公司无法动用，或者只有在特殊条件下才可以动用。简而言之，这些货币资金是受到限制的。货币资金受限通常有以下特征：

（1）银行存款的数额变化非常小，如果能够看到具体某个账户的收付金额和余额，就更容易发现存款质押。

（2）货币资金充裕但四处举债，甚至是贷款逾期不还。

（3）流动资金不足，但有相当多的定期存款、其他货币资金等。

（4）其他货币资金的金额较大，但没有说明该资金对应的使用目的。

3. 货币资金流水舞弊

资金运作的货币资金舞弊属于高技术的舞弊手段，他们可能通过集团内部的债权债务互转，通过中间公司使关联交易非关联化，通过银行或集团内部财务公司配合资本运作等，是技术含量最高且难以识别证明的货币资金舞弊。被曝光者往往是资金链断裂被逼现形，或者被监管机构调查后才得以曝光。

这类公司虽然手段高明、造假过程复杂，但都有一个共同的特征：资金往来非常复杂，资金流入流出量非常大。这类公司往往处于关系复杂的集团当中，尤其是多家公司组成的一个“系”。如果该集团的实际控制方资金匮乏陷入困境，那么，应该引起警惕，它们随时会想尽各种办法挖走上市公司的货币资金为自己解困。

对这类货币资金舞弊公司虽然不好直接识别和证明，但如果能够密切关注公司的各种信息，还是能够有效防范的。

（1）上市公司处于一个关系复杂的集团当中，而且频繁担保与被担保。

（2）集团的实际控制人资金链断裂，迫切需要货币资金。

（3）母公司持有的上市公司股权已经被质押或司法冻结。

（4）上市公司有莫名其妙的资金往来，尤其是与关联方的货币资金往来。

（5）现金流量表中“收到（支付）其他与经营活动有关的现金”金额巨大。

4. 募集资金使用舞弊

募集资金必须存入专用账户中，做到专款专用。不少上市公司在募集资金的时候虚报项目所需经费，费尽心机圈到更多的钱；募集到资金后名义上还挂在账户上，但早已秘密转出到账外；或者利用存款质押套取贷款；或者虚报募集资金的使用金额和使用范围，愚弄广大投资者。

五、关联方舞弊及审计策略

（一）关联方和关联方交易的概念

1. 关联方及关联方交易的定义

一方控制、共同控制另一方或对另一方施加重大影响，以及两方或两方以上同受一方控制、共同控制或重大影响的，构成关联方。关联方交易，是指关联方之间转移资源、劳务或义务的行为，而不论是否收取价款。判断关联方关系时，应当遵守实质重于形式的原则，同时给出了判断关联方关系的标准。即“在企业财务和经营决策中。如果一方有能力直接或间接控制、共同控制另一方或对另一方施加重大影响，则它们之间存在关联方关系：如果两方或多方同受一方控制，则它们之间也存在关联方关系”。

2. 关联方的表现形式

（1）该企业的母公司。

（2）该企业的子公司。

（3）与该企业受同一母公司控制的其他企业。

（4）对该企业实施共同控制的投资方。

（5）对该企业施加重大影响的投资方。

（6）该企业的合营企业。

（7）该企业的联营企业。

（8）该企业的主要投资者个人及与其关系密切的家庭成员。主要投资者个人，是指能够控制、共同控制一个企业或者对一个企业施加重大影响的个人投资者。

（9）该企业或其母公司的关键管理人员及与其关系密切的家庭成员。

（10）该企业主要投资者个人、关键管理人员或与其关系密切的家庭成员控制、共同控制或施加重大影响的其他企业。

3. 关联方交易的类型

（1）购买或销售商品。

（2）购买或销售商品以外的其他资产。

（3）提供或接受劳务。

（4）担保。

（5）提供资金（贷款或股权投资）。

（6）租赁。

（7）代理。

（8）研究与开发项目的转移。

（9）许可协议。

（10）代表企业或由企业代表另一方进行债务结算。

（11）关键管理人员薪酬。

4. 关联方披露的基本要求

《企业会计准则第 36 号——关联方披露》强调了实质重于形式的原则，即判断是否为关联方关系，财务报表披露关注的是实质而不仅是法律形式，财务报表披露应根据一方对另一方实质上的直接或间接控制、共同控制或施加重大影响关系，或根据两方或多方实质上同受另一方控制关系确认关联方。关联方交易的披露同时还要遵循重要性原则。对企业财务状况和经营成果有影响的关联方交易，如果属于重大交易（主要指交易金额较大的，如销售给关联方产品的营业收入占本企业营业收入1%及以上者），应当分别关联方以及交易类型披露交易金额及相应比例；如果属于非重大交易，可按类型相同的非重大交易合并披露交易金额，但列示的主要交易内容，以不影响会计报表阅读者正确理解企业财务状况、经营成果为前提。判断关联方交易是否需要披露，不以交易金额的大小作为判断标准，而应以交易对企业财务状况和经营成果的影响程度来确定。企业无论是否发生关联方交易，均应当在附注中披露与母公司和子公司有关的下列信息：(1) 母公司和子公司的名称。母公司不是该企业最终控制方的，还应当披露最终控制方名称。母公司和最终控制方均不对外提供财务报表的，还应当披露母公司之上与其最相近的对外提供财务报表的母公司名称。(2) 母公司和子公司的业务性质、注册地、注册资本（或实收资本、股本）及其变化。(3) 母公司对该企业或者该企业对子公司的持股比例和表决权比例。(4) 企业与关联方发生关联方交易的，应当在附注中披露该关联方关系的性质、交易类型及交易要素。交易要素至少应当包括交易的金额，未结算项目的金额、条款和条件，以及有关提供或取得担保的信息，未结算应收项目的坏账准备金额、定价政策。

（二）关联方交易的舞弊手法

1. 关联方交易是真实的，但管理层有意不在财务报表中作出确认、计量和披露。例如，被审计单位每月初向关联方提供大额资金并在月末收回，但在银行日记账与往来账中均不进行记录，也未在财务报表中进行披露，从而实现关联方长期无偿占用被审计单位资金的目的。又如，为隐瞒关联方向被审计单位输送利益这一事实，被审计单位有意不在财务报表中披露与关联方发生的交易，这类交易通常包括被审计单位收到关联方捐赠的资金，关联方豁免被审计单位的债务，或者关联方无偿为被审计单位承担成本或费用。

2. 利用第三方隐瞒关联方交易

例如，被审计单位、关联方和特定的第三方签署背后协议，由被审计单位通过银行向第三方发放委托贷款，然后第三方将资金提供给关联方使用，导致关联方长期占用被审计单位的资金。又如，被审计单位的关联方与第三方签订服务合同，第三方向被审计单位提供劳务，但向关联方开具劳务发票，每月末由关联方向第三方支付款项，隐瞒了关联方为被审计单位承担成本费用的事实。

3. 以显失公允的交易条款与关联方进行交易但未在财务报表中如实完整披露。例如，被审计单位在财务报表中披露关联方交易的价格是按照市场价格执行的，但未披露该项交易的其他条款和条件（如信用条款、或有事项以及特定收费等）与公平交易中的其他条款或条件存在显著不同。

4. 与关联方串通舞弊进行虚假交易

例如，为实现业绩增长目的，被审计单位与不纳入合并财务报表合并范围的关联方签订虚假销售合同，通过转移存货存放地点的形式制造商品已经发出的假象，虚增营业收入。又如，被审计单位与关联方签订虚假的设备采购合同，以预付款的形式向关联方支付采购款，但长期不进行结算，年末以合同终止为由收回预付款项。被审计单位在财务报表中不进行相关披露或披露该项交易具有合理的商业理由，隐瞒了交易的真正目的是实现关联方无偿占用被审计单位的资金。再如，被审计单位分别在采购和销售环节设立两家公司，并能够对其实施控制，根据《企业会计准则第 33 号——合并财务报表》的规定，被审计单位应将这两家公司纳入合并财务报表的合并范围。但是，被审计单位有意隐瞒其与此两家公司之间存在的控制关系，其原因是受业绩压力影响，被审计单位在年末利用采购环节公司伪造产品原材料采购合同和原材料入库验收单等，要求采购环节的公司将原材料转移储存到被审计单位并向其支付材料采购款；同时，被审计单位利用销售环节公司伪造产品销售合同、产成品出库单和货运记录等，将自身产品转移储存到销售环节的公司并向其收取销售款。通过与采购和销售环节设立的直接受被审计单位控制的公司进行串通，被审计单位的采购和销售交易均有了真实的货物流转和资金流转，并为被审计单位带来大额利润。为避免将在采购和销售环节设立的公司纳入合并财务报表的合并范围而抵销虚假交易产生的利润，被审计单位有意不在财务报表附注中披露其与采购和销售环节设立的公司之间存在的控制关系。

（三）关联方的审计策略

《中国注册会计师审计准则第 1323 号——关联方》、《中国注册会计师审计准则第 1323 号——关联方》应用指南以及《中国注册会计师审计准则问题解答第 6 号——关联方》中对关联方审计提出了相关的要求和建议。

1. 识别可能表明存在管理层通过关联方关系及其交易实施舞弊的风险

（1）动机或压力。被审计单位将被证券交易所进行特别处理或退市；被审计单位满足上市要求、偿债约束条件或再融资业绩条件存在困难；管理层存在较大的业绩压力，例如，与上市前相比，被审计单位上市后的业绩将出现大幅下滑，或需要满足盈利预测指标；管理层为满足第三方要求或预期而承受过度压力，例如，投资分析师、机构投资者、重要债权人或其他外部人士对盈利能力或增长趋势存在预期，包括管理层在新闻报道和年报信息中作出过于乐观的预期，或管理层需要实现有关部门对管理层设定的考核目标；管理层和治理层在被审计单位中拥有重大经济利益，个人薪酬（如奖金、股票期权、基于盈利水平的薪酬计划）与被审计单位的盈利状况紧密相关。

（2）机会。被审计单位正在或曾经从事超出正常经营过程的重大关联方交易，或者与未经审计的关联企业进行重大交易；从事重大、异常或高度复杂的交易（特别是临近会计期末发生的复杂交易，对该交易是否按照“实质重于形式”原则处理存在疑问）；利用商业中介进行交易，而此项安排似乎不具有明确的商业理由；管理层由一人或少数人控制，且缺乏补偿性控制；治理层对财务报告或内部控制实施的监督无效；组织结构复杂或不稳定，例如，难以确定对被审计单位持有控制性权益的组织或个人，或者存在异常的法律实体或管理层级，或高级管理人员、法律顾问或治理层频繁更换。

（3）态度或借口。非财务管理人员过度参与或过于关注会计政策的选择或重大会计估计的确定；管理层过于关注保持或提高被审计单位的股票价格或利润趋势；管理层向分析师、债权人或其他第三方承诺实现激进的或不切实际的预期；管理层未对个人事务与公司业务进行区分。

2. 注意识别未披露的关联方的信号

管理层未向审计人员披露的关联方关系或关联方交易可能具有下列一项或多项特征：(1) 重大或非常规交易的交易对方曾经与被审计单位或其实际控制人、关键管理人员等存在关联关系。(2) 重大或非常规交易的交易对方的注册地址或办公地址与被审计单位或其集团成员在同一地点或接近。(3) 重大或非常规交易的交易对方的网站地址或其 IP 地址、邮箱域名等与被审计单位或其集团成员相同或接近。(4) 重大或非常规交易的交易对方的名称与被审计单位或其集团成员名称相似。(5) 重大或非常规交易的交易对方的实际控制人、关键管理人员或购销等关键环节的员工姓名与公司管理层相近。(6) 重大或非常规交易的交易标的与交易对方或被审计单位的经营范围不相关。(7) 重大或非常规交易的交易对方与被审计单位的实际控制人、关键管理人员等存在特殊关系，这种关系可能使后者能够对前者施加重大影响，但从形式上看两者不构成关联方。(8) 被审计单位仅能向审计人员提供极其有限的与重大或非常规交易的交易对方相关的信息，审计人员通过互联网也难以检索到相关信息。(9) 交易对方长期拖欠被审计单位的款项，但被审计单位仍继续与其进行交易。(10) 交易对方是当年新增的异常重要的客户或供应商。

3. 注意识别未披露的关联方交易的信号

(1) 交易金额重大，或为被审计单位带来大额利润。

(2) 交易发生频次较少且交易时间接近资产负债表日。

(3) 交易价格、交付方式及付款条件、结算方式等商业条款与其他客户或供应商明显不同。例如，对其他供应商采用票据结算方式，而对某一新增供应商采用货币资金交易，或者采用多方债权债务抵销方式进行结算。

(4) 付款人与销售合同、发票所显示的客户名称不一致，或收款人与采购合同、发票所显示的供应商名称不一致。

(5) 与自然人发生的重大交易或非常规交易。

(6) 与同一客户或其关联公司同时发生销售和采购业务。

(7) 交易规模与交易对方的业务规模明显不符。

(8) 合同条款明显不符合商业惯例或形式要件不齐备。

(9) 实际展行情况与合同条款明显不符，例如，未按约定日期发货或未按结算期付款；或者商品发运目的地为关联方营业场所所在地，而非合同约定的交货地点。

(10) 交易形成的款项长期以债权债务形式存在，购销货款久拖不结。

(11) 不合常理且对财务指标具有实质性影响的大额政府补助，如补助款项用途不明、未附有任何条件的补助，其真正来源可能是关联方。

(12) 交易涉及在没有被审计单位帮助的情况下不具备物质基础或财务能力完成交易的第三方。

(13) 为被审计单位提供担保或被审计单位为之提供担保。

(14) 其他商业理由明显不充分的交易。在评价超出正常经营过程的重大关联方交易的商业理由时，审计人员可能考虑下列事项：交易是否过于复杂（如交易是否涉及集团内部多个关联方）；交易条款是否异常（如价格、利率、担保或付款等条件是否异常）；交易的发生是否缺乏明显且符合逻辑的商业理由；交易是否涉及以前未识别的关联方；交易的处理方式是否异常；管理层是否已与治理层就这类交易的性质和会计处理进行讨论；管理层是否更强调需要采用某种特定的会计处理方式，而不够重视交易的经济实质。

4. 通过书面资料识别关联方及关联方交易

为确定是否存在管理层和治理层未向审计人员披露的关联方关系或关联方交易，准则要求审计人员检查在实施审计程序时获取的银行和律师询证函回函、股东会和治理层会议纪要，以及其认为必要的其他记录和文件。具体包括：

（1）审计人员实施审计程序时获取的银行和律师的询证函回函。

（2）除了向银行和律师获取的询证函回函外，审计人员自其他第三方取得的询证函回函。

（3）被审计单位的所得税纳税申报表。

（4）被审计单位提供给监管机构的信息。

（5）被审计单位的股东登记名册（用以识别主要股东）。

（6）管理层和治理层的利益冲突声明。

（7）被审计单位有关投资和养老金计划的记录。

（8）与关键管理层或治理层成员签订的合同和协议。

（9）超出被审计单位正常经营过程的重要合同和协议。

（10）被审计单位与专业顾问的往来函件和发票。

（11）被审计单位购买的人寿保险单。

（12）被审计单位在报告期内重新商定的重要合同。

（13）内部审计人员的报告。

（14）被审计单位向证券监管机构报送的文件（如招股说明书）。

（15）管理层会议纪要，股东会和治理层的会议纪要。

（16）控股股东或实际控制人的会议纪要（如可行）。

（17）被审计单位对外提供的宣传资料、网站主页等。

5. 证实关联方是否真实存在

如果识别出可能表明存在管理层以前未识别出或未向审计人员披露的关联方关系或交易的安排或信息，审计人员应当确定相关情况是否能够证实关联方关系或关联方交易的存在。在确定时，如果认为必要并且可行，审计人员可以考虑实施的程序包括：

（1）调查重大或非常规交易的交易对方的背景信息，如股权结构、经营范围、法人代表和注册地址。

（2）就交易对方与被审计单位的关系，询向直接参与交易的基层员工。

（3）对存有疑虑的重要客户或供应商进行实地观察或询问。

（4）向被审计单位的重要股东或关键管理人员进行询证。

（5）检查银行对账单和大额资金往来交易。

（6）利用专家的工作，如反舞弊专家。需要说明的是，由于关联方之间很可能串通舞弊，审计人员实施上述一项或多项审计程序，并不一定能够证实关联方关系或关联方交易的存在。

6. 向管理层询问有关关联方和关联方交易的相关事项

审计人员应当向管理层询问下列事项：

（1）关联方的名称和特征，包括关联方自上期以来发生的变化。

（2）被审计单位和关联方之间关系的性质。

（3）被审计单位在本期是否与关联方发生交易，如发生，说明交易的类型、定价策略和目的。如果管理层建立了下列与关联方关系及其交易相关的控制，审计人员应当询向管理层和被审计单位内部其他人员，实施其他适当的风险评估程序，以获取对相关控制的了解。

①按照适用的财务报告编制基础，对关联方关系及其交易进行识别、会计处理和披露。

②授权和批准重大关联方交易和安排。

③授权和批准超出正常经营过程的重大交易和安排。审计人员应当检查下列记录或文件，以确定是否存在管理层以前未识别或未向审计人员披露的关联方关系或关联方交易：一是审计人员实施审计程序时获取的银行和律师询证函回函；二是股东会和治理层的会议纪要；三是审计人员认为必要的其他记录或文件。

本章小结

本章介绍了财务报告舞弊的含义、主要研究、目的和手段，根据收入、应收账款等资产、成本费用、货币资金和关联方交易五种常见的财务报告舞弊分别介绍了对应的审计策略。财务报告舞弊是企业出于私利而进行的舞弊，对市场、投资者及监管环境都会造成恶劣影响，加强财务报告舞弊审计对维护市场及监管环境，保护投资者利益具有非常重大的意义。

思考题

1. 财务报告舞弊与资产侵占舞弊有哪些不同？
2. 造成财务报告舞弊的因素有哪些？
3. 财务报告舞弊的主要手段中，哪些手段的出现概率较高？
4. 针对虚增资产舞弊，有哪些审计应对策略？
5. 针对关联方交易中的舞弊，有哪些审计应对策略？

第六章　资产侵占舞弊及其审计策略

案例导入

2023年5月12日，由安徽省滁州市凤阳县人民检察院提起公诉的安徽省粮食集团有限责任公司原董事、工会主席周志明滥用职权、私分国有资产案以及被告人黄某某、聂某某诈骗、职务侵占案等关联案件在凤阳县人民法院开庭审理。5月10日至11日，由该院提起公诉的安徽省粮食集团有限责任公司原党委书记、董事长聂军和安徽省粮食集团有限责任公司原党委书记、董事长、总经理周新开涉嫌职务犯罪一案在凤阳县人民法院开庭审理。

检察机关指控，聂军共涉嫌贪污、受贿、挪用公款、私分国有资产、非法经营同类营业、职务侵占、诈骗、销售伪劣产品8个罪名，周新开共涉嫌贪污、受贿、私分国有资产、职务侵占、诈骗、销售伪劣产品6个罪名。

2003年至2014年，被告人聂军利用职务便利，单独或与周新开共谋，采取套取资金、截留销售利润等方式侵吞国有资金共计600余万元。2010年至2019年，被告人聂军利用职务便利，为黄某某、聂某某等多人提供便利，单独或者与周新开等人共谋收受贿赂，其中聂军收受贿赂330余万元，周新开收受贿赂290余万元。2015年1月、2016年6月，被告人聂军以省储运公司名义将800万元公款出借给其他公司使用，并谋取个人利益，超过三个月未还。

2011年7月至2012年2月，被告人聂军与周新开安排周某某等人采取先发钱后集资再入股等名义，将300余万元国有资产私分给省储运公司员工。2016年，被告人聂军、周新开与黄某某、聂某某等人，利用黄某某实际负责安徽省国裕粮油储运有限公司经营的职务便利，伪造事实，截留、侵占该公司相关拆迁补偿费用合计60余万元。

2012年，被告人聂军利用职务便利，将安徽省国丰粮油储运公司股东变更为省储运公司职工及4个下属控股公司负责人持股的民营公司，将省储运公司资金、业务来源、工作人员等提供给该公司，并经营与省储运公司同类的玉米、小麦等销售业务。2016年，被告人聂军、周新开与黄某某、聂某某等人在肥西县共同投资的土地拆迁过程中，通过虚报搬迁粮食吨位、仓库建仓年代、临时租赁仓库面积等方式，骗取国家征迁补偿款共计400余万元。

庭审中，围绕定罪和量刑，检察机关出示了相关证据，被告人聂军、周新开及其辩护人进行了充分质证。控辩双方围绕争议焦点充分发表了辩论意见，被告人聂军、周新开分别作了最后陈述。庭审结束后，法庭宣布休庭，择期宣判。

为进一步提高粮食购销领域从业人员的廉洁意识，筑牢拒腐防变的思想防线，本次庭审邀请了省粮食和物资储备局、省粮食集团等单位的领导干部、职工等，通过视频同步旁听了庭审。

——资料来源：《搜狐网》

思考：1. 案例中采取了哪些舞弊手法？

2. 审计人员针对资产侵占舞弊应采取哪些审计对策？

学习目标

1. 了解资产侵占舞弊的含义和主要手段；
2. 熟悉针对资产侵占舞弊的主要审计策略。

第一节　资产侵占舞弊概述

一、资产侵占舞弊

按照舞弊的实施对象，与财务报表相关的舞弊可以分为财务报告舞弊和资产侵占舞弊；资产侵占舞弊是指被审计单位的管理层或员工非法占用被审计单位的资产，一般还伴随着虚假性或误导性的文件记录来达到在财务报表中掩饰资产缺失或未经适当授权后使用的事实。

被审计单位的管理层或者员工非法占用被审计单位资产的手段包括贪污、挪用及盗窃等行为。展开来说，资产侵占舞弊主要通过以下手段实现：

一是贪污收入款项。例如，侵占收到的应收账款或者将与已注销账户相关的收款转移至个人银行账户中。

二是盗窃实物资产或无形资产。例如，盗窃存货来实现自用的目的或用以出售、盗窃废料再销售、通过与被审计单位竞争者串通泄露技术资料以获取回报。

三是使被审计单位对未收到的商品或未接受的劳务付款。例如，向虚构的供应商支付款项、采购人员收取供应商提供的回扣以作为提高采购价格的回报、虚构公司员工并对其支付工资等。

四是将被审计单位的资产挪为私用。例如，将被审计单位的资产作为个人或关联方贷款的抵押。

实践中，通常会以虚假的或者误导性的文件或记录来掩饰以上资产侵占的手段所导致的对财务报表的影响，或者将资产侵占的流程合规化。侵占的资产指的是被审计单位的资产，行为人大多是公司员工，表现是员工盗窃金额较小且不重要的资产，也会涉及管理层层面，管理层通常通过难以发现的手段掩饰或者隐瞒侵占资产的行为，并且带来更大的损失。

二、我国法律对于资产侵占的相关规定

（一）《刑法》中对侵犯财产罪的有关规定

侵犯财产罪是指故意非法地将公共财产和公民私有财产据为已有，或者故意毁坏公私财物的行为。我国的法律体系中对侵犯财产的行为有着明确的、严格的规定，触犯法律将会受到处罚。

侵犯财产罪的客体是社会主义财产关系，既包括全民所有和劳动群众集体所有，也包括公民私人合法所有的财产关系，其物质表现就是各种具体财物。根据我国刑法规定，侵犯财产罪有 13 个具体罪名，根据内容也可以分为三个大类：占有型、挪用型以及损毁型。其中盗窃罪、侵占罪、职务侵占罪、挪用资金罪、挪用特定款物罪、贪污罪及挪用公款罪与本章所研究的资产侵占审计有相关的联系，部分内容摘录如下。

1. 盗窃罪。根据《刑法》第二百六十四条规定，盗窃公私财物，数额较大的，或者多次盗窃、入户盗窃、携带凶器盗窃、扒窃的，处三年以下有期徒刑、拘役或者管制，并处或者单处罚金；数额巨大或者有其他严重情节的，处三年以上十年以下有期徒刑，并处罚金。舞弊审计中主要是盗窃被审计单位的财物。

2. 侵占罪。根据《刑法》第二百七十条规定，将代为保管的他人财物非法占为已有，数额较大，拒不退还的，处二年以下有期徒刑、拘役或者罚金；数额巨大或者有其他严重情节的，处二年以上五年以下有期徒刑，并处罚金。

3. 职务侵占罪。根据《刑法》第二百七十一条规定，公司、企业或者其他单位的人员，利用职务上的便利，将本单位财物非法占为已有，数额较大的，处五年以下有期徒刑或者拘役；数额巨大的，处五年以上有期徒刑，可以并处没收财产。国有公司、企业或者其他国有单位中从事公务的人员和国有公司、企业或者其他国有单位委派到非国有公司、企业以及其他单位从事公务的人员有前款行为的，依照本法第三百八十二条、第三百八十三条的规定定罪处罚。

4. 挪用资金罪。根据《刑法》第二百七十二条规定，公司、企业或者其他单位的工作人员，利用职务上的便利，挪用本单位资金归个人使用或者借贷给他人，数额较大、超过三个月未还的，或者虽未超过三个月，但数额较大、进行营利活动的，或者进行非法活动的，处三年以下有期徒刑或者拘役；挪用本单位资金数额巨大的，或者数额较大不退还的，处三年以上十年以下有期徒刑。国有公司、企业或者其他国有单位中从事公务的人员和国有公司、企业或者其他国有单位委派到非国有公司、企业以及其他单位从事公务的人员有前款行为的，依照本法第三百八十四条的规定定罪处罚。

5. 挪用特定款物罪。根据《刑法》第二百七十三条规定，挪用用于救灾、抢险、防汛、优抚、扶贫、移民、救济款物，情节严重，致使国家和人民群众利益遭受重大损害的，对直接责任人员，处三年以下有期徒刑或者拘役；情节特别严重的，处三年以上七年以下有期徒刑。

6. 贪污罪。根据《刑法》第三百八十二条规定，国家工作人员利用职务上的便利，侵吞、窃取、骗取或者以其他手段非法占有公共财物的，是贪污罪。受国家机关、国有公

司、企业、事业单位、人民团体委托管理、经营国有财产的人员，利用职务上的便利，侵吞、窃取、骗取或者以其他手段非法占有国有财物的，以贪污论。

7. 挪用公款罪。根据《刑法》第三百八十四条规定，国家工作人员利用职务上的便利，挪用公款归个人使用，进行非法活动的，或者挪用公款数额较大、进行营利活动的，或者挪用公款数额较大、超过三个月未还的，是挪用公款罪，处五年以下有期徒刑或者拘役；情节严重的，处五年以上有期徒刑。挪用公款数额巨大不退还的，处十年以上有期徒刑或者无期徒刑。

（二）《公司法》中对资产侵占的有关规定

《中华人民共和国公司法》是为了规范公司组织和行为，保护公司、股东和债权人的合法权益，维护社会经济秩序，促进社会主义市场经济发展而制定的法律，与舞弊审计具有紧密的联系。

《中华人民共和国公司法》第一百四十八条规定，董事、监事、高级管理人员应当遵守法律、行政法规和公司章程，对公司负有忠实义务和勤勉义务。同时规定董事、高级管理人员不得有下列行为：

1. 挪用公司资金；

2. 将公司资金以其个人名义或者以其他个人名义开立账户存储；

3. 违反公司章程的规定，未经股东会、股东大会或者董事会同意，将公司资金借贷给他人或者以公司财产为他人提供担保；

4. 违反公司章程的规定或者未经股东会、股东大会同意，与本公司订立合同或者进行交易；

5. 未经股东会或者股东大会同意，利用职务便利为自己或者他人谋取属于公司的商业机会，自营或者为他人经营与所任职公司同类的业务；

6. 接受他人与公司交易的佣金归为己有；

7. 擅自披露公司秘密；

8. 违反对公司忠实义务的其他行为。

（三）其他法律对资产侵占的有关规定

财产权利是民事权利之一，合法取得的财产具有财产权利，非法将他人合法财产占为己有可认定为非法侵占合法财产。

对此，《中华人民共和国民法典》作出了相关规定。

第二百五十八条　国家所有的财产受法律保护，禁止任何组织或者个人侵占、哄抢、私分、截留、破坏。

第二百六十五条　集体所有的财产受法律保护，禁止任何组织或者个人侵占、哄抢、私分、破坏。

农村集体经济组织、村民委员会或者其负责人作出的决定侵害集体成员合法权益的，受侵害的集体成员可以请求人民法院予以撤销。

第二百六十七条　私人的合法财产受法律保护，禁止任何组织或者个人侵占、哄抢、破坏。

企业国有资产（以下称国有资产），是指国家对企业各种形式的出资所形成的权益。《中华人民共和国企业国有资产法》对国有资产作出了相关规定。

第六十六条　国务院和地方人民政府应当依法向社会公布国有资产状况和国有资产监督管理工作情况，接受社会公众的监督。

任何单位和个人有权对造成国有资产损失的行为进行检举和控告。

第六十八条　履行出资人职责的机构有下列行为之一的，对其直接负责的主管人员和其他直接责任人员依法给予处分：

（1）不按照法定的任职条件，任命或者建议任命国家出资企业管理者的；

（2）侵占、截留、挪用国家出资企业的资金或者应当上缴的国有资本收入的；

（3）违反法定的权限、程序，决定国家出资企业重大事项，造成国有资产损失的；

（4）有其他不依法履行出资人职责的行为，造成国有资产损失的。

第七十一条　国家出资企业的董事、监事、高级管理人员有下列行为之一，造成国有资产损失的，依法承担赔偿责任；属于国家工作人员的，并依法给予处分：

（1）利用职权收受贿赂或者取得其他非法收入和不当利益的；

（2）侵占、挪用企业资产的；

（3）在企业改制、财产转让等过程中，违反法律、行政法规和公平交易规则，将企业财产低价转让、低价折股的；

（4）违反本法规定与本企业进行交易的；

（5）不如实向资产评估机构、会计师事务所提供有关情况和资料，或者与资产评估机构、会计师事务所串通出具虚假资产评估报告、审计报告的；

（6）违反法律、行政法规和企业章程规定的决策程序，决定企业重大事项的；

（7）有其他违反法律、行政法规和企业章程执行职务行为的。

国家出资企业的董事、监事、高级管理人员因前款所列行为取得的收入，依法予以追缴或者归国家出资企业所有。

履行出资人职责的机构任命或者建议任命的董事、监事、高级管理人员有本条第一款所列行为之一，造成国有资产重大损失的，由履行出资人职责的机构依法予以免职或者提出免职建议。

三、国际上关于资产侵占舞弊的相关研究

（一）ACFE 对舞弊和资产侵占的描述

美国注册舞弊审核师协会（ACFE）于 1988 年成立，是针对贪污舞弊研究的专业组织。ACFE 会在世界范围内选取案例进行调查，《2022 年 ACFE 全球舞弊调查报告》是该组织迄今为止发布的第 12 期调查报告，选取了来自全球 133 个国家和地区共计 2110 起相关案例，收集了包括金融、房地产、制造业、零售业等 23 个行业的舞弊案例。

在 ACFE 发布的舞弊调查报告中，将舞弊分成三种类型，一种是资产侵占，是指雇员窃取或者滥用雇主的资源，这类舞弊的特点就是最常见的欺诈，大部分案例都属于这一类；但其损失金额较小，根据 2022 年的调查显示每例约为 10 万美元损失。另外两种类型

的舞弊是财务报表舞弊与腐败舞弊，在本书的其他章节也有介绍。

进一步，ACFE 的报告中认为资产侵占舞弊主要是指对资产的挪用，包括现金、存货和其他资产，其分类如图 6-1 所示：

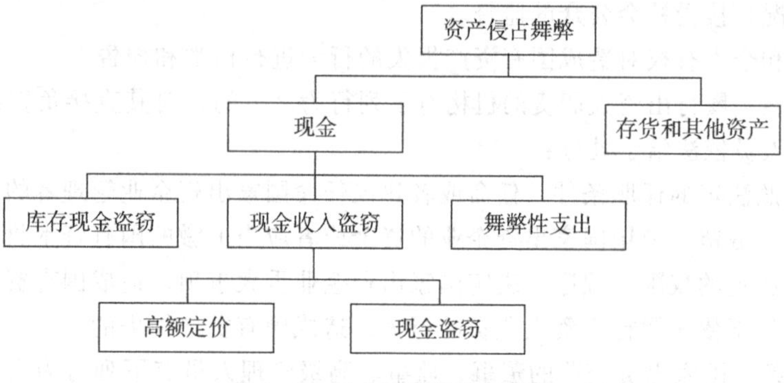

图 6-1　侵占资产舞弊的表现

关于现金，包括库存现金盗窃、现金收入盗窃及舞弊性支出等，舞弊性支出可以通过虚构员工伪造工资、与供应商串通收取回扣、夸大报销费用或者虚构支出报销等手段实现。

（二）全球舞弊调查报告情况

1. 三种舞弊类型基本情况

根据 2022 年舞弊调查报告相关统计可以看出（见图 6-2），资产侵占舞弊在三种舞弊类型中所占的比例达到 86%，其每例损失金额的中位数为 10 万美元；财务报表造假舞弊所占比例最低为 9%，但其造成的损失巨大，其每例损失金额的中位数为 59.3 万美元；腐败舞弊的比例为 50%，其损失金额也不大。

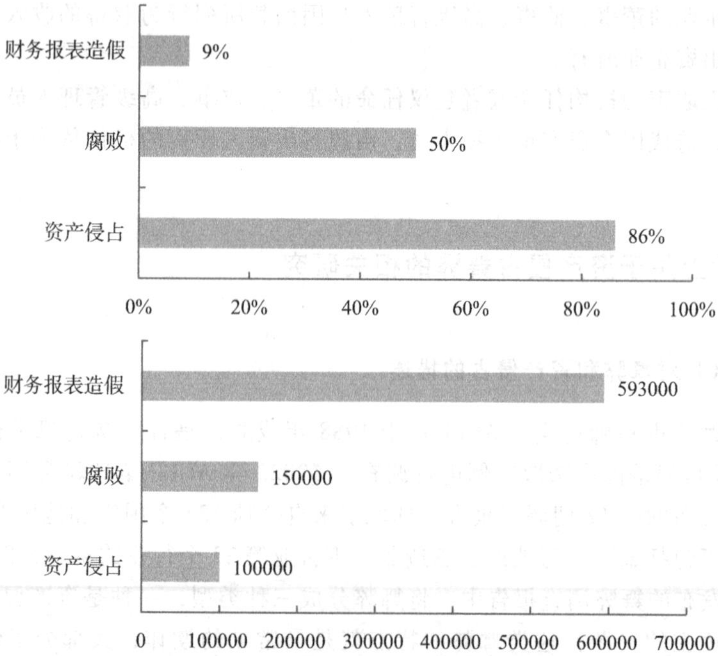

图 6-2　各种舞弊类型发生的比例及损失中位数（单位：美元）

案例表明，三种舞弊类型并不是单独发生的，在实践中，常常是多种类型相结合的形式，在调查的2110起案例中，超过40%的案例都涉及不止一种舞弊方式，5%涉及三种舞弊类型，32%的案例同时发生了资产侵占舞弊和腐败舞弊，2%的案例在涉及资产侵占舞弊时也进行了财务报表造假舞弊，仅有47%的案例只存在资产侵占舞弊一种情况。

2. 资产侵占舞弊的类型

如表6-1所示，资产侵占舞弊的各种类型中，账单和非现金资产舞弊是最为常见的，通过账单舞弊的损失中位数较高，而侵占的非现金资产一般是价值较低的资产；费用报销、支票和付款等票据的篡改舞弊也是较为常见的，费用报销损失的中位数为4万美元，支票和付款等票据篡改舞弊带来的损失较大，中位数为10万美元，其他方式在此不作赘述。

表6-1　　资产侵占舞弊各种类型的数量、占比以及损失金额中位数

分类	案例数量（个）	百分比	损失金额中位数（美元）
账单	416	20.2%	100000
非现金资产	385	18.7%	7800
费用报销	232	11.2%	40000
支票和付款等票据篡改	208	10.1%	100000
库存现金	199	9.6%	15000
高额定价	198	9.6%	50000
工资	198	9.6%	45000
现金盗窃	169	8.2%	45000
费用登记	58	2.8%	10000

另外，舞弊行为在各个行业中均会发生，账单、非现金资产在许多行业中都是较为常见的舞弊类型，部分舞弊类型会较多地出现在特定的行业中，例如，服务行业比较容易出现高额定价的舞弊方式。

3. 不同舞弊行为持续时间的中位数与损失速度

企业难以阻止舞弊行为的发生，但是企业需要尽可能地发现舞弊的行为并加以制止，根据研究发现，舞弊行为从开始到发现的时间，也就是舞弊行为的持续时间中位数是12个月，而且根据调查结果显示，舞弊行为持续的时间越长，企业需要更加长的时间来发现并制止舞弊行为，那么造成的经济损失就越大。为了更好地发现并应对这些舞弊类型，研究舞弊类型的持续时间中位数就显得很有必要。

不同的舞弊类型被发现的时间不同，其中通过非现金资产、腐败、库存现金以及费用登记等手段实施的舞弊能较快地被发现，持续时间的中位数为12个月；财务报表舞弊、工资、费用报销、支票和付款等票据篡改被发现的时间较长，在被发现之前，这些舞弊手段已经侵害其所属企业的利益约为18个月（见图6-3）。

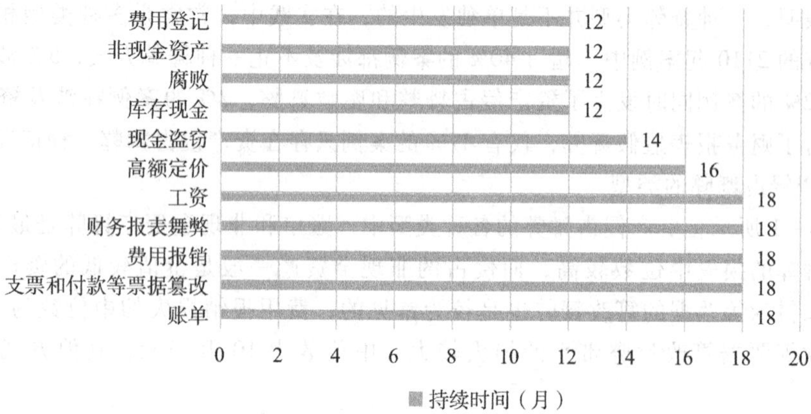

图 6-3 不同舞弊类型的持续时间中位数

4. 舞弊损失速度

为了衡量不同舞弊手段给公司造成损失的程度，可以引入损失速度这一指标，也就是在被发现之前，这些舞弊手段持续时间内，对企业每月平均造成的损失金额这一数据。根据 ACFE 研究显示，就所有的舞弊手段来看其每月损失的中位数为 8300 美元；不同的具体舞弊手段造成的损失速度有很大差异，其中损失速度最大的为财务报表造假舞弊，月损失中位数为 32900 美元；第二位是腐败舞弊，月损失中位数为 12500 美元；在资产侵占舞弊中，损失速度最快的是非现金资产舞弊，月损失中位数为 6500 美元；所有舞弊手段中费用登记的月损失中位数最低为 800 美元。

同时调查发现，不同情况下舞弊速度也有着不同的体现。首先，单一舞弊手段形成的舞弊损失一般明显低于多种舞弊手段形成的舞弊损失，持续时间相同，所以损失速度也会随着舞弊手段的叠加而上升。其次，从实施舞弊的主体来说，所有者或执行人、管理者实施舞弊相比于员工需要更长的时间被发现，造成的损失更大，同时，所有者或执行人舞弊的损失速度近乎是员工舞弊损失速度的三倍。最后，在小型企业（员工人数小于 100 人）中，舞弊造成的损失较大型公司（员工人数大于等于 100）更多，舞弊被发现所需要的时间更长，损失速度更快（见表 6-2）。

表 6-2 不同情况下舞弊损失速度

项目	损失金额中位数（单位：美元）	持续时间中位数（单位：月）	损失速度（每月损失）
单一舞弊手段	57000	12	$4800
两种舞弊手段	145000	12	$12100
三种或更多舞弊手段	219000	12	$18300
员工	50000	8	$6300
管理者	125000	16	$7800
所有者/执行者	337000	18	$18700
小于 100 个员工	150000	16	$9400
100 个及以上员工	100000	12	$8300

5. 舞弊者隐藏舞弊行为的方式

ACFE 对于舞弊者采用的掩饰舞弊行为的手法展开了分析，大部分舞弊者在进行舞弊损害被审计单位的利益时，会主动进行掩饰，根据 2022 年的调查数据显示，创建虚假的物理文档和篡改物理文档是最常见的掩饰手段，只有 12% 的案件没有采取任何掩饰行为。了解舞弊的掩盖方式有利于帮助日常或者在审计工作中发现舞弊行为，减少损失（见图6-4）。

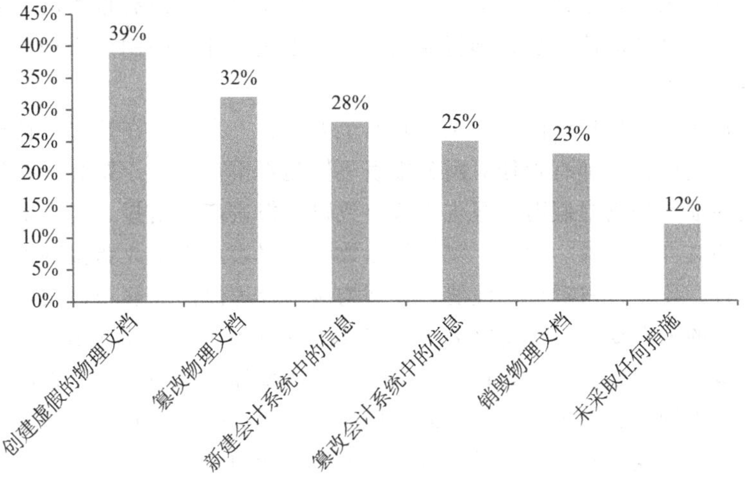

图 6-4 舞弊行为掩饰手段所占比例

6. 如何发现舞弊行为

表 6-3 列示了发现舞弊行为的多种方式，其中有 42% 的舞弊案例是通过举报等提示行为发现的；另外，内部审计与管理者审查也在其中发挥了较大的作用，可以看出，优质的内部审计以及管理者的重视程度与处理方式有助于企业发现并制止舞弊行为，减少损失。

举报在发现舞弊行为的过程中作出了最多的贡献，其中 55% 来自员工的举报，来自客户和供应商的举报比例分别在举报者中占比 18% 和 10%，16% 的匿名举报者也提供了较多的信息。在发现舞弊的过程中，可以依靠员工举报的力量，充分发挥举报的作用，例如，可以为举报者提供安全的、可信赖且方便的举报方式；完善对于举报信息的反应机制；对于核实有效的信息发现的舞弊行为采取措施并进行反馈等，可以减少公司由于舞弊产生的损失。

表 6-3 发现舞弊行为的方式

手段	举报	内部审计	管理者审查	文件检查	偶然发现	对账发现	数据监控	外部审计	监督监测	执法者通知
比例	42%	16%	12%	6%	5%	5%	4%	4%	3%	2%

四、财务报表审计中与资产侵占舞弊的相关责任

资产侵占舞弊是舞弊的一种类型，是指被审计单位的员工或管理者非法占用被审计单位的资产，我国的审计准则对财务报表审计中与舞弊相关的责任进行了规定。

在防止或发现舞弊的过程中负有主要责任的是治理层和管理层。管理层处于治理层的监督之下，需要将对舞弊的防范和遏制放在重要的位置。对于舞弊的防范可以从源头上减少舞弊的发生；对舞弊进行遏制，即发现和惩罚舞弊行为，能够对被审计单位人员的舞弊

行为起到警示的作用。对舞弊的防范和遏制需要管理层营造诚实守信和合乎道德的文化，并且这一文化能够在治理层的监督下得到强化。治理层的监督包括考虑管理层凌驾于控制之上或者对财务报告过程施加其他不当影响的可能性。

对于注册会计师发现舞弊的责任，注册会计师职业界与社会公众之间存在期望差。在重大的财务报告舞弊案件发生后，社会公众会质疑注册会计师的工作。注册会计师职业界往往会辩解财务报表审计不是专门的舞弊调查，在发现舞弊方面有很大的局限性。期望差的存在会影响社会公众对注册会计师行业的信心，也是审计准则制定机构不断修订这方面审计准则的主要动力。

注册会计师对于发现舞弊的责任主要有两个方面：一方面，在按照审计准则的规定执行审计工作时，注册会计师有责任对财务报表整体是否不存在由于舞弊或错误导致的重大错报获取合理保证。编制虚假财务报告直接导致财务报表产生错报，侵占资产通常伴随着虚假或误导性的文件或记录。因此，对可能导致财务报表产生重大错报的舞弊，无论是编制虚假财务报告，还是侵占资产，注册会计师均应当合理保证能够予以发现，这是实现财务报表审计目标的内在要求，也是财务报表审计的价值所在。审计准则还规定，注册会计师应当在整个审计过程中保持职业怀疑，认识到存在舞弊导致的重大错报的可能性。而不应当受到以前对管理层、治理层正直和诚信形成的判断的影响，并认识到对发现错误有效的审计程序未必对发现舞弊有效。另一方面，由于审计的固有限制，即使注册会计师按照审计准则的规定恰当计划和执行了审计程序，也不可避免地存在财务报表中的某些重大错报未被发现的风险。注册会计师不能对财务报表整体不存在重大错报获取绝对保证。

在舞弊导致错报的情况下，固有限制的潜在影响尤其重大。舞弊导致的重大错报未被发现的风险大于错误导致的重大错报未被发现的风险。其原因是舞弊可能涉及精心策划和蓄意实施以进行隐瞒（如伪造证明或故意漏记交易），或者故意向注册会计师提供虚假陈述。如果涉及串通舞弊，注册会计师可能更加难以发现蓄意隐瞒的企图。串通舞弊可能导致原本虚假的审计证据被注册会计师误认为具有说服力。

因此，如果在完成审计工作后发现舞弊导致的财务报表重大错报，特别是串通舞弊或伪造文件或记录导致的重大错报，并不必然表明注册会计师没有遵守审计准则。注册会计师是否按照审计准则的规定实施了审计工作，取决于其是否根据具体情况实施了审计程序，是否获取了充分、适当的审计证据，以及是否根据证据评价结果出具了恰当的审计报告。

第二节 资产侵占舞弊的审计策略

一、贪污的舞弊手法和审计策略

（一）贪污的舞弊手法

1. 不入账。这是一种常见的舞弊手段。常采用的手法是：（1）全部或部分不开发票，不开具发票的部分收入直接不处理而私人侵占。(2) 使用假的或者无编号的发票或票据，贪污其中的部分收入不上缴公司而装入个人腰包。(3) 涂改外来或自制的发票入账联的数量、单价或金额，多记付款金额但是实际支付金额少。(4) 隐匿或销毁发票的存根联，少报销货发票或现金收入的入账联，从而直接将所得款项全部据为己有。(5) 一票两开，在开具发票或收据时，发票或收据联填写较大金额，存根、记账等联填写较小金额，贪污其中的差额部分。

2. 虚报冒领。指的是舞弊者利用职务之便，通过伪造有关审批手续、盗用发票、涂改、模仿笔迹等手段，将没有发生过的经济业务填写为正当经济往来的原始凭证，然后拿到本单位报账，将取出的款项据为己有，从而达到贪污公款（物）的目的。经常采用的手法有：(1) 虚报未曾发生的费用支出等，例如，伪造一笔费用支付发票，然后在本单位财务部门报销，由于该项费用实际上并未发生，该笔款自然归行为人所有；或者虚构服务合同、采购合同等与同谋者私分或者自己冒领。(2) 冒领款项，发放工资奖金时，采取虚报人头，贪污冒领的工资奖金；或将他人未领的工资奖金补贴等不收回入账而贪污，甚至伪造领取人的签名。(3) 虚报补助，例如伪造加班工时，在没有出差的情况下填报申请出差补助等。

3. 对应计和预收预付款项舞弊贪污。例如：(1) 贪污应收款和预收款，通过已收到的款项不及时入账的方式占为己有。(2) 贪污应付款和预付款，应付或预付的款项不交给对方而占为己有，私自乱用，不仅直接侵占公司的资产而且损害公司与客户或供应商之间的关系。(3) 通过“应付款项”账户进行贪污的方式，将收入款项错误地进行处理挂在应付账款上，在后续进行支付到自身账户达到贪污资产的目的。(4) 虚报坏账，预计或计提坏账准备时虚构坏账，将能收回的款项作为坏账处理，从而将这部分款项据为己有。

4. 利用职务之便贪污。例如：(1) 把私人的支出开具公司的报销凭证进行报销；这其中可能伴随的舞弊手法还包括伪造审批程序，例如冒充领导签字等，将不符合报销要求的发票收据冒充为合理凭证进行报销；或者直接将不符合报销要求的凭证混入合规的票据中浑水摸鱼。(2) 利用职责方便代扣、代领的款项不及时上交公司也不进行报备处理从而占为己有。(3) 克扣存货，货物保管人员在监管或发出存货时，可能会对数量进行造假，其中留下的存货就据为己有。(4) 谎报资产状况，相关人员会将尚可使用资产作为报废资产上报，或者在资产盘点时故意盘亏，那么就可以侵占报废资产回收的资产处置收益或者对盘点时隐匿的资产变卖或占有。(5) 财会人员直接接触企业资金及相关凭证，可能会将他人已报销的凭据、发票等自己再次使用进行重复报销。(6) 估计做错账进行贪污，主要是少记收入账或者重复登记支出账进行贪污。(7) 管理现金、银行存款的财务人员直接侵占公司货币资金，转入私人账户或者几经周转进入个人账户；还可能将公司货币资金产生的收益据为己有，如侵占存款利息等。(8) 侵吞财物，主要有以下几种方式：一是将自己管理或者经手的公共财物加以隐匿，不上缴、不支付或者不入账；二是将自己管理或经手的财物非法转卖或者擅自转赠他人；三是将追缴的赃物赃款或罚没款物私人使用。

5. 内外勾结。例如，在购销业务中，违反公司或者国家规定，将从对方单位领取的商品优惠折扣私自侵占，不如实上交本单位。或者虚报价格内外勾结，收取供应商等提供的回扣以较高的价格进行采购。

（二）贪污的审计策略

1. 了解是否存在贪污风险因素。具体包括：了解相关人员是否存在贪污的动机或压力；检查相关内部控制，了解是否存在控制缺陷，并且该缺陷是否可能为漏记收入、虚列支出并贪污提供机会；了解嫌疑人的生活方式及对单位的看法，是否对公司存在不满因而存在贪污的借口。与销售收入贪污相关的内部控制，主要包括销售与收款循环的内部控制和仓储与存货循环的内部控制。与虚列支出型贪污相关的内部控制，主要包括购货与付款循环的内部控制，生产循环以及工薪与人事循环的内部控制，仓储与存货循环的内部控制等。

2. 执行分析程序。具体包括：利用之前的工作，例如审计报告等，关注其中揭示的问题是否可能与贪污有关；对销售型单位进行毛利率分析，可以与之前年度同期或者每个月、同行业的数据进行对比，判断是否存在收入少计、成本过高的情况，同时对于管理费用、销售费用、财务费用也要进行对比，检查是否有非常规支出；关注企业的人工成本，获取员工名册，分析企业的整体薪资水平是否与实际接近，核实员工的打卡、汇报及考核等情况；防止虚增人员冒领工资、奖金等，或者在职人员冒领加班费等；了解物料消耗定额资料等，结合产量测算总体支出水平，判断是否可能存在虚构存货发出的情况；为了检查收入确认的情况，可以从增值税入手，根据增值税销项数额等数据倒算企业的收入，与账面记录进行比较；还可以分析年度、月度销售收入的变化情况，并与可比单位进行比较，横向、纵向确定收入是否存在被贪污的情况。

3. 审阅账簿。重点关注付款及发出存货的去向是否合理，关注往来单位是否异常；对成本费用报销人员的资质进行审批，是否经过授权，对于报销的控制和审核流程是否规范、做到职责分离，关注支出的合理性；对存货和应收账款也需要给予更多的关注，关注存货的保管及发出控制。对于应收账款，要关注其质量，对应收账款的账龄进行检查是否有多年挂账难以收回的情况，判断是否存在被侵吞的可能性。

4. 盘点存货，进行账实核对，重点关注盘亏的存货及报废毁损的存货，查明其可能去向，防止以此为名予以侵吞或存在虚假的采购；倒轧生产成本、销售成本，与账面记录核对一致，防止虚转成本予以贪污的情况，关注盘亏的存货及报废毁损的存货，查明其可能去向，防止借此掩盖存货已销售的事实。

突击盘点现金。当盘点调整后的账面现金应存余额与实际库存现金余额出现较大偏差时，通常应该是正常的货币资金与“小金库”资金混放造成的。

5. 检查应付款项账龄，对于应付账款可以使用函证程序，对于已经支付或偿还的应付账款检查其是否已经核销，防止有人侵占应付的款项。

6. 对大额采购进行检查。检查大额采购合同，审查合同的真实性、合法性及有效性，对合同中的条款仔细核对，关注采购金额、付款方式等，判断是否有借购货为名虚构支出的情况，或者内外勾结的情况。

7. 抽查会计凭证。主要是与存货、应付账款、管理费用、销售费用等相关的会计凭证，旨在检查凭证的真实性。一是形式性审查，应重点关注凭证是否合法、是否有以白条代替凭证的情况等，以及凭证是否伪造或者无效。二是实质性检查，关注凭证的内容是否完整，如果存在原始凭证，那么原始凭证是否相关、有效、合规，二者金额是否一致、有无审批等。在实际操作中，存货项目应关注大额购进的相关循环，采购单、运货单以及入库单等单据，存货的盘亏或者损毁有无相关的工作处理文件；应付工资项目关注员工是否存在，如果存在，那么员工的工作内容与工作时长是否与实际情况相符；管理费用与销售费用要关注是否符合公司的生产经营情况。一旦发现虚假凭证，那么该项经济业务可能存在虚构，需要采取进一步的审计工作。

8. 核查银行账户。有的“小金库”资金数额较大，资金的进出一般通过不公开的银行账户进行，但是也与企业的经济业务有联系。可以检查被审计单位的资金往来对象和账户往来情况。对银行对账单和账目记录详细核对。

9. 延伸检查。对于怀疑事项，如果仅针对被审计单位自身的审计难以达成目的，那么可以延伸检查。可以向与被审计单位发生资金往来的单位进行调查，确认双方口径是否一致，包括是否收到款项、收款时间与金额等，如果不符，可能存在舞弊情况。

10. 查明被贪污资产的去向。如果确认了企业的资产遭到侵占，被贪污，可以要求当事人提供线索，查明事实真相，并根据查明的事实进一步问责。

二、挪用的舞弊手法和审计策略

（一）挪用的舞弊手法

挪用指的是无权动用也未经合规的审批程序，违反公司的规章制度，擅自将公司的资金挪作私用；或者虽然有权动用，但是违反公司的规章和制度，擅自将公司的资金挪作私用；这都严重地损害了公司的利益。常见的舞弊手法有以下几种。

（1）管理现金、银行存款的人员，利用职务之便直接挪用公司的款项，或者通过周转最后回到私人手中进行挪用。

（2）将销售商品，提供劳务，出售原材料、低值易耗品、废弃资产等收到的现金或票据不及时入账或上交而进行私用；以现金或现金支票的形式收到投资、投资收益、捐赠、赔偿或收到罚没款项不上交而挪用；以现金或现金支票的形式收到的租金、包装物押金、包装物租金不及时入账上交而进行挪用；以现金或现金支票的形式收到的应收款、预收款不及时入账或上交而进行挪用。

（3）需要以现金或现金支票的形式支付的应付款或预付款不及时支付而进行挪用；应该发放给员工的工资、补助、津贴、奖金等可能全部或者部分不发放，已经作出相关的账务处理，这笔资金不发放也未进行交回处理而进行挪用；将代扣、代缴的金额不交给相关机构或上交入账而挪用；待处理款项不按规则交给有关部门而挪用。

（4）业务过程中发生的“手续费”“回扣”等不及时报备并上交单位而进行挪用。

（二）挪用的审计策略

1. 审查会计凭证

（1）审查涉及收取现金的会计凭证，核实进账日期与收款日期是否一致，有无将所收到的现金或现金支票挪用一段时间后再上交入账的情况。

（2）审查涉及发放款项的会计凭证，看领款人是否都经过审核，核实有无一方面作账作发放处理，另一方面又全部或部分不及时发放而挪用的情况，特别是对少数人因外出等原因不能发放到位的，有无不及时交回现金到财务部门作暂时收回处理而挪用的情况。

（3）审查涉及代扣、代收现金的会计凭证，核实有无将代扣、代收款项不及时交给有关单位或上交入账而挪用的情况。

（4）审查涉及付款的会计凭证，一是核实做账日期与付款日期是否一致，有无将应付款项做账付出但不及时付给对方而挪用的情况；二是核实款项是否应该付出，有无利用管理现金、银行存款之便，将现金或银行存款转入其他单位或个人，然后从对方取出进行挪用的情况。

2. 审查会计账簿

关注会计账簿中的异常情况，例如异常日期、异常摘要、异常对应科目、异常单据、异常余额等。在查账中发现异常情况，就应一查到底。因此，在对被查单位的会计资料进行审查的同时，要对其他非会计资料进行仔细审核，例如，借据、合同等原始记录，以确定会计记录的真伪，从中发现挪用公款的情况。具体来说，重点关注以下账簿：

（1）审查“库存现金”“银行存款”账簿，核实其总账与日记账、日记账与会计凭证是否相符，有无财会人员采取不及时登账或故意漏登收入账、重登支出账、错登账的手段来掩盖其直接将现金或从银行取款进行挪用的情况。

（2）审查“原材料”“低值易耗品”“产成品”等存货账簿，核实其总账与明细账、明细账与仓库保管账是否相符，有无将销售产品、出售原材料、低值易耗品等存货所收到的现金或现金支票不及时上交入账而挪用的情况。

（3）审查收款票据。对单位使用的发票和收据进行审查，看收款时间与开票时间、开票时间与进账时间是否相符，核实有无将所收到的现金或现金支票不及时上交入账而挪用的情况；有无将代扣、代收款项不及时交给有关单位或上交入账而挪用的情况。

（4）盘点库存现金。对库存现金进行突击盘点，检查库存现金实有数与现金日记账和总账余额是否相符，并要注意审查出纳手中保管的未入账抵作现金的单据，如借条、白条，核实有无利用管理现金之便，直接将现金进行挪用的情况。

（5）审查银行存款。挪用公款行为人均利用职务上的便利，采取挪用公款账外循环不入账，故意隐匿财务账目，造成无账可查。此类案件作案手段更为隐蔽、狡猾，案情更为复杂，取证、认证更为困难。在办案中要变难为易，最重要的是要以银行账户为突破口，采用查阅银行账户的账单、原始传票的方式，逐笔核对收入情况，查明付款去向和收入来源，核实款项用途是否是私营企业或个人，从中发现和揭露挪用公款的蛛丝马迹。对银行存款进行审查，检查单位银行存款账面余额与单位银行存款实有金额是否相符，未达账款是否由于正常原因所致，核实有无利用管理银行存款之便，直接从银行取款进行挪用，或将银行存款转入其他单位或个人，然后从对方取出进行挪用的情况。

3. 盘点存货和固定资产

对产成品、原材料、低值易耗品等存货和固定资产进行盘点，看账实是否相符，核实有无销售产品、原材料、低值易耗品等存货和出售固定资产所收到的现金或现金支票不及时上交入账而挪用的情况。

4. 核实对方付出、收到现金的时间及往来账项的实有数

对本单位收到、付出的现金以及往来账项，核实对方付出、收到的时间以及往来账项

的实有数，审查有无将所收到的现金或现金支票不及时上交入账而挪用的情况；有无该付的应付款、预付款以现金或现金支票形式做账付出，但现金或将现金支票取出的现金不及时付给对方而挪用的情况；有无应发放给干部、职工等的款项，一方面做账作发放处理，另一方面又全部或部分不及时发放而挪用的情况；有无将代扣、代收款项不及时交给有关单位或上交入账而挪用的情况。

5. 审查公款私存资金

对通过采取审查所收款项是否及时入账、所付款项是否做账付出与实际付款时间相符、现金和银行存款是否账实相符等方法发现有公款私存的单位，要审查公款私存资金，核实掌管公款私存存折或存单的人员有无用其存折或存单从银行取款进行挪用的情况。

6. 审查“小金库”资金

对通过采取审查收入是否全部进账、账上的支出有无虚假开支、所有支出是否都在账上等方法检查发现设有“小金库”的单位，要审查“小金库”资金，核实有无将小金库资金进行挪用的情况。

三、盗窃的舞弊手法和审计策略

（一）现金盗窃手法及审计策略

1. 现金盗窃手法

（1）出纳偷盗现金。出纳利用职务之便占有现金，并且可能会谎称现金丢失进行掩盖。

（2）收银机偷盗。目前很多单位采取收银机的方式收取款项，作为现金的经办人常用的盗窃手法可能有：对销售事项漏记；伪造金额，将贵重的货物按照低价入账，占有差价部分或者将物品自己便宜使用；直接偷钱。

（3）与外部人员进行勾结，一起计划偷盗公司的现金。

2. 现金盗窃的审计策略

（1）了解现金内部控制制度。主要通过询问、观察、检查等手段收集必需的资料，了解现金管理的流程和审批政策。一般情况下，了解现金内部控制制度时，首先，应注意检查该制度是否建立、制度的设计是否合理并且一贯执行；其次，了解诸如款项的收支是否按规定的程序和权限办理，是否存在与本单位经费无关的款项收支情况，相关人员设置是否做到职责分离等。

（2）核对库存现金明细账与总账的金额是否相符，如不相符，应查明原因，并作出记录或适当调整。

（3）严格监盘库存现金，注意做好以下工作：①明确监盘目的。证实库存现金是否存在，有无发生短缺或者溢余。②选择参加监盘人员。确定应该在场的人员，包括出纳、会计、会计主管和注册会计师等，并且在监管时个人负责。③确定合适的监盘时间。最好选择在上午上班前或者下午下班后进行。④确定监盘范围。注意将所有部门的库存现金包含在内，确定库存现金存放的位置，全部进行监盘。

在进行现金盘点前，应由出纳员将现金集中起来存入保险柜，必要时可以封存，然后由出纳员把已办妥现金收付手续的收付款凭证登入库存现金日记账。如被审计单位库存现金存放部门有两处或两处以上的，应同时进行盘点。审阅库存现金日记账同时与现金收付凭证相核对。由出纳员根据库存现金日记账加计累计数额，结出现金余额。盘点保险柜内的现金实存数，同时由注册会计师编制“库存现金监盘表”，分币种、面值列示盘点金额。

3. 明确现金余额的正确性

将盘点金额与库存现金日记账余额进行核对，如有差异，应要求被审计单位查明原因，必要时应提请被审计单位作出适当调整；如无法查明原因，应要求被审计单位按管理权限批准后作出调整。若有冲抵库存现金的借条、未提现支票、未作报销的原始凭证，应在“库存现金监盘表”中注明，必要时应提请被审计单位作出调整。

（二）存货盗窃手法及审计策略

存货作为流动资产，具有交易频繁、种类繁杂、数量多等特征，因为存货有可能体积较大，方便盘点和计数，不易被盗；也有体积小，数量多而且不易于盘点等存货，这类存货相比之下被盗窃的可能性就会增加，在企业日常活动中要警惕这种行为。

1. 存货的盗窃手法

（1）调换存货，例如以次充好等。可能会使用老旧的存货替换新的存货，将次品替换合格品，将价格低的存货替换价格高的存货等，从中赚取差价或者占有价值更高的存货。

（2）夸大损失。利用职务之便，存货的监管人员可能单独或者伙同其他部门的人员夸大或者虚构存货的损失，将虚报的存货部分自己使用或者变卖赚钱。

（3）冒领存货。部分人员可能会伪造领料单、发货单等，冒领存货，并且可能将盗窃的部分通过虚假记录等方法并入到正常的领料、发料业务中，从而掩盖挪用盗窃的事实。

（4）串通外人，内外勾结，窃取企业的存货资产。

2. 存货盗窃的审计策略

（1）核对各存货项目明细账与总账、报表数是否相符。如果发现差异，则应追查原因，并作记录和相应的调整。

（2）执行存货的分析性程序。在存货审计中常运用的分析程序方法主要是简单比较法和比率分析法两种。

（3）存货监盘。存货监盘是审计人员现场观察被审计单位存货的盘点，并对已盘点的存货进行适当检查。审计准则规定，除非出现无法实施存货监盘的特殊情况，审计人员应当实施必要的替代程序，在绝大多数情况下都必须亲自监察存货盘点过程，实施存货监盘程序。监盘可以及时发现存货保管中的账实不符现象，从而关注到存货的失窃问题。

①在存货盘点现场实施监盘时，审计人员应当评价管理层用以记录和控制存货盘点结果的指令和程序，包括适当控制活动的运用。例如，收集已使用的存货盘点记录，清点未使用的存货盘点表单，实施盘点和复盘程序；准确认定在产品的完工程度，过时或毁损的存货项目以及在第三方存放的存货；在适用的情况下用于估计存货数量的方法，如面积法、体积法等；对在不同存放地点之间移动以及截止日前后期间出入库的存货实施控制。

②观察管理层制定的盘点程序（如对盘点时及其前后存货移动的控制程序）的执行情况，有助于审计人员获取有关管理层指令和程序是否得到适当设计和执行的审计证据。但在某些情况下存货的移动是难以避免的。如果在盘点过程中被审计单位的生产经营仍将持

续进行，审计人员应通过实施必要的检查程序，确定被审计单位是否已经对此设置了相应的控制程序，确保在适当的期间内对存货作出准确记录，并且注意存货截止时间。

③检查存货。在存货监盘过程中检查存货，虽然不一定能确定存货的所有权，但有助于确定存货的存在，以及识别过时、毁损或陈旧的存货，审计人员应当把所有过时、毁损或陈旧存货的详细情况记录下来，便于进一步追查这些存货的处置情况，也能为测试被审计单位存货跌价准备计提的准确性提供证据。

④执行抽盘。在对存货盘点结果进行测试时，审计人员可以从存货盘点记录中选取项目追查至存货实物，以及从存货实物中选取项目追查至盘点记录，以获取有关盘点记录准确性和完整性的审计证据。需要说明的是，审计人员应尽可能避免让被审计单位事先了解将抽取检查的存货项目。除记录审计人员对存货盘点结果进行的测试情况外，获取管理层完成的存货盘点记录的复印件也有助于审计人员日后实施审计程序，以确定被审计单位的期末存货记录是否准确地反映了存货的实际盘点结果。审计人员在实施检查程序时发现差异，很可能表明被审计单位的存货盘点在准确性或完整性方面存在错误。由于检查的内容通常仅仅是已盘点存货的一部分，所以在检查中发现的错误很可能意味着被审计单位的存货盘点还存在着其他错误。

此外，执行抽查盘点时应注意：一是抽查的重点应放在高价值的项目上；二是如果不是每一个地点均列入盘点，不要事先或太早告知客户前往的地点；三是对重大或不寻常的盘点差异、客户随行人员格外关注及记录的审计人员抽点的项目、客户对审核程序过度关心的项目均应提高专业警觉性；四是很久未用或存放地点和保管方式不寻常的存货应确定是否有受损、过时及过量等；五是应尽量避免或减少盘点时公司间及工厂间的存货调拨收发活动，否则，应确定是否已做好适当控制。

⑤注意异常的存货盘盈盘亏，包括数额较大、时间异常、程序异常等。

本章小结

通过本章的学习，我们了解了资产侵占舞弊的相关概念、规定、研究和责任，介绍了应对贪污、挪用和盗窃三种常见类型的资产侵占舞弊的审计策略。资产侵占舞弊导致企业资产受损，甚至影响正常经营。资产侵占舞弊审计通过监督管理层及员工是否存在侵占企业资产的不法行为，维护企业内部环境，有利于企业正常经营。

思考题

1. 除了本章提到的舞弊手法，还有其他侵占资产的方式吗？
2. 针对贪污、挪用及盗窃的舞弊手法，审计中应如何关注舞弊风险？
3. 你认为如何通过内控更好地防范资产侵占舞弊？

第七章　腐败舞弊审计及其审计策略

案例导入

2022年1月25日，微信公众号“阳光腾讯”发布《腾讯集团反舞弊通报》。通报指出，2021年全年，腾讯反舞弊调查部共发现并查处触犯“腾讯高压线”案件50余起，近70人因触犯“腾讯高压线”被辞退，10余人因涉嫌犯罪被移送公安机关处理。

此外，腾讯还通报了包括原SNG、CSIG、CDG、PCG多个部门涉及商业贿赂、职务侵占等行为的16起典型案件。在此次16起典型案件通报中占比最高的5起涉及供应商，来自员工“利用职务便利，为供应商谋取利益，并收取供应商好处费”；5起涉及员工勾结中介机构，利用招募实习生的机会钻空子。多名员工因此触犯了“腾讯高压线”，被解聘处理，永不录用，并被移送公安机关处理。还有一部分则涉及腾讯内部“跨部门”联手贪腐等情况。

例如，已离职的CSIG在线教育部尹某在职期间利用职务便利，伙同PCG技术战略中心施某，收取外部人员好处费，为外部人员实施其他涉嫌违法犯罪的行为提供便利；CDG通讯业务部夏某接受已离职的CDG通讯业务部杨某的请托，通过WXG行业产品运营部朱某，利用职务便利，收取外部人员好处费，为外部人员实施其他涉嫌违法犯罪的行为提供便利条件，等等。

其他典型案件包括：PCG体育内容部组长朝某利用自己实际控制的公司，在与腾讯的相关合作中非法谋取私利；CSIG云产品一部张某通过技术手段和提供虚假申诉信息侵占他人产品账号，并进行售卖获利；IEG X3游戏产品部李某使用他人权限进行违规操作，帮助外部人员提供某产品认证服务，并收取好处费；已离职的PCG影视内容制作部吴某在职期间利用职务便利，将公司采购用于拍摄的道具和服装据为己有，等等。

——资料来源：由网络资料改编

思考：1. 上述案例中出现了哪几类腐败形式？涉及哪些对象？

2. 针对以上腐败手段，审计中可以采取哪些措施？

学习目标

1. 了解腐败舞弊的含义和主要手段；
2. 熟悉针对腐败舞弊的主要审计策略。

第一节　腐败舞弊概述

一、腐败的定义及分类

（一）腐败的定义

从不同学科出发，腐败的概念是不同的。学界对腐败的定义可以归纳为法学和社会学、政治学、经济学三大类。

在法学和社会学视角下，腐败被定义为公职人员违反法律等社会规范的行为。田心铭（2003）认为腐败是“为谋取私利而侵犯公共利益，腐蚀、破坏某种现存社会关系的行为”。任建明（2009）认为腐败就是违反合理的和合法的社会规范且妨碍社会公共生活或社会进步的行为。

政治学视角倾向于用公权力、公共职责等政治概念描述腐败。王沪宁（1995）把学者们关于腐败的定义归纳为“不正当地运用公共权威以获得个人的好处”，“公权力的非公共运用”，并区分狭义与广义的腐败。狭义的腐败大体指个人的腐败，广义的腐败大体指制度的腐败。林喆（2012）认为，腐败即权力的腐败，泛指“主体为其特殊利益而滥用权威或偏离公共职责的现象”。刘金国（2000）认为，“腐败是权力的异化”，“表现为权力的非责任化和权力的权利化”，并指出杜绝腐败的根本之道是“以权利制约权力”。

经济学视角倾向于从经济收益、商品交换的角度定义腐败。Davis 和 Ruhe（2003）提出腐败是个人感知到的腐败行为。经济学家从财务角度发展了腐败内涵，将其表述为政府官员以出售政府财产换取个人利益的行为。邹威（2018）把腐败内涵从政治领域延伸到经济领域：按是否隐蔽地违反法律法规，将高管腐败分成显性和隐性。

本书参照 ACFE，将腐败定义为“雇员在商业交易中滥用其影响力，违反其对雇主的义务，以获得直接或间接利益的计划（例如，涉及贿赂或利益冲突的计划）”。

针对腐败舞弊，ACFE 将其分类为利益冲突、贿赂、非法报酬和经济敲诈四种。其中，贿赂是最常见的腐败舞弊形式。

（二）腐败的类型

ACFE 将腐败定义为：“雇员在商业交易中滥用其影响力，违反其对雇主的义务，以获得直接或间接利益的计划（例如，涉及贿赂或利益冲突的计划）。”腐败包括利益冲突、贿赂、非法报酬和经济敲诈。

腐败是各国政府面临的重大问题。美国司法部官员称，保证《反海外腐败法》的实施是他们工作中非常重要的内容，仅次于反恐怖主义的行动。英国司法部的《2010 反贿赂法案指引》甚至将没有预防贿赂列为公司的新罪名。我国政府非常重视腐败问题，将其提高到亡党亡国的高度。中央纪委国家监委指出，党的十九大以来，以习近平同志为核心的党中央以钉钉子精神推进作风建设，持续加固中央八项规定堤坝，为新时代伟大变革提供了有力作风保障。但“四风”问题树倒根存，高压之下顶风违纪行为仍有发生。在纪检委通报的典型案例中，有的利用过节之机打着人情往来的幌子大肆收受礼品礼金，有的心怀侥幸以隐蔽手段违规接受宴请、旅游安排，有的不知收敛啃食公款，有的政绩观扭曲任性用权。这些问题的发生反映出“四风”问题树倒根存、顽固复杂，由风及腐、由风变腐的风险始终存在。严肃查处这些问题，充分彰显了党中央锲而不舍推进作风建设的政治定力和违纪必究、执纪必严的坚定决心。

被编入2021年度人民法院十大案件的赖小民案便是腐败舞弊领域的典型案件。2008年至2018年，中国华融资产管理股份有限公司原董事长赖小民利用职务上的便利，以及职权和地位形成的便利条件，直接或通过特定关系人非法收受、索取财物共计17.88亿余元。伙同特定关系人侵吞、套取单位公共资金共计2513万余元。赖小民之所以因贪腐而被处以极刑，判决书中四个醒目的“特别”给出了答案：受贿数额特别巨大、犯罪情节特别严重、犯罪行为的社会影响特别恶劣、使国家和人民利益遭受特别重大损失。经司法机关最终认定，从2008年至2018年，赖小明收受、索取的财物共计折合人民币17.88亿元，是迄今为止人民法院受理的职务犯罪案件中受贿数额最大的贪官。赖小民不但受贿数额特别巨大，而且犯罪情节特别严重，具有主动向他人索取贿赂等多项依法从重情节，犯罪行为的社会影响特别恶劣。为了满足个人的贪欲，赖小民违背国家政策，参与一些明令禁止国有金融机构涉足的项目，最终导致一些巨额投资放债业务出现问题，资金难以收回，对国有金融企业的经营管理秩序造成严重侵害，造成重大经济损失和金融风险，使国家和人民利益遭受特别重大损失。腐败侵蚀政治治理的公正、降低行政系统的效率、冲击经济运行规律、污染社会道德、扩大贫富差距和增加社会的不公平（王沪宁，1989）。

ACFE 2022认为，在所有舞弊行为中，腐败占了50%，损失中位数为15万美元。在涉及腐败舞弊的案件中，腐败和资产侵占共同出现的概率最高，达32%，单纯腐败的案件占12%。

根据ACFE分类，腐败主要有如下四种：

1. 利益冲突

利益冲突发生在员工、经理或执政人员在经济交易中存在未公开的经济或私人利益的情况下，而这种利益将会损害公司的权益时。利益冲突发生在三种情形中：购买、销售和其他。利益冲突的特点在于，舞弊人滥用职权（例如，出具发票或审核账单）的目的仅在于满足自己的利益，这和贿赂或回扣是不同的。

2. 贿赂

贿赂可被定义为收取、给予任何金钱、有价物品，意图影响行政人员行为或经济决策的活动。国家工商行政管理局《关于禁止商业贿赂行为的暂行规定》第二条规定：“商业贿赂指经营者为销售或购买商品而采用财物或者其他手段贿赂对方单位或者个人的行为。”商业贿赂是指经营者以排斥竞争对手为目的，为使自己在销售或购买商品或提供服务等业务活动中获得利益，而采取的向交易相对人及其职员或其代理人提供或许诺提供某种利益，从而实现交易的不正当竞争行为。

3. 非法报酬

非法报酬与贿赂相似，但是前者的目的不在于影响经济决策。例如，某个有影响力的人收到了贵重的礼物、免费旅游等。事实上，这些报酬是因为他/她在某项经济谈判上发挥了重要影响，所不同的是，这些报酬是在事件发生以后才收到的。由于是在事后收取的报酬，所以很难证实其是否非法。但是，在许多政治组织中收取超过限定金额的礼物等是非法的，而且在某些大型商业组织/企业中是被明令禁止的。

4. 经济敲诈

经济敲诈与贿赂相反，它不是由行贿人提供贿赂款，而是舞弊员工主动要求当事人向其支付金钱、财物、服务等报酬，以作出符合当事人利益的经济决策。

二、腐败的机理分析

清华大学教授程文浩认为，虽然不同行业和不同类型的腐败行为分别要借助于不同的条件，但总的来说有三个条件却对每一种腐败行为都适用，那就是稀缺资源的控制、腐败机会和腐败借口。结合腐败行为前提条件理论及舞弊三因素理论，本书从稀缺资源的控制、腐败机会和腐败借口三方面分析腐败行为的机理。

（一）稀缺资源的控制

之所以有人甘冒风险向职务人员行贿，某些职务人员之所以能够以权谋私，其主要原因就是这些人代表组织掌握一定的稀缺资源，并具体负责这些资源的分配。各类资源的稀缺性，使得管理和分配这些资源的职务人员拥有了充足的腐败本钱。由于对这些稀缺资源的需求永远存在，以及围绕这些资源而产生的供求矛盾难以在短时间内得到解决，必然会有人不惜通过包括行贿在内的非法手段来获取这些资源。因此，在一对一的腐败交易中，需求这一方永远存在。腐败交易的供给方，即职务人员这一方，同样深知自己掌握的稀缺资源的价值。当他们面对远大于其合法收入的贿赂，抵挡不住物欲诱惑的时候，便会产生强烈的腐败动机。在腐败动机产生之后，腐败行为就进入临界状态。这时候，腐败行为能否顺利完成，主要取决于腐败机会的多寡。

（二）腐败机会

腐败机会首先来源于制度本身的弹性过大；其次，腐败机会还有许多其他来源，例如，制度不存在或制度存在但不明确，机构设置不当，以及组织内部的信息沟通不畅等，都会导致腐败机会的出现。每次大的制度变迁都会引起利益的重组以及某些新的腐败机会的出现。所以腐败机会不但种类多样，而且本身变化无穷。更重要的是，腐败机会除了能够由客观条件引发之外，还可以由职务人员人为制造。腐败分子如果发觉现有的腐败机会不合适，往往会利用自己的权势人为制造一些机会。

（三）腐败借口

在实施舞弊行为前，舞弊者为了寻求心理平衡，会通过寻求借口，合理化舞弊行为，腐败行为同样如此。管理层或雇主为了满足个人私利，倾向于打着为公司或集体的口号，为自己的腐败行为蒙上一层遮羞布，来避免社会道德的审判。因此，腐败借口也是舞弊人员在实施舞弊行为中不可或缺的重要一环。

至此，已经分析了腐败行为发生所要依赖的三个必要条件：稀缺资源的控制、腐败机会和腐败借口。稀缺资源的控制构成了腐败行为的物质条件，腐败机会构成了腐败行为的制度条件，而腐败借口构成了腐败行为的心理条件。这三个必要条件几乎适用于所有的腐败行为，只不过每一具体的腐败行为所涉及的稀缺资源、腐败机会和腐败借口有一定的差异。

三、腐败产生的现实原因

（一）企业层面

1. 内部权力配置失衡

"绝对的权力导致绝对的腐败"，当企业的责任和权力配置出现问题，关键岗位的负责人权力过于集中，掌握过多的资源，就极易滋生腐败。管理层权力理论也表明，管理层权力越大，权力寻租就越严重，奢靡的在职消费就越容易出现，越有动机去谋取超额回报，甚至出现贪污腐败等犯罪行为。过度集权属于常见的内部权力配置失衡的一种，由于实行高度集权，几乎所有的决策权都集中在最高管理层，因此高层管理者很容易便能利用集体权力满足一己私欲。

2. 内部控制制度存在漏洞

财务、采购、物流、供应、销售、招聘等业务流程是腐败的高发环节，这些环节的内部控制制度存在一定的缺陷，给拥有一定权力的员工创造了腐败的机会。尤其是互联网行业，通常发展较快，短时间内快速膨胀为市值百亿甚至是千亿的公司，但高速成长的同时却忽视了规范化的制度管理，内部控制制度不健全是互联网行业成为内部腐败重灾区的一大重要原因。以采购业务为例，公司对关联方的付款管理不到位，关联采购未能严格按照合同约定或货物入库金额付款，会导致公司账面存在大额预付款项，极易构成关联方经营性资金占用，基于私人目的用于其他用途，导致舞弊现象发生。

3. 监督体系不完善，约束机制不健全

当权力失去了监督，腐败便容易发生。一些企业内部监督体系存在漏洞，让员工钻了空子，即使他们的行为对公司利益造成了损害，企业也无法对其进行惩处。尤其是隐性腐败，因未突破法律监管底线，企业往往疏于监管。目前，我国很多企业尚未建立专门的监督部门，或者即使有监督部门也形同虚设，才导致内部腐败问题频发。同时，企业的内部监督缺乏主动性，被动监督多，偏重事后调查，而忽视事前的防范和约束。

4. 企业默许腐败，选择性忽视

腐败会造成损失，但反腐也有成本，当反腐的成本可能高于腐败带来的负面影响时，企业往往会选择"睁一只眼闭一只眼"，选择性地忽视腐败行为。还有企业认为"水至清则无鱼"，对一些关键部门、核心员工不敢动，默许他们腐败。另外，一些民营企业不敢大张旗鼓反腐败，认为"家丑不可外扬"，"坏事传千里"，往往在内部暗地解决，比如开除员工，让"肉烂在锅里"。这其实都是在变相地助推腐败行为，无法对员工起到威慑作用，会诱发更多人进行腐败，进而导致更为严重的腐败行为，对企业造成巨大的损失。

5. 治理不严、处罚力度低

显性腐败触犯了相关法律和条例，相对监管较严格，但显性腐败的打击力度却存在惩戒不足的情况，表现在罚款力度较轻，仅对腐败人员降级处置。当腐败得到的预期收益大于腐败可能产生的违法成本时，人们更愿意承担风险，从而作出腐败的决策。另外，处罚力度不足无法对腐败者产生威慑力，难以断绝腐败的念头，可能会导致二次腐败。如果处罚力度太轻，那么会导致一些“犯事小、刑期短”的贪官顾忌官场潜规则，更怀着“牺牲我一人、幸福几代人”的心理，消极配合调查，不利于法律的惩戒和贪腐现象的惩治。

6. 薪酬激励不足与滞后

生产部门、采购部门等由于工资不高，更容易引发腐败。因为较低的薪酬不能满足员工的现实诉求，他们便会通过职业消费、贪污受贿等替代性方式“补偿自己”。正所谓“高薪养廉”，高薪增加了腐败者的机会成本，如果员工对于个人工作报酬满意，他们自然不会置职业生涯于不顾，为了短期利益铤而走险。当然高薪也不能完全杜绝腐败，毕竟人的欲望是难以满足的。

此外，虽然股权激励计划在企业中得到了较为广泛的实践，但“现金为王”、“期货不如现货”等思想根深蒂固，员工可能因追求短期的货币薪酬而产生腐败行为。因此，股权激励的时间越长，员工发生腐败行为的可能性就越大。

7. 廉政文化建设不足

企业的廉洁、诚信氛围至关重要，贪腐风气蔓延是廉政文化建设不足的体现。企业的廉政文化建设滞后，思想道德教育工作、遵纪守法、反腐倡廉的宣传工作不到位，重形式、走过场、轻效果，导致员工对腐败问题概念不清，对腐败的界限不明，员工主观上没有意识到内部腐败问题的严重性，法律意识淡薄，缺乏红线意识，增加了员工违法犯罪的概率。

以对廉政文化建设的认识误区为例，当前存在着许多模糊认识。比如在领导层面，认为廉政文化建设是可有可无的任务，是软指标，是做“虚功”，耗时长、费力大，没有实际效果。在干部层面，认为廉政文化教育的对象应是领导干部，自己无职无权，既不掌权，也不管钱，更不管人，想腐败也不可能，没有腐败的条件，是“领导生病，给群众吃药打针”。在群众层面，对廉政文化建设的理念比较模糊，认为廉政文化建设是防止领导和机关干部出问题，跟普通群众没多大关系，自觉参与廉政文化建设的主动性不高，认为廉政文化建设就是开展上上党课、做做报告、树树典型等，完全是形式主义，参与和推动廉政文化建设的热情不高。这些错误认识均不利于企业反腐败工作的推进。

（二）员工层面

1. 欲望驱动，人性使然

无论是在官场还是商业中，“有人的地方就有腐败”，这是人性决定的。前文提及，薪酬激励不足、员工的现实诉求得不到满足，更容易诱发员工的腐败行为。但提高薪酬也不一定可以完全遏制腐败，如果人的欲望主要集中在利益上，随着利益激励不断增加，人的欲望也会不断膨胀，对于物质继续产生更高的诉求，导致越来越严重的腐败行为。即使在薪酬水平较高的互联网行业，高管腐败现象仍屡见不鲜。以阿里巴巴为例，在其廉政部成立以来，已经查处包括淘宝聚划算原总经理阎利珉、阿里集团原人力资源部副总裁王凯、阿里前副总裁刘春宁等高管在内的多名管理层人员。可见，薪酬高低并不直接与贪腐与否挂钩。

2. 三观扭曲，思想滑坡

除了无法克制自身的欲望，三观不正也是导致腐败的内在动因。极端个人主义是腐败的主要思想根源，极端个人主义把个人利益凌驾于企业公共利益和他人利益之上，想法攫取和扩大个人的特殊利益，甚至不惜违反、损害公共利益和他人利益。此外，原本三观正确的人如果受到外界不正之风、职场潜规则等不良影响，潜移默化之中价值观也会产生扭曲，思想上发生蜕变堕落，面对巨大的诱惑时私欲膨胀，诱发腐败行为。

海南省委军民融合发展委员会办公室原副主任裴成敏在其任文昌市委书记期间，为了独揽大权，更好实现自己的意志，他通过设立一些专门机构，组建自己的“班底”，成员覆盖国土、规划等重要部门。这些机构成员沆瀣一气，利用工程项目大肆敛财。一时间，贪腐的“病毒”在文昌快速蔓延。在他落马前后，文昌市委原常委文海、市政协原副主席林绍联、市规划局原局长王小飞等多名领导干部皆因严重违纪违法被查处。一系列腐败案严重损害了政府形象，破坏了当地政治生态，时任“一把手”的裴成敏难辞其咎。可见，三观不正不仅是个人问题，更是系统性问题，需要从根本上重视。

综上，腐败行为的产生不是单一因素作用的结果，而是腐败者内在动因与外界诱因相互作用、相互转化的结果。欲望生成、三观扭曲是内在动因，权力过大、激励不足等是导火索，制度漏洞、监督不力、惩戒不严等是催化剂。仅仅因为欲望、人性的问题还不足以驱动腐败的生成，企业内部腐败一定是企业内部的管理、制度等方面存在漏洞，给员工创造了腐败的机会，加之惩戒力度不足，违法成本低，最终诱发腐败行为。因此，有效预防腐败不能仅靠单一手段，既要通过道德教育、价值观引导员工，也要通过健全的制度、严格的监督检查约束员工，更要通过严厉的惩罚措施威慑员工。

四、与舞弊相关的法律规定

（一）关于贿赂

1. 中华人民共和国刑法

第一百六十三条　公司、企业或者其他单位的工作人员，利用职务上的便利，索取他人财物或者非法收受他人财物，为他人谋取利益，数额较大的，处三年以下有期徒刑或者拘役，并处罚金；数额巨大或者有其他严重情节的，处三年以上十年以下有期徒刑，并处罚金；数额特别巨大或者有其他特别严重情节的，处十年以上有期徒刑或者无期徒刑，并处罚金。

公司、企业或者其他单位的工作人员在经济往来中，利用职务上的便利，违反国家规定，收受各种名义的回扣、手续费，归个人所有的，依照前款的规定处罚。

国有公司、企业或者其他国有单位中从事公务的人员和国有公司、企业或者其他国有单位委派到非国有公司、企业以及其他单位从事公务的人员有前两款行为的，依照本法第三百八十五条、第三百八十六条的规定定罪处罚。

第一百六十四条　为谋取不正当利益，给予公司、企业或者其他单位的工作人员以财物，数额较大的，处三年以下有期徒刑或者拘役，并处罚金；数额巨大的，处三年以上十年以下有期徒刑，并处罚金。

为谋取不正当商业利益，给予外国公职人员或者国际公共组织官员以财物的，依照前款的规定处罚。

单位犯前两款罪的，对单位判处罚金，并对其直接负责的主管人员和其他直接责任人员，依照第一款的规定处罚。

行贿人在被追诉前主动交待行贿行为的，可以减轻处罚或者免除处罚。

第二百二十三条　投标人相互串通投标报价，损害招标人或者其他投标人利益，情节严重的，处三年以下有期徒刑或者拘役，并处或者单处罚金。

投标人与招标人串通投标，损害国家、集体、公民的合法利益的，依照前款的规定处罚。

2. 中华人民共和国反不正当竞争法

第七条　经营者不得采用财物或者其他手段贿赂下列单位或者个人，以谋取交易机会或者竞争优势：

（1）交易相对方的工作人员；

（2）受交易相对方委托办理相关事务的单位或者个人；

（3）利用职权或者影响力影响交易的单位或者个人。

经营者在交易活动中，可以以明示方式向交易相对方支付折扣，或者向中间人支付佣金。经营者向交易相对方支付折扣、向中间人支付佣金的，应当如实入账。接受折扣、佣金的经营者也应当如实入账。

经营者的工作人员进行贿赂的，应当认定为经营者的行为；但是，经营者有证据证明该工作人员的行为与为经营者谋取交易机会或者竞争优势无关的除外。

3. 关于禁止商业贿赂行为的暂行规定

第二条　经营者不得违反《反不正当竞争法》第八条规定，采用商业贿赂手段销售或者购买商品。

本规定所称商业贿赂，是指经营者为销售或者购买商品而采用财物或者其他手段贿赂对方单位或者个人的行为。

前款所称财物，是指现金和实物，包括经营者为销售或者购买商品，假借促销费、宣传费、赞助费、科研费、劳务费、咨询费、佣金等名义，或者以报销各种费用等方式，给付对方单位或者个人的财物。

第二款所称其他手段，是指提供国内外各种名义的旅游、考察等给付财物以外的其他利益的手段。

第三条　经营者的职工采用商业贿赂手段为经营者销售或者购买商品的行为，应当认定为经营者的行为。

第四条　任何单位或者个人在销售或者购买商品时不得收受或者索取贿赂。

第五条　在账外暗中给予对方单位或者个人回扣的，以行贿论处；对方单位或者个人在账外暗中收受回扣的，以受贿论处。

本规定所称回扣，是指经营者销售商品时在账外暗中以现金、实物或者其他方式退给对方单位或者个人的一定比例的商品价款。

本规定所称账外暗中，是指未在依法设立的反映其生产经营活动或者行政事业经费收支的财务账上按照财务会计制度规定明确如实记载，包括不记入财务账、转入其他财务账或者做假账等。

第六条 经营者销售商品，可以以明示方式给予对方折扣。经营者给予对方折扣的，必须如实入账；经营者或者其他单位接受折扣的，必须如实入账。

本规定所称折扣，即商品购销中的让利，是指经营者在销售商品时，以明示并如实入账的方式给予对方的价格优惠，包括支付价款时对价款总额按一定比例即时予以扣除和支付价款总额后再按一定比例予以退还两种形式。

本规定所称明示和入账，是指根据合同约定的金额和支付方式，在依法设立的反映其生产经营活动或者行政事业经费收支的财务账上按照财务会计制度规定明确如实记载。

第七条 经营者销售或者购买商品，可以以明示方式给中间人佣金。经营者给中间人佣金的，必须如实入账；中间人接受佣金的，必须如实入账。

本规定所称佣金，是指经营者在市场交易中给予为其提供服务的具有合法经营资格中间人的劳务报酬。

第八条 经营者在商品交易中不得向对方单位或者其个人附赠现金或者物品。但按照商业惯例赠送小额广告礼品的除外。

违反前款规定的，视为商业贿赂行为。

第九条 经营者违反本规定以行贿手段销售或者购买商品的，由工商行政管理机关依照《反不正当竞争法》第二十二条的规定，根据情节处以一万元以上二十万元以下的罚款，有违法所得的，应当予以没收；构成犯罪的，移交司法机关依法追究刑事责任。

有关单位或者个人购买或者销售商品时收受贿赂的，由工商行政管理机关按照前款的规定处罚；构成犯罪的，移交司法机关依法追究刑事责任。

第十条 商业贿赂行为由县级以上工商行政管理机关监督检查。

工商行政管理机关在监督检查商业贿赂行为时，可以对行贿行为和受贿行为一并予以调查处理。

4. 最高人民法院、最高人民检察院关于办理贪污贿赂刑事案件适用法律若干问题的解释

第十条 刑法第三百八十八条之一规定的利用影响力受贿罪的定罪量刑适用标准，参照本解释关于受贿罪的规定执行。

刑法第三百九十条之一规定的对有影响力的人行贿罪的定罪量刑适用标准，参照本解释关于行贿罪的规定执行。

单位对有影响力的人行贿数额在二十万元以上的，应当依照刑法第三百九十条之一的规定以对有影响力的人行贿罪追究刑事责任。

第十一条 刑法第一百六十三条规定的非国家工作人员受贿罪、第二百七十一条规定的职务侵占罪中的“数额较大”“数额巨大”的数额起点，按照本解释关于受贿罪、贪污罪相对应的数额标准规定的二倍、五倍执行。

刑法第二百七十二条规定的挪用资金罪中的“数额较大”“数额巨大”以及“进行非法活动”情形的数额起点，按照本解释关于挪用公款罪“数额较大”“情节严重”以及“进行非法活动”的数额标准规定的二倍执行。

刑法第一百六十四条第一款规定的对非国家工作人员行贿罪中的“数额较大”“数额巨大”的数额起点，按照本解释第七条、第八条第一款关于行贿罪的数额标准规定的二倍执行。

第十二条　贿赂犯罪中的“财物”，包括货币、物品和财产性利益。财产性利益包括可以折算为货币的物质利益如房屋装修、债务免除等，以及需要支付货币的其他利益如会员服务、旅游等。后者的犯罪数额，以实际支付或者应当支付的数额计算。

（二）关于行贿罪

1. 中华人民共和国刑法

第三百八十九条　为谋取不正当利益，给予国家工作人员以财物的，是行贿罪。

在经济往来中，违反国家规定，给予国家工作人员以财物，数额较大的，或者违反国家规定，给予国家工作人员以各种名义的回扣、手续费的，以行贿论处。

因被勒索给予国家工作人员以财物，没有获得不正当利益的，不是行贿。

第三百九十条　对犯行贿罪的，处五年以下有期徒刑或者拘役，并处罚金；因行贿谋取不正当利益，情节严重的，或者使国家利益遭受重大损失的，处五年以上十年以下有期徒刑，并处罚金；情节特别严重的，或者使国家利益遭受特别重大损失的，处十年以上有期徒刑或者无期徒刑，并处罚金或者没收财产。

行贿人在被追诉前主动交待行贿行为的，可以从轻或者减轻处罚。其中，犯罪较轻的，对侦破重大案件起关键作用的，或者有重大立功表现的，可以减轻或者免除处罚。

第三百九十条之一　为谋取不正当利益，向国家工作人员的近亲属或者其他与该国家工作人员关系密切的人，或者向离职的国家工作人员或者其近亲属以及其他与其关系密切的人行贿的，处三年以下有期徒刑或者拘役，并处罚金；情节严重的，或者使国家利益遭受重大损失的，处三年以上七年以下有期徒刑，并处罚金；情节特别严重的，或者使国家利益遭受特别重大损失的，处七年以上十年以下有期徒刑，并处罚金。

单位犯前款罪的，对单位判处罚金，并对其直接负责的主管人员和其他直接责任人员，处三年以下有期徒刑或者拘役，并处罚金。

第三百九十一条　为谋取不正当利益，给予国家机关、国有公司、企业、事业单位、人民团体以财物的，或者在经济往来中，违反国家规定，给予各种名义的回扣、手续费的，处三年以下有期徒刑或者拘役，并处罚金。

单位犯前款罪的，对单位判处罚金，并对其直接负责的主管人员和其他直接责任人员，依照前款的规定处罚。

2. 最高人民法院、最高人民检察院关于办理贪污贿赂刑事案件适用法律若干问题的解释

第七条　为谋取不正当利益，向国家工作人员行贿，数额在三万元以上的，应当依照刑法第三百九十条的规定以行贿罪追究刑事责任。

行贿数额在一万元以上不满三万元，具有下列情形之一的，应当依照刑法第三百九十条的规定以行贿罪追究刑事责任：

（1）向三人以上行贿的；

（2）将违法所得用于行贿的；

（3）通过行贿谋取职务提拔、调整的；

（4）向负有食品、药品、安全生产、环境保护等监督管理职责的国家工作人员行贿，实施非法活动的；

（5）向司法工作人员行贿，影响司法公正的；

（6）造成经济损失数额在五十万元以上不满一百万元的。

第八条 犯行贿罪，具有下列情形之一的，应当认定为刑法第三百九十条第一款规定的“情节严重”：

（1）行贿数额在一百万元以上不满五百万元的；

（2）行贿数额在五十万元以上不满一百万元，并具有本解释第七条第二款第一项至第五项规定的情形之一的；

（3）其他严重的情节。

为谋取不正当利益，向国家工作人员行贿，造成经济损失数额在一百万元以上不满五百万元的，应当认定为刑法第三百九十条第一款规定的“使国家利益遭受重大损失”。

第九条 犯行贿罪，具有下列情形之一的，应当认定为刑法第三百九十条第一款规定的“情节特别严重”：

（1）行贿数额在五百万元以上的；

（2）行贿数额在二百五十万元以上不满五百万元，并具有本解释第七条第二款第一项至第五项规定的情形之一的；

（3）其他特别严重的情节。

为谋取不正当利益，向国家工作人员行贿，造成经济损失数额在五百万元以上的，应当认定为刑法第三百九十条第一款规定的“使国家利益遭受特别重大损失”。

第十四条 根据行贿犯罪的事实、情节，可能被判处三年有期徒刑以下刑罚的，可以认定为刑法第三百九十条第二款规定的“犯罪较轻”。

根据犯罪的事实、情节，已经或者可能被判处十年有期徒刑以上刑罚的，或者案件在本省、自治区、直辖市或者全国范围内有较大影响的，可以认定为刑法第三百九十条第二款规定的“重大案件”。

具有下列情形之一的，可以认定为刑法第三百九十条第二款规定的“对侦破重大案件起关键作用”：

（1）主动交待办案机关未掌握的重大案件线索的；

（2）主动交待的犯罪线索不属于重大案件的线索，但该线索对于重大案件侦破有重要作用的；

（3）主动交待行贿事实，对于重大案件的证据收集有重要作用的；

（4）主动交待行贿事实，对于重大案件的追逃、追赃有重要作用的。

3. 最高人民法院、最高人民检察院关于在办理受贿犯罪大要案的同时要严肃查处严重行贿犯罪分子的通知

第二点 对于为谋取不正当利益而行贿，构成行贿罪、向单位行贿罪、单位行贿罪的，必须依法追究刑事责任。“谋取不正当利益”是指谋取违反法律、法规、国家政策和国务院各部门规章规定的利益，以及要求国家工作人员或者有关单位提供违反法律、法规、国家政策和国务院各部门规章规定的帮助或者方便条件。

对于向国家工作人员介绍贿赂，构成犯罪的案件，也要依法查处。

第三点　当前要特别注意依法严肃惩处下列严重行贿犯罪行为：

（1）行贿数额巨大、多次行贿或者向多人行贿的；

（2）向党政干部和司法工作人员行贿的；

（3）为进行走私、偷税、骗税、骗汇、逃汇、非法买卖外汇等违法犯罪活动，向海关、工商、税务、外汇管理等行政执法机关工作人员行贿的；

（4）为非法办理金融、证券业务，向银行等金融机构、证券管理机构工作人员行贿，致使国家利益遭受重大损失的；

（5）为非法获取工程、项目的开发、承包、经营权，向有关主管部门及其主管领导行贿，致使公共财产、国家和人民利益遭受重大损失的；

（6）为制售假冒伪劣产品，向有关国家机关、国有单位及国家工作人员行贿，造成严重后果的；

（7）其他情节严重的行贿犯罪行为。

（三）关于受贿罪

1. 中华人民共和国刑法

第一百六十三条　公司、企业或者其他单位的工作人员，利用职务上的便利，索取他人财物或者非法收受他人财物，为他人谋取利益，数额较大的，处三年以下有期徒刑或者拘役，并处罚金；数额巨大或者有其他严重情节的，处三年以上十年以下有期徒刑，并处罚金；数额特别巨大或者有其他特别严重情节的，处十年以上有期徒刑或者无期徒刑，并处罚金。

公司、企业或者其他单位的工作人员在经济往来中，利用职务上的便利，违反国家规定，收受各种名义的回扣、手续费，归个人所有的，依照前款的规定处罚。

国有公司、企业或者其他国有单位中从事公务的人员和国有公司、企业或者其他国有单位委派到非国有公司、企业以及其他单位从事公务的人员有前两款行为的，依照本法第三百八十五条、第三百八十六条的规定定罪处罚。

第一百八十四条　银行或者其他金融机构的工作人员在金融业务活动中索取他人财物或者非法收受他人财物，为他人谋取利益的，或者违反国家规定，收受各种名义的回扣、手续费，归个人所有的，依照本法第一百六十三条的规定定罪处罚。

国有金融机构工作人员和国有金融机构委派到非国有金融机构从事公务的人员有前款行为的，依照本法第三百八十五条、第三百八十六条的规定定罪处罚。

第三百八十五条　国家工作人员利用职务上的便利，索取他人财物的，或者非法收受他人财物，为他人谋取利益的，是受贿罪。

国家工作人员在经济往来中，违反国家规定，收受各种名义的回扣、手续费，归个人所有的，以受贿论处。

第三百八十六条　对犯受贿罪的，根据受贿所得数额及情节，依照本法第三百八十三条的规定处罚。索贿的从重处罚。

第三百八十七条　国家机关、国有公司、企业、事业单位、人民团体，索取、非法收受他人财物，为他人谋取利益，情节严重的，对单位判处罚金，并对其直接负责的主管人员和其他直接责任人员，处五年以下有期徒刑或者拘役。

前款所列单位，在经济往来中，在账外暗中收受各种名义的回扣、手续费的，以受贿论，依照前款的规定处罚。

第三百八十八条　国家工作人员利用本人职权或者地位形成的便利条件，通过其他国家工作人员职务上的行为，为请托人谋取不正当利益，索取请托人财物或者收受请托人财物的，以受贿论处。

第三百八十八条之一　国家工作人员的近亲属或者其他与该国家工作人员关系密切的人，通过该国家工作人员职务上的行为，或者利用该国家工作人员职权或者地位形成的便利条件，通过其他国家工作人员职务上的行为，为请托人谋取不正当利益，索取请托人财物或者收受请托人财物，数额较大或者有其他较重情节的，处三年以下有期徒刑或者拘役，并处罚金；数额巨大或者有其他严重情节的，处三年以上七年以下有期徒刑，并处罚金；数额特别巨大或者有其他特别严重情节的，处七年以上有期徒刑，并处罚金或者没收财产。

离职的国家工作人员或者其近亲属以及其他与其关系密切的人，利用该离职的国家工作人员原职权或者地位形成的便利条件实施前款行为的，依照前款的规定定罪处罚。

2. 最高人民法院、最高人民检察院关于办理贪污贿赂刑事案件适用法律若干问题的解释

第一条　贪污或者受贿数额在三万元以上不满二十万元的，应当认定为刑法第三百八十三条第一款规定的“数额较大”，依法判处三年以下有期徒刑或者拘役，并处罚金。

贪污数额在一万元以上不满三万元，具有下列情形之一的，应当认定为刑法第三百八十三条第一款规定的“其他较重情节”，依法判处三年以下有期徒刑或者拘役，并处罚金：

（1）贪污救灾、抢险、防汛、优抚、扶贫、移民、救济、防疫、社会捐助等特定款物的；

（2）曾因贪污、受贿、挪用公款受过党纪、行政处分的；

（3）曾因故意犯罪受过刑事追究的；

（4）赃款赃物用于非法活动的；

（5）拒不交待赃款赃物去向或者拒不配合追缴工作，致使无法追缴的；

（6）造成恶劣影响或者其他严重后果的。

受贿数额在一万元以上不满三万元，具有前款第二项至第六项规定的情形之一，或者具有下列情形之一的，应当认定为刑法第三百八十三条第一款规定的“其他较重情节”，依法判处三年以下有期徒刑或者拘役，并处罚金：

（1）多次索贿的；

（2）为他人谋取不正当利益，致使公共财产、国家和人民利益遭受损失的；

（3）为他人谋取职务提拔、调整的。

第二条　贪污或者受贿数额在二十万元以上不满三百万元的，应当认定为刑法第三百八十三条第一款规定的“数额巨大”，依法判处三年以上十年以下有期徒刑，并处罚金或者没收财产。

贪污数额在十万元以上不满二十万元，具有本解释第一条第二款规定的情形之一的，应当认定为刑法第三百八十三条第一款规定的“其他严重情节”，依法判处三年以上十年

以下有期徒刑，并处罚金或者没收财产。

受贿数额在十万元以上不满二十万元，具有本解释第一条第三款规定的情形之一的，应当认定为刑法第三百八十三条第一款规定的“其他严重情节”，依法判处三年以上十年以下有期徒刑，并处罚金或者没收财产。

第三条　贪污或者受贿数额在三百万元以上的，应当认定为刑法第三百八十三条第一款规定的“数额特别巨大”，依法判处十年以上有期徒刑、无期徒刑或者死刑，并处罚金或者没收财产。

贪污数额在一百五十万元以上不满三百万元，具有本解释第一条第二款规定的情形之一的，应当认定为刑法第三百八十三条第一款规定的“其他特别严重情节”，依法判处十年以上有期徒刑、无期徒刑或者死刑，并处罚金或者没收财产。

受贿数额在一百五十万元以上不满三百万元，具有本解释第一条第三款规定的情形之一的，应当认定为刑法第三百八十三条第一款规定的“其他特别严重情节”，依法判处十年以上有期徒刑、无期徒刑或者死刑，并处罚金或者没收财产。

第四条　贪污、受贿数额特别巨大，犯罪情节特别严重、社会影响特别恶劣、给国家和人民利益造成特别重大损失的，可以判处死刑。

符合前款规定的情形，但具有自首，立功，如实供述自己罪行、真诚悔罪、积极退赃，或者避免、减少损害结果的发生等情节，不是必须立即执行的，可以判处死刑缓期二年执行。

符合第一款规定情形的，根据犯罪情节等情况可以判处死刑缓期二年执行，同时裁判决定在其死刑缓期执行二年期满依法减为无期徒刑后，终身监禁，不得减刑、假释。

第十三条　具有下列情形之一的，应当认定为“为他人谋取利益”，构成犯罪的，应当依照刑法关于受贿犯罪的规定定罪处罚：

（1）实际或者承诺为他人谋取利益的；

（2）明知他人有具体请托事项的；

（3）履职时未被请托，但事后基于该履职事由收受他人财物的。

国家工作人员索取、收受具有上下级关系的下属或者具有行政管理关系的被管理人员的财物价值三万元以上，可能影响职权行使的，视为承诺为他人谋取利益。

第十五条　对多次受贿未经处理的，累计计算受贿数额。

国家工作人员利用职务上的便利为请托人谋取利益前后多次收受请托人财物，受请托之前收受的财物数额在一万元以上的，应当一并计入受贿数额。

第十六条　国家工作人员出于贪污、受贿的故意，非法占有公共财物、收受他人财物之后，将赃款赃物用于单位公务支出或者社会捐赠的，不影响贪污罪、受贿罪的认定，但量刑时可以酌情考虑。

特定关系人索取、收受他人财物，国家工作人员知道后未退还或者上交的，应当认定国家工作人员具有受贿故意。

第十七条　国家工作人员利用职务上的便利，收受他人财物，为他人谋取利益，同时构成受贿罪和刑法分则第三章第三节、第九章规定的渎职犯罪的，除刑法另有规定外，以受贿罪和渎职犯罪数罪并罚。

第十八条　贪污贿赂犯罪分子违法所得的一切财物，应当依照刑法第六十四条的规定予以追缴或者责令退赔，对被害人的合法财产应当及时返还。对尚未追缴到案或者尚未足额退赔的违法所得，应当继续追缴或者责令退赔。

第十九条 对贪污罪、受贿罪判处三年以下有期徒刑或者拘役的，应当并处十万元以上五十万元以下的罚金；判处三年以上十年以下有期徒刑的，应当并处二十万元以上犯罪数额二倍以下的罚金或者没收财产；判处十年以上有期徒刑或者无期徒刑的，应当并处五十万元以上犯罪数额二倍以下的罚金或者没收财产。

对刑法规定并处罚金的其他贪污贿赂犯罪，应当在十万元以上犯罪数额二倍以下判处罚金。

3. 最高人民检察院关于人民检察院直接受理立案侦查案件立案标准的规定（试行）

受贿罪是指国家工作人员利用职务上的便利，索取他人财物的，或者非法收受他人财物，为他人谋取利益的行为。

“利用职务上的便利”，是指利用本人职务范围内的权力，即自己职务上主管、负责或者承办某项公共事务的职权及其所形成的便利条件。

索取他人财物的，不论是否“为他人谋取利益”，均可构成受贿罪。非法收受他人财物的，必须同时具备“为他人谋取利益”的条件，才能构成受贿罪。但是为他人谋取的利益是否正当，为他人谋取的利益是否实现，不影响受贿罪的认定。

国家工作人员在经济往来中，违反国家规定，收受各种名义的回扣、手续费，归个人所有的，以受贿罪追究刑事责任。

国有公司、企业中从事公务的人员和国有公司、企业委派到非国有公司、企业从事公务的人员利用职务上的便利，索取他人财物或者非法收受他人财物，为他人谋取利益，或者在经济往来中，违反国家规定，收受各种名义的回扣、手续费，归个人所有的，以受贿罪追究刑事责任。

国有金融机构工作人员和国有金融机构委派到非国有金融机构从事公务的人员在金融业务活动中索取他人财物或者非法收受他人财物，为他人谋取利益的，或者违反国家规定，收受各种名义的回扣、手续费归个人所有的，以受贿罪追究刑事责任。

国家工作人员利用本人职权或者地位形成的便利条件，通过其他国家工作人员职务上的行为，为请托人谋取不正当利益，索取请托人财物或者收受请托人财物的，以受贿罪追究刑事责任。

涉嫌下列情形之一的，应予立案：

（1）个人受贿数额在5千元以上的；

（2）个人受贿数额不满5千元，但具有下列情形之一的：

①因受贿行为而使国家或者社会利益遭受重大损失的；

②故意刁难、要挟有关单位、个人，造成恶劣影响的；

③强行索取财物的。

4. 最高人民法院、最高人民检察院《关于办理受贿刑事案件适用法律若干问题的意见》

第一点 关于以交易形式收受贿赂问题

国家工作人员利用职务上的便利为请托人谋取利益，以下列交易形式收受请托人财物的，以受贿论处：

（1）以明显低于市场的价格向请托人购买房屋、汽车等物品的；

（2）以明显高于市场的价格向请托人出售房屋、汽车等物品的；

（3）以其他交易形式非法收受请托人财物的。

受贿数额按照交易时当地市场价格与实际支付价格的差额计算。

前款所列市场价格包括商品经营者事先设定的不针对特定人的最低优惠价格。根据商品经营者事先设定的各种优惠交易条件，以优惠价格购买商品的，不属于受贿。

第二点　关于收受干股问题

干股是指未出资而获得的股份。国家工作人员利用职务上的便利为请托人谋取利益，收受请托人提供的干股的，以受贿论处。进行了股权转让登记，或者相关证据证明股份发生了实际转让的，受贿数额按转让行为时股份价值计算，所分红利按受贿孳息处理。股份未实际转让，以股份分红名义获取利益的，实际获利数额应当认定为受贿数额。

第三点　关于以开办公司等合作投资名义收受贿赂问题

国家工作人员利用职务上的便利为请托人谋取利益，由请托人出资，“合作”开办公司或者进行其他“合作”投资的，以受贿论处。受贿数额为请托人给国家工作人员的出资额。

国家工作人员利用职务上的便利为请托人谋取利益，以合作开办公司或者其他合作投资的名义获取“利润”，没有实际出资和参与管理、经营的，以受贿论处。

第四点　关于以委托请托人投资证券、期货或者其他委托理财的名义收受贿赂问题

国家工作人员利用职务上的便利为请托人谋取利益，以委托请托人投资证券、期货或者其他委托理财的名义，未实际出资而获取“收益”，或者虽然实际出资，但获取“收益”明显高于出资应得收益的，以受贿论处。受贿数额，前一情形，以“收益”额计算；后一情形，以“收益”额与出资应得收益额的差额计算。

第五点　关于以赌博形式收受贿赂的认定问题

根据《最高人民法院、最高人民检察院关于办理赌博刑事案件具体应用法律若干问题的解释》第七条规定，国家工作人员利用职务上的便利为请托人谋取利益，通过赌博方式收受请托人财物的，构成受贿。

实践中应注意区分贿赂与赌博活动、娱乐活动的界限。具体认定时，主要应当结合以下因素进行判断：（1）赌博的背景、场合、时间、次数；（2）赌资来源；（3）其他赌博参与者有无事先通谋；（4）输赢钱物的具体情况和金额大小。

第六点　关于特定关系人“挂名”领取薪酬问题

国家工作人员利用职务上的便利为请托人谋取利益，要求或者接受请托人以给特定关系人安排工作为名，使特定关系人不实际工作却获取所谓薪酬的，以受贿论处。

第七点　关于由特定关系人收受贿赂问题

国家工作人员利用职务上的便利为请托人谋取利益，授意请托人以本意见所列形式，将有关财物给予特定关系人的，以受贿论处。

特定关系人与国家工作人员通谋，共同实施前款行为的，对特定关系人以受贿罪的共犯论处。特定关系人以外的其他人与国家工作人员通谋，由国家工作人员利用职务上的便利为请托人谋取利益，收受请托人财物后双方共同占有的，以受贿罪的共犯论处。

第八点　关于收受贿赂物品未办理权属变更问题

国家工作人员利用职务上的便利为请托人谋取利益，收受请托人房屋、汽车等物品，未变更权属登记或者借用他人名义办理权属变更登记的，不影响受贿的认定。

认定以房屋、汽车等物品为对象的受贿，应注意与借用的区分。具体认定时，除双方交代或者书面协议之外，主要应当结合以下因素进行判断：（1）有无借用的合理事由；（2）是否实际使用；（3）借用时间的长短；（4）有无归还的条件；（5）有无归还的意思表示及行为。

第九点　关于收受财物后退还或者上交问题

国家工作人员收受请托人财物后及时退还或者上交的，不是受贿。

国家工作人员受贿后，因自身或者与其受贿有关联的人、事被查处，为掩饰犯罪而退还或者上交的，不影响认定受贿罪。

第十点　关于在职时为请托人谋利，离职后收受财物问题

国家工作人员利用职务上的便利为请托人谋取利益之前或者之后，约定在其离职后收受请托人财物，并在离职后收受的，以受贿论处。

国家工作人员利用职务上的便利为请托人谋取利益，离职前后连续收受请托人财物的，离职前后收受部分均应计入受贿数额。

五、腐败舞弊的相关研究

学术界对腐败及舞弊的定义各不相同。亚洲审计组织的《反舞弊和腐败指南》中指出：腐败是指为谋取不公正的私人利益而给予或接受贿赂或非法所得，从而影响或滥用公共权力的行为。同时还指出，当政府官员和管理人员涉及舞弊行为时，该行为往往就会带上腐败的成分或特质。舞弊和腐败因此而关联起来。

从腐败与舞弊的特点出发，这两种行为存在着明显共通的部分。舞弊中的一定的行为主体在腐败中就表现为掌握公共权力和资源或公益职权的少数人，其特定目的就是牟取私利，尽管这种私利有时不是流向该行为主体的，而腐败的手段归根结底就是采用欺骗、隐瞒和遗漏等各种方式对社会、组织和他人的利益形成侵害。二者的同样表现就是无视受托责任关系的存在。当舞弊行为发展到一定时期或者一定程度，从单纯的个人投机演变为权力的投机并日益成为一种社会化现象时，舞弊即发展成了腐败。

舞弊与腐败相互依存，而腐败的实现往往要借助于舞弊的种种欺骗性的手段。腐败产生于舞弊，舞弊又为腐败提供庇护。腐败是舞弊发展到更深阶段和更高形式的表现，其危害比舞弊更甚。近年来，腐败愈演愈烈与舞弊的规模和复杂程度的逐渐发展是离不开的。

《2022 年 ACFE 全球舞弊调查报告》基于 133 个国家和地区的舞弊调查师提供的 2110 起案件调查，其中，腐败舞弊涉及 50% 的案件，是最常见的舞弊类型。腐败舞弊占全部舞弊案件的比例显著上升，从 2012 年的 33% 上升至 2022 年的 50% 。腐败舞弊经常与其他形式的舞弊一同发生，在所有涉及腐败舞弊的案件中，单纯只涉及腐败的案件占 12%，其余 88% 都是至少两种舞弊形式的结合，其中，腐败和资产侵占共同出现的概率最高，达 32% 。腐败舞弊带来的中位数损失为 15 万美元，每月中位数损失 1.25 万美元，平均 12 个月被发现，是最快被发现的舞弊类型之一。在涉及数字货币的案件中，有 8% 的舞弊案件涉及使用加密货币，其中 48% 用于行贿及回扣支付，是最常涉及数字货币的舞弊类型。

按照受害组织规模分析，腐败舞弊在不同规模组织中发生率差异最大。其中，在较大规模组织中腐败舞弊的发生率为54%，这一数值在较小规模中降为24%。根据受害者行业分析，在包括制造业、零售业、建造业等13种行业中，腐败舞弊的发生频率最高，平均占比半数以上。其中，能源行业、制造行业、运输和仓储行业为腐败舞弊占比最高的行业。按照高风险部门分析，腐败舞弊在各高风险部门的发生率均为最高，其中，采购部门82%的比例与其他舞弊类型差距最大。

第二节　腐败舞弊的审计策略

一、贿赂的审计策略

贿赂在一些行业已发展成为“行规”和企业运行的“潜规则”，特别是在竞争激烈的商业服务、大宗买卖、房地产、建筑业等行业，经营者借此使自己在竞争中处于优势地位，击败对手，促进交易的实现。

随着我国经济的不断发展，商业贿赂的方式也越来越多，从简单的送钱物发展到送技术服务、出国考察、旅游度假、安排子女到境外读书等；手段也越来越隐蔽，相当一部分以佣金、折扣、附赠、手续费、促销费等名义。

商业贿赂大多采取“一对一”的方式进行，一般没有第三者在场，也不会留下明显的痕迹；同时行贿受贿两方均从中获取了益处，往往会共同隐瞒相关情况。由于贿赂手段的隐蔽性和行为的诡秘性，治理商业贿赂尤为艰巨。

从商业贿赂的这些特点我们可以看出：商业贿赂行为容易造成经营者之间的不平等竞争，破坏市场公平竞争秩序；妨碍质量、价格等效能手段作用的发挥，市场配置资源的作用将失灵；增加交易成本、扭曲交易标的价格、加剧金融风险、诱发经济腐败案件。行贿的经营者做假账虚报成本，接受贿赂的单位或个人不入账或隐瞒收入，前者抵税，后者不纳税，造成国家和地方税收大量流失。同时，设立的“账外账”，将严重破坏会计信息的真实性，使会计工作难以展开，财务预算、成本控制难以实现。因此，对贿赂的审计成为反腐的重要一环。具体来说，对贿赂行为的审计可以从以下几方面入手。

（一）利用检查对佣金给付进行审查

正常的佣金是指经营者销售或者购买商品时，以明示方式支付给中间人的劳务报酬。这里的中间人是指具有合法经营资格的，在交易中能为促成交易提供劳务服务的中间人。同时正常的佣金还必须具备：（1）合法真实的业务凭证；（2）支付对象的合法性，即独立的有权从事中介服务的纳税人或个人（不应包括本企业人员）；（3）支付给个人的佣金，除另有规定外，一般不得超过服务交易金额的5%。

经营者支付给中间人佣金的，必须如实入账，中间人接受佣金的，也必须如实入账。接受佣金的中介机构应将其计入主营业务收入，属兼营业务的列其他业务收入，事业单位收取佣金的列经营收入。支付佣金的企业依其用途列入销售费用或管理费用等科目，事业单位相应地列入有关支出科目。

如果佣金的给付符合一般规定只是入账科目不正确，那只是说明不符合有关财务会计制度的规定，而不能认定为商业贿赂。所以审计时要确认给付的佣金是否构成商业贿赂还要看其实质，通常从以下几个方面着手：(1) 检查佣金给付的对象是否为中间人，即非交易对方和交易双方的关联人，交易双方的关联人是指与交易双方不具有重大经营决策的决定权、显著影响、共同控制的个人或单位，中间人是否具有合法经营资格，并利用这种关系促成交易；(2) 检查中间人的服务行为是否真实发生；(3) 检查佣金金额的给付是否超过国家有关规定的标准。

（二）利用重新执行对折扣进行审查

正常的销售折扣是指商品购销中的让利，是经营者在销售商品时，以明示并如实入账的方式给予对方的价格优惠，包括支付价款时对价款总额按一定比例即时予以扣除和支付价款总额后再按一定比例予以退还两种形式。

对于折扣的审计，审计人员在审计时可通过实施重新执行程序检查是否对折扣明示并如实入账，是否按照会计制度的规定入账。比如，企业在实际收到折扣时，记入“其他应付款”等科目，最终转入单位的净资产科目，没有按照会计制度的规定冲减购货成本，这种情形下企业就存在舞弊的可能性。

（三）利用穿行测试对回扣进行核实

正常的销售回扣是指在销售过程中，以明示入账方式，以现金、实物或者其他方式退给对方单位或者个人的一定比例的商品价款。商业贿赂中的回扣商品与正常回扣相比，最大的区别是“账外暗中”的方式。账外暗中，是指在依法设立的生产经营活动或者行政事业经费收支财务账上，未按照财务会计制度规定如实反映，包括不记入财务账、转入其他财务账或者做假账等。

回扣往往发生在具体交易之后，是卖方按交易额的一定比例支付给买方的。回扣作为一种不正当竞争手段，严重影响质量、价格机制效能的发挥，在营销中也被称为灰色销售，通过交易双方的恶意串通以及账外暗中的方式，回扣则悄无声息地进入了个人腰包或单位的小金库。接受直接给付或收受回扣的单位或个人会在账外设账、虚开账户，将收到的回扣存入该账户，为掩人耳目，有时在转账时虚签合同、虚构交易、多次转账等。

对于回扣，在审计时要注意检查单位的账户开立情况，必要时可检查单位职工个人开户情况和个人银行结算卡情况。对于接受的实物回扣或接受直接给付的实物，受贿方一般都不入账，形成账外资产，在审计时要结合询问、观察、检查等方法来查实。

二、采购舞弊的审计策略

加强采购与供应管理，降低采购成本，是企业保障经营目标实现的重要举措。通过行使审计的监督职能，开展物资采购价格审计，检查采购价格的合理性，检查定价过程的合规性，审查采购过程中舞弊的可能性，能够降低企业产品成本，提高经济效益，增加盈利。

（一）利用现场观察对供应商的资质和资历进行核查

供应商的选用要有一整套考察、导入、考评、反馈的管理机制，临时引入未经认证的供应商存在很大风险。有些采购人员故意利用紧急采购中采购审批人员来自需求部门的压力，临时选用未经考察的非合格供应商。审计人员应当通过检查供应商的工商注册信息，现场检查公司占地面积、员工人数、产能规模、现场管理（工艺、品质、员工精神面貌）等方面来判断公司规模和管理情况，判断选择这家供应商的理由是否合理、合规，以及是否满足需求。如果经过复查和调取资料评鉴，判断分析供应商与采购部门说法不一致、不合理，那么有可能就存在舞弊情况。

（二）利用检查采购报价单对采购行为进行核实

部分公司采购监督控制薄弱，采购报价没有盖章，只有签字，甚至还存在手工修改报价单的情况，这些都说明企业可能存在舞弊的漏洞。审计人员应当通过检查采购报价单等相关材料的完整性和真实性，核实采购行为。

（三）利用询问、分析及重新执行程序对采购报价的合理性进行审查

1. 利用询问程序

采购报价如果不是金额很小的临时紧急采购，一般都需要向多家供应商进行询价，如果采购人员只找来一两家供应商，或者行业内非主流的供应商，那就应该警惕是否存在舞弊或者不作为行为。审计人员应当通过询问市场报价，掌握拟审计资产不同供应商的价格信息，经比较后确定最合理的、最有利于企业的价格标准作为审计参考，对于同一类资产的市场询价，至少应当对三个以上同地区、同时期的供应商进行询价，对于只报一次价或者少于两次报价就回复是最终价格的，属于议价不充分的范畴。

2. 利用分析程序

采购人员可能通过与其他供应商串通的行为，哄抬报价，从而使和自己存在舞弊行为的供应商报价顺利成为最低报价，成功中标，使整个比价行为和结果表面上看起来有效、合理。审计人员应当实施分析程序，对企业内部以往的采购，不同时期的采购进行纵向比较，分析采购价格变化趋势、幅度；或同时期不同供应商的采购，供应商间的横向比较；不同业务板块的同类采购等进行对比，判断采购价格的合理性。

3. 利用重新执行程序

比如模具的采购中，通常模具和使用模具加工的产品都是单独报价的，这时需要仔细比较模具的价格和使用模具加工的产品的价格。有些供应商模具便宜，但是产品加工费高，而有些供应商则模具昂贵，加工费便宜，这是一个固定成本和可变成本的分析比较。审计人员应当实施重新执行的程序，对物资价格的各种影响要素（料、工、费、利、税）等进行分析、计算，确定该物品的公允价格，以此作为审计参考，冷静判断采购人员在采购决策中的误导性说辞。当涉及专业性相对较强、科技含量较高、不好确认市场价格或价格标准的资产时，可以询问专家，以提高审计的权威性、可信度，更好地达成审计目标。

三、销售舞弊的审计策略

当前，部分企业不将无票销售业务及非主营业务收入入账，形成“小金库”。这种做法不仅造成了国有资产的流失，而且还容易滋生腐败。这种做法总结起来有以下几个方面：一是截留、隐匿部分主营收入。如在经营中若对方不要发票或是企业的代销收入，企业就不作销售处理，将收入截留形成“小金库”。二是截留、隐匿销售账外资产收入。如有些企业以下属部门领料为由，将空领取的材料计入成本费用，而获得大量账外资产，由此获取的收入不入账。三是截留、隐匿对外提供的各种服务和劳务收入。如企业提供加工维修业务、运输服务、延伸劳务等形成的收入，大多收取现金，很容易成为截留的对象。四是截留、隐匿处理固定资产和废旧物资收入。如有些单位固定资产有意不留残值，以后取得固定资产残值收入和变价收入不入账；有些单位废旧物资处理收入不入账，形成“小金库”。五是只计主产品收入，相关副产品收入不入账。如有些单位，其主产品有许多副产品（如焦炭有焦油、焦粉等副产品），这些单位将所有副产品成本摊入主营成本，所有副产品出售形成的收入不入账。

针对以上提到的各种舞弊手法，审计人员在现场要针对其关键点，有的放矢地进行审计取证。

（一）利用分析性复核方法进行分析

会计核算讲究配比原则，根据这一原则，审计人员可充分利用分析性复核方法对收入的各个环节进行审查。

1. 数量分析。根据各单位正常的投入产出比，确定单位产成品的入库是否正常，进而判断有无将产品从“后门”作销售收入转出。

2. 价格分析。依据会计资料中记录的上期各主要产品的销售收入与销售数量，确定上期主要产品的平均销售价格，然后依据这一价格乘以本期销量（销售量应以销售部门提供原始出库单为依据），计算出本期销售收入，并将此收入与本期账面销售收入比较，看两者是否一致。如相差比较大，则可能有部分销售收入不入账的问题。

（二）利用现场检查对实物进行盘点

所有销售环节最终都导致实物资产的减少，企业要隐瞒货物销售额，必定要隐瞒销售数量，现场勘察就是对被审计单位的实物通过实地盘查，然后与账面核对的方法。

1. 对产成品的检查。审计人员可先对产成品入库的原始依据进行审查，确定余额后，到生产经营现场进行实地盘查，盘点数量，然后与账面结存额进行核对。如出现较大差异，则可能存在销售收入不入账的问题。

2. 对其他账外资产的检查。审计人员可先到被审计单位现场，看被审计单位有无闲置的固定资产或是账外资产，尤其是闲置的房屋和可对外进行加工的机器设备、下脚料、副产品等，然后可通过走访、询问有关人员看这些闲置资产有无出租、对外加工，下脚料、副产品等是否出售。掌握情况后再查询有关账簿，若账簿中没有反映或是部分反映这部分收入，则该单位必然存在收入不入账的问题。

（三）利用函证对往来款项进行核实

对于有些单位为了隐瞒销售行为，假借“预收账款”“其他应付款”等科目隐瞒收入的做法。审计人员首先应到销售部门取得销售原始证据（出库单或销货单），确定这些原始单据上的销货单位与财务账所记单位相符后，发询证函与其核对金额及付款日期，如对方货物已收到且款已付清，则被审计单位必定存在收入不入账的问题。

（四）从“银行对账单”入手进行审查

有的企业为了隐瞒销售收入，将产成品不入账，直接销售，所得款项不作销售处理，在“银行存款”账中转入和转出也不做记录。对此，审计人员经其他必要审计程序后，可要求被审计单位提供一定期间的“银行对账单”，或编制银行余额调节表，并经与该单位银行明细账核对后，不难发现其中漏洞。

本章小结

通过本章的学习，我们了解了腐败舞弊的相关概念、前提、原因、类型、相关规定和研究，介绍了应对贿赂、采购和销售三种常见类型的腐败舞弊的审计策略。腐败舞弊不仅可能损害企业自身及相关企业权益，同时破坏了市场的公平竞争环境。腐败舞弊审计针对企业腐败舞弊中可能存在的舞弊信号实施相应审计措施，有利于维护企业权益及市场公平竞争。

思考题

1. 除了本章提到的原因，你认为还有其他原因会产生腐败吗？
2. 你认为导致腐败舞弊最重要的原因是什么？
3. 针对贿赂、采购和销售舞弊，审计人员在审计时的侧重点有何不同？

第八章 云时代的舞弊审计

案例导入

“十四五”规划对金融机构的内部审计发展提出了新要求和新使命。在《“十四五”国家审计工作发展规划》中要求金融审计应以方法化解重大风险，建立安全高效的现代金融体系为目标，加强对金融监管部门、金融机构和金融市场运行的审计。某头部券商公司在全面开展数字化转型工作的大背景下，开展了审计信息系统的建设，领雁科技作为金融行业审计 IT 解决方案提供方，为某头部券商公司提供了智能审计平台体系建设。

该头部券商公司致力于为多元化的客户群体提供高质量金融增值服务，建立了以研究和信息技术为基础，投资银行、股票业务、固定收益、资产管理、私募股权和财富管理全方位发展的业务结构，并在国内外多地设有分公司及分支机构，在国内拥有数百个营业网点，属于规模庞大、业务复杂、标准严格的多元化集团型企业。为满足建设需求，项目以建设业内一流的融合信息科技技术、统计分析技术、人工智能技术和管理技术为核心的内部审计项目管理及数据挖掘分析系统为目标，最终形成高效承载审计数字化转型各项线上作业任务的综合管理平台，推动合规、内审与业务的深度融合，打造集中统一、全面覆盖、权威高效的审计监督体系。目前，在此头部券商公司和领雁科技的密切配合下，项目一阶顺利完成。

审计业务的特点决定了系统对数据的应用和管理的深度需求。围绕数据的全面高效应用，某头部券商公司智能审计系统进行了“采集、存储、汇集、检索及应用”的全方位管理，通过部门内部历史数据迁移、业务条线数据接入、审计数据集市建设，丰富了数据来源，解决了找数据的难题；通过支持数据查询与维护、指标设计（指标管理、指标预警、指标驾驶舱）等功能，实现自动预警，提升了审计工作的数据整合能力；通过强化数据分析、模型建立与应用，打通了数据存储与审计分析通路，让数据真正流通起来，成为审计管理工作的强大支撑；通过持续监控模块，可根据业务需要为具体指标设定预警阈值，提供问题风向预警，实现持续监控分析，尤其是针对重点客户、重点业务产品进行审计跟踪和重点项目重检。

与此同时，在数据分析的工具建设方面，该智能审计系统匹配了适用于不同技术背景的审计工作人员的工具箱。例如：通过 SQL 工具，用户可对权限范围内的数据表进行查询；通过可视化工具，审计人员可使用图谱网络、生存路径等先进的图形化工具，提升数据分析的效率和效果，也可选择数据和图表显示类型，对数据指标监测、统计分析、趋势分析一目了然，实现数据的汇总和下钻；通过机器学习与数据挖掘工具，可采用图形化操作（拖、拉、拽）实现机器学习和数据挖掘，降低高阶模型上手难度，提升审计人员开发复杂模型的能力，深入挖掘数据的审计价值；通过管理驾驶舱，可对经营指标、财务指标、风险指标、监管指标等进行综合展示，适用于多层级、多部门、全方面的数据查看；通过高级语言工具，为用户提供 Python、R、SAS 语言开发环境，支持非结构化数据分析和挖掘模型开发。诸如此类工具不再一一列举，在数据与应用的加持下，智能审计平台满足审计从基础需求到高阶需求，以多层次、全量级的高效运行为目标，快速挖掘风险线索，构筑稳固的数据应用能力。

数字化审计平台在逻辑、模式和路径上与传统审计体系存在着明显的差别，数字化审计的本质在于流程、数据、分析、IT 和组织机构（人才、文化）等开展协同调整。在与业务发展融合方面，智能审计平台以实现审计项目与部门全流程线上化管理，强化审计项目支持、助力审计日常监督、提供问题风险预警，实现合规、内审、业务深度融合的统一监控全面审计管理。

在项目全流程线上管理模块中，通过年度审计计划管理，可对所有审计项目进行详细分解、管理、查询，并对下一年度审计变化进行预测；通过项目立项、审前准备、审计实施、审计报告、归档与结项的流程管理，形成全流程合规控制、完整资料汇集、审计报告敏捷生成等多项功能，实现审计流程可视化、审计程序合规化、审计材料电子化和审计成果共享化。与此同时，为利用智能审计平台提升内审质效，通过整改情况跟进，自动提醒跟进人代办事项，支持整改问题与跟进结果的自动导出导入；通过审计内控评价体系，提供灵活定制内控评价规范与标准，对集团、部门、分支机构或子公司等进行内部控制自动量化评级，进而展现集团风险分布和趋势，推动集团审计垂直穿透管理，促进全面风险管理目标的实现。

在部门管理模块中，部门综合管理提供内审部各职能管理事宜，通过工作台、统计分析等功能，实现审计人员工作统一呈现、汇总处理、自动汇总与用户相关的项目管理、知识库、数据分析、监控预警模块的关联信息，方便对人员、项目、业务等各类情况进行综合查询、统计分析和工作推进。

在所有审计工作进行的同时，通过审计知识库沉淀审计风险、样本、资料，包含文档模板库、内外规库、项目档案库、问题库、审计资料库、审计风险点、控制点库、样本库和内外部案例库，促进审计信息共享，提升审计工作水平。

——资料来源：由网络资料改编

思考：1. 什么是智能审计？

2. 智能审计给注册会计师带来了什么样的机遇和挑战？

学习目标

1. 了解云时代对舞弊审计产生的影响；
2. 掌握“审计智能 +”的含义和特点；
3. 熟悉云时代下舞弊审计的智能化应对手段。

第一节 云时代对舞弊审计的影响

一、审计环境复杂化

审计作为促进社会经济健康、良性发展的“免疫系统”，以大数据、智能化、移动互联网和云计算为代表的数字技术支持的发展和应用给审计的发展带来了新的机遇与挑战，云时代的审计环境面临巨大变化，更为复杂的内外部环境促使审计人员改进对重大舞弊的识别和应对方法。

（一）外部环境

1. 财务共享与财务云

数字技术使得人与人、人与物、物与物的互联互通得以实现，数据成为企业最重要的资产，成为数字经济时代的“石油”。而财务是衡量所有企业经营成果的重要方面，财务数字化则可被看作是企业数字化转型的重要突破口。财务数据是核心商业语言，也是最古老的数据资源之一，不仅体量庞大，而且已经发展形成了成熟规则和逻辑体系。财务数据在云时代下将体现更高价值，一方面，其不再仅局限于报表中的一个个冰冷的数字，而是能够反映如宏观经济、企业行为、消费者偏好等全方面的数据；另一方面，财务工作的自动化、智能化、数字化将赋予财务数据更旺盛的生命力，同时云计算的高效性、便捷性、通用性和可扩展性极大地影响着审计工作的变革与发展。

财务共享是一种将分散于各业务单位，重复性高，易于标准化的财务业务进行流程再造与标准化，并集中到财务共享服务中心统一进行处理，达到降低成本、提升客户满意度、改进服务质量、提升业务处理效率目的的作业管理模式。中兴通讯在2005年将各个业务单位的财务工作进行标准化、流程化再造，并集中至财务共享服务中心统一处理，建立了我国企业第一个财务共享服务中心。财务共享以信息技术为支撑，实现了财务的一体化和信息化。财务云作为企业的大数据中心，将企业财务共享的作业管理模式与云计算、大数据、移动互联网等数字技术有效融合，对企业内外部大量、多结构、多来源的数据进行挖掘、处理与分析，释放数据价值，实现财务共享服务、财务管理、资金管理三合一，从而对社会商业模式和企业管理方式都产生了极大的影响。

财务共享和财务云推动了集团财务管控向业务管控转型，云计算可以提供高效的数据储存、共享和处理，突破了时空和传统财务的约束和限制，审计模式也随之发生改变，以实时现场审计为基础加之远程云审计，审计环境更加复杂，如何识别和应对被审计单位的重大舞弊行为是舞弊审计的关键所在。

2. 智能化与移动互联网

1994年，中国接入了国际互联网，时至今日，移动互联网高速发展。超大规模集成电路技术和移动通信技术的飞速发展，带来了手机功能的飞跃，从计算的能力方面看，今天一台普通手机的运算能力，已经超过了几十年前只有军事研究机构才能装备的那些超级计算机，这依赖于其后台的云计算的运算、储存能力和移动互联网传输速率、稳定性的飞速提升。“智能化”包括物联网和大数据挖掘支撑的人工智能，移动互联网、物联网的结合，使大数据的产生与收集成为可能。互联网、共享经济、移动支付的快速变革进一步改变了我国企业的商业模式和账务处理模式，云计算的发展和移动互联网的应用使分布式记账和云财务成为未来财务变革的重要趋势。

智能化很可能改变整个工业体系生产模式，并带来被审计单位生产成本核算模式的巨大变革，智力将作为一种成本资源耗费被计量与反映。智能化在生产中通过采集和理解环境信息和自身信息的能力，实现人机一体化，使生产过程在“人工智能”的协同作用下，发挥人的作用，从而达到人机在各个层面的优势互补。以往需要若干个程序或者网站来执行的项目，现在可以仅仅由一个App搞定，如通过“支付宝”App，人们不仅可以支付各种费用，还可以与国家的医保体系有效联动。移动支付平台的普及不仅使我国支付体系正朝着非现金结算的方向发展，还促使更多企业改变了商业模式以提升行业竞争力，与生活及公共领域的结合使居民消费的模式也逐渐改变。移动支付技术与移动通信技术、互联网技术相融合，改变了企业财务结算、对账、资金转移交付模式，使被审计单位的结算方式发生了很大的变化，对审计的要求也随之改变，传统的审计已无法适应新的要求。

审计程序的有效性和审计证据的充分性是规避审计风险的重要前提，而在云时代，智能化与移动互联网的高速发展和普及使被审计单位的相关数据和信息储存在云端服务器，借助互联网实现流通与交付，服务器上的数据审计库是审计证据的重要来源，且大多审计证据是以电子证据的形式存在。在这种情况下，审计证据具体的储存位置具有不确定性，并且可以在整个服务器上流通，往往具有较高的流动性，这样的特性使相应的经济业务难以追踪，增加了获取充分、适当的审计证据的难度。

（二）内部环境

1. 控制环境

共享财务和财务云促进了被审计单位经营模式与网络的整合，使集团财务趋于集中，集团财务数据中心承担了集团财务，数据存储、安全等功能；智能化和移动互联网对被审计单位的生产转型起到了促进作用，并且使公司的结算方式发生了变化。

云时代加速了被审计单位信息流、资金流和物流的流转速度；经济社会、信息技术的变化进一步提升了组织的控制环境；企业的组织架构、职责分工以及企业文化不断自我调整以适应新经济时代、新制造方式、新结算与财务模式的要求。企业的控制环境更为规范、严谨；内部控制由人工控制转变为人工控制与技术控制并重，依赖技术及网络实现实时敏捷响应；移动设备终端转变为实时处理工具，互联网的普遍应用、信息公开制度的推广使非现场审计信息交互成为可能。

2. 大数据环境

云时代下，非现场审计、自动化审计、实时审计等各种远程的信息技术审计被越来越多地应用于舞弊审计当中。而在企业运用这些技术的同时，数据的收集、传送、分析和存储的过程也面临着很多问题与挑战，大数据的复杂性和综合性使传统的安全预警已不再适用于当今的舞弊审计环境，信息所面临的风险也逐渐增加。

在云时代，被审计单位的数据以几何级数的速度增加，审计也面临着海量的信息。被审计单位财务系统、业务系统、生产系统、管理系统数量庞大，它们相互联系，相互制约。大部分信息化快速发展的企业或已设立了数据中心，形成了集团财务信息共享与控制的集成模型，建立了数据中心进行分析和改进；通过财务云，实现信息共享、资金和管控三位一体的管理，使审计工作面临着新的挑战与机遇。

大数据带来了新的挑战。噪声数据多、数据真实性、数据可靠性、系统控制风险成为审计工作者要解决的重要问题。一是噪声数据影响了审计效率。在云时代，被审计单位财务数据来源于财务云或各个应用系统，数据来源及类型的多样化会影响到审计人员对数据的分析。二是需要验证数据的真实性和可靠性。与纸质资料相比，电子资料容易被篡改、损坏，而被审计单位的电子数据依赖于信息系统与人力进行操作，其真实性与可靠性难以保证。三是云计算时代，审计数据与业务系统和云环境都有很大的关系，系统的风险是影响审计质量的关键，审计人员为避免假账真查，需要对应用系统及云环境进行控制测试以评估系统风险。四是云时代对审计综合性人才的技术水平提出了更高要求。审计人员需具备信息系统审计能力、云环境部署及评估能力、大数据分析能力。

大数据同时也带来了相应的机遇。首先，大数据打破了原有审计方式和能力限制，使全面审计成为可能，避免抽样审计带来的抽样风险，简单的整体审计比复杂的样本审计更有效。其次，数据的混杂性不一定是审计的障碍，恰当地运用数据分析技术，混杂性可成为审计发现疑点的有效手段。大数据技术使隐藏在数据中的信息在恰当的分析方法下易被识别，审计取证及精准定位更为便捷，大数据的审计既能满足总体把握的要求，又能满足把握大案要案的要求。最后，大数据注重数据间的相关性和科学性，改变了传统因果分析的思路。大数据条件下，相关关系的确定比因果关系的确定更便捷，审计通过数据间的相关性可进行综合利用，利用相关关系比利用因果关系更为节约审计资源。同时，审计人员实现了对业务底层数据的回归，可以有效提高结构的科学性。

二、云时代舞弊审计面临的风险——安全性

审计风险准则是整个审计准则体系的核心准则。中国注册会计师协会 2022 年修订的《中国注册会计师审计准则第 1101 号——注册会计师的总体目标和审计工作的基本要求》第十三条中将“审计风险”定义为：当财务报表存在重大错报时，注册会计师发表不恰当审计意见的可能性，审计风险取决于重大错报风险和检查风险。云时代舞弊审计面临的风险关键在于安全性，具体表现在如下几个方面：

（一）数据的安全性和保密性

云时代下，数字技术使审计单位与被审计单位的数据都会被上传到云端服务器，由云端服务器的供应商对其储存、传输和处理进行管理，而数据的来源单位对自身上传的数据的控制能力被削弱了，数据的安全性和保密性都难以保证。一旦云端服务器的供应商私自披露或泄露各单位的内部数据和敏感信息，将会使该单位面临极大的风险，同时也会对整体审计工作造成较大影响。除此之外，供应商的技术水平和管理水平、云端服务器的安全性和规范性以及同一服务器的其他用户都会对云端审计数据的安全性和保密性造成一定的

威胁。

安全问题迫使审计师更加重视大数据。被审计单位的经营环境、经营模式、资金流状态、信息交换方式均发生了巨大改变，大数据成为云时代的突出特征，经济、能源、环境、信息、财政、网络等关系到整个经济社会运行的宏观安全性目标成为新增的审计目标。首先，大数据使国家审计的宏观安全目标得以实现。从国家治理的角度来看，经济、能源、环境、信息安全等都将直接影响到国家的战略发展和在世界上的地位，因此，经济社会运行的安全性成为国家审计的重要目标。其次，从微观角度来看，企业的所有财务和经营行为都依赖于信息系统、网络和云服务，合理的内部控制可以有效地减少舞弊行为。数据的云端储存和传输是否建立了严格的安全监管机制，信息加密和数据隔离等各个方面是否有相关安全技术支持，系统和数据库是否做到了日常安全性检查以及是否建立了调查、取证和追溯体系都会对安全性造成影响。安全的计算机运行系统和网络环境是云审计健康发展的重要基础，信息系统的稳定性和云服务的稳定性对组织的可持续运营具有决定性的作用，而数据的安全与否将直接关系到企业的业务模式和竞争优势，而安全则是微观组织的社会审计和内部审计的重点。

（二）内部控制的难度和风险增大

云计算对企业经济管理的影响是多方面的，在云时代，企业的内部控制在内容和形式上都发生了较大的变化。有效的内部控制，对云审计的健康发展和风险规避都有着积极的作用。但目前来看，在云审计体系建设的过程当中，硬件的建设和业务流程的优化占据了主导地位，而内部控制的建设往往被忽略。实际上，由于公用云端服务器和共享资源的用户过多，导致了用户间的安全隔离方面存在较大的风险，审计单位在对被审计企业内部控制的有效性单独进行评估时，存在较大的不确定性，这将会增加云审计的难度和风险。

云审计建立在众多企业用户和审计单位共享云端服务器和云端资源的基础上，云审计面临的内部控制面向一个复杂的综合性系统，在此情况下，审计人员很难对某一个企业用户的内部控制有效性进行合理评估。在云审计工作过程当中，审计人员难以做到对整个系统内部控制的有效性进行评价，不能确保内部控制能够发挥应有的作用，很可能无法及时发现系统整体内部控制机制当中存在的问题或潜在的问题并作出合理的应对，从而不能保证整个系统的有效运行和各企业用户内部控制的有效性。

（三）信息风险和经营风险增加

以大数据、智能化、移动互联网和云计算为代表的数字技术变革产生了新的商业模式，而二者间的高度融合所带来的经营风险和信息风险对舞弊行为产生了巨大影响。

首先，环境的改变和不确定性会给企业带来潜在的经营风险，容易诱发舞弊动机。在云时代，新的经济形态层出不穷，产业的变化风起云涌，而外部的监管环境常常无法跟上商业模式的变化。为谋求发展进行创新转型很可能导致决策错误或者为达到战略目的而产生经营失误，从而导致公司管理层的舞弊行为。另外，由于信息资源如网络、存储和云计算等本身的脆弱，容易受到人为因素、技术漏洞和管理漏洞等因素的影响，导致信息风险的发生，增加了会计报表整体层面错报的可能。

其次，随着企业经营方式的迅速变化，企业面临着越来越多的控制风险，如果管理层在控制目标和控制措施上不能适应整个层面，就容易出现舞弊行为。并且技术变革所产生的风险控制更加复杂。随着新技术的飞速发展，技术环境的改变使企业的信息流、资金流流转更快，财务云计算、手机支付等对技术条件的要求也越来越高，因为信息技术的隐蔽性、数据易被篡改、无痕迹、不易识别，极大地增强了组织舞弊的能力。

三、审计模式和审计方法的转变

云时代下，数字技术已经逐渐渗透到各个领域，审计的实践与发展也受到了一定的影响。

审计模式上，借助云计算技术，审计范围逐渐扩大，数据的收集、整理和分析效率都大幅提高，推动了抽样审计向总体审计的转变。传统审计一般以事后审计为主，导致审计工作存在一定的滞后性，同时考虑到审计效率和成本，审计人员往往只是抽取被审计单位的部分经济活动有关数据和信息进行审计，在这种情况下，日益复杂的经济活动很难被全面地反映出来。而云时代，被审计单位可以将其日常经营管理的相关数据与信息及时、完整、真实地上传，就能通过云计算与大数据技术形成该单位的全面审计资料，利用云计算技术建立覆盖各企业单位、各行业所有经济活动的审计数据库，并对其进行全面审查，实现总体审计的实施，这极大地拓展了审计工作的范围，同时提高了审计人员收集审计所需数据和信息的效率。同时，将云计算应用于相关数据的处理和信息的审查工作，也能够在很大程度上节省审计人员的精力与时间，能够把握被审计单位经济活动的全貌，更可能发现抽样审计模式下难以发现的问题，提升审计工作效率，降低审计风险和审计成本。云时代的舞弊审计将面向更广的审计范围，更加注重数据的完整性、系统性和使用的效率性，利用云数据库、数据挖掘、联网审计等新型技术手段，不再深究某项审计活动的细枝末节，而是关注审计数据的实效性和效率性，充分发掘审计数据的价值，掌握被审计经济活动的发展趋势，从而提升整体审计质量。

审计方法方面，数字化反舞弊系统是云时代下企业防范舞弊的重要手段，会计师事务所和企业开始通过构建舞弊全景画像和分析舞弊行为图谱进行审计。舞弊全景画像可以基于企业人、财、物等各类业务数据信息，通过对不同风险对象的全方位梳理，快速发现目标对象的违规行为。系统会根据需求设置风险画像基础维度，以及一整套风险定义、风险发现、风险识别、风险驱动的监管闭环应用工具，通过知识图谱的动态标签技术实现对企业及人员的谱系关系进行全景、多维识别。此外，运用图谱分析，通过异常行为识别引擎，根据深度图谱关联分析，可以发现各种显性和隐性的复杂多层级关系，有助于提高舞弊行为甄别能力和降低人工核查成本，极大地提高舞弊案件的核查效率，提升反舞弊的及时性、规范性和有效性。

第二节　云时代舞弊审计的智能化应对

面对云计算环境下的审计对象，如何提升审计工具的信息化水平，充分保障审计在国家经济社会健康运行中发挥“免疫系统”揭示、抵御、预防各项功能，推动完善国家治理，是时代赋予的一项紧迫任务。

云时代，审计应结合现代信息技术的最新成果，加快“审计智能+”建设，利用区块链技术实现全数据授权共享的智能审计新模式，同时加强企业间、组织间的监管力度，不断完善政策法规，以适应新时代对审计监管的要求。

一、云时代的“审计智能+”建设

（一）“智能审计”与“审计智能+”

“智能审计”一般指利用人工智能、区块链、云计算等信息技术，实现对审计海量数据的并行处理、审计经验的自学习、复杂交易的自关联、审计疑点的自发现过程借助人工智能技术监控交易活动并发现舞弊行为，可有效降低差错率，避免人为判断的主观影响，改善决策制定流程，为审计师对海量交易进行高速、有效分析并发现风险提供技术支持。目前许多金融机构已经将人工智能应用于智能卡系统并进行舞弊检测，国际四大会计师事务所也在探索使用人工智能技术进行大批量的合同审计及估值测试。

“审计智能+”是借助5G与区块链的支持，通过物联网中的各类传感器进行数据采集，并在物联网中各节点上加载人工智能算法的处理器进行审计数据分析，再由物联网中输出终端生成审计报告的审计全过程自动化运行环境。

进入大数据时代，审计实务逐步迈入以人工智能技术为基础的智能审计阶段，审计人员利用先进的网络通信和计算机技术，将人工智能应用于审计数据分析，及时发现异常值，辅助开展审计工作。与手工审计相比较，智能审计提高了审计效率，保证了审计质量。但是这一模式下数据输入和数据输出阶段的智能化技术相对薄弱，远未实现自动化。为满足审计全覆盖的要求，面对庞大的数据量和复杂的数据结构，仅辅助于数据分析自动化的智能审计显得捉襟见肘。作为一种全流程自动化的审计模式“审计智能+”顺应时代发展的要求，成为继智能审计之后的必然选择。它通过整合5G、物联网、人工智能与区块链，保证数据自产生开始便在线上真实、完整地运行，实现审计数据采集、分析和报告的自动生成，极大地提高审计效率，保证审计质量，增强审计权威性，这不仅是对智能审计的一种升级，更是对现有审计模式的一次深刻革命。如果说智能审计只是辅助审计人员的工具，那么结合了5G、物联网、人工智能和区块链的审计全过程自动化的“审计智能+”则是一个能够独立工作的“审计人员”。

（二）“审计智能+”构建的必要条件

1. 审计任务自动化处理

审计任务能否自动化处理取决于审计任务的结构化程度。审计任务结构化程度越高，越适合计算机自动化处理。1999年，美国Abdolmohammadi教授与49名审计经理和合伙人对332项审计任务进行评估，发现结构化、半结构化和非结构化审计任务分别占39%、41%和20%，其中80%的审计任务在一定程度上适合进行自动化处理。随着技术的进步，审计任务自动化的适用范围也在不断扩大。有着明确定义的、流程的、大量的、重复性的、成熟的任务特别适合自动化。账目核对、内部控制测试、细节测试等重复性工作完全可以实现自动化。

2. 审计技术支持

审计自动化是“审计智能 +”的典型应用，突出特征是能够模拟审计人员开展审计工作，相应地，组成审计自动化应用的相关技术也可以进行拟人化处理。图 8 – 1 展示了审计全过程自动化的场景。

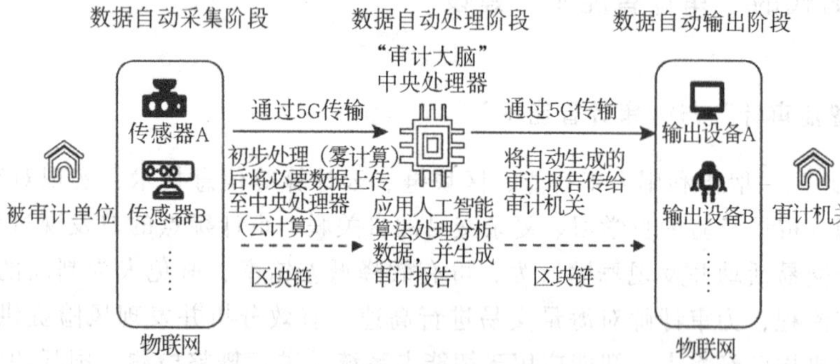

图 8 – 1　审计全过程自动化示意图

（1）5G：“审计智能 +”的“血管”。作为一种数据传输技术，5G 的重要价值在于能够使数据在不同设备间实现快速互联。5G 数据传输率高，比 4G LTE 蜂窝网络快 100 倍；网络延迟较低，是 4G 的 1/70 – 1/30，在相同时间可以使数据传输的距离更远、传达的设备更多。市场庞大、成本低、系统容量高、连续广域覆盖的 5G 能够为审计全覆盖和实时审计提供技术支持，即使在偏远地区也能够使审计数据被全面获取，并保证数据在上下级之间和不同行业之间的纵向与横向快速传输，在“审计智能 +”应用中承担起“人体血管”的功能。

（2）物联网设备：“审计智能 +”的“器官”。物联网是将物件通过各类传感器链接并互联成网。物联网将现实世界数字化，拉近了分散的信息，统整了物与物的数字信息。物联网发展势头强劲，2018 年中国信息通信研究院发布的《物联网白皮书》表明，物联网智能终端由于分布范围广、数量众多等特点，网络需要具备超千亿连接的支持能力，满足 100 万/km^2 连接数密度指标要求，保证终端的超低功耗和超低成本。而 5G 凭借“低功耗、大连接、低时延”特点，解决了传统移动通信无法很好支持物联网应用的问题。

在审计领域，物联网依托自身网络中的各种设备，模拟审计人员的技能，完成审计全过程自动化所需的功能。例如，物联网中红外感应器、全球定位系统（GPS）、激光扫描器等信息传感设备能及时捕捉外界信息，相当于人的眼睛或耳朵；加载人工智能算法的各类处理器可以进行数据处理与分析，相当于人的大脑；机械臂等工业机器人能对处理结果作出反应，相当于人的四肢。

（3）人工智能：“审计智能 +”的“逻辑思维”。人工智能是基于人工智能算法，通过机器（尤其是计算机）对人类智慧的模拟。它能系统正确地解释外部数据，从数据中学习并利用所学实现既定的目标和任务，可以类比为人脑的逻辑思维。在审计工作中，人工智能不仅为数据的获取提供多样化的方式，还可以在数据分析和结果呈现环节大大减轻审计人员的脑力负担。

作为人工智能的重要应用领域，自然语言处理和人工神经网络等技术可极大地促进审计数据获取的自动化。其中，自然语言处理是以处理人类语言为任务的计算技术，主要关注人—机之间的交流。审计过程中获取的大量信息以合同、制度、会议纪要等文本形式储存，由人工进行查阅，效率低、错误高。自然语言处理技术可以根据审计需要，对大量文本进行快速分析，提取关键信息，实现对风险点的系统检索，避免人工审查的知识局限与漏判误判。在结果呈现环节，自然语言处理技术将数据分析结果以电子文本或语音形式予以多维度、立体化呈现，既能帮助审计人员发现问题产生的深层次原因，还能为持续审计和风险实时预警提供技术支持。人工神经网络是模仿人脑神经结构和功能的模型，用以记忆和处理外界信息，动态监测录入数据的变化，给出实时反馈意见。人工神经网络具有自学习、自适应的能力，能够像人脑一样不断纠正错误、加深正确意识，提高对事件的识别和预测能力。基于人工神经网络构建的审计意见预测模型能够达到非常高的准确率，而且人工神经网络自身由许多“神经元”——处理器节点组成，与物联网能够天然融合。

审计数据的处理可以采取云计算和雾计算相结合的方法。云计算将被审计单位的本地数据传输到网络中央处理器，再利用中央处理器上加载的人工智能算法对数据进行分析处理，最后将处理结果传给审计机关。其优点是中央处理器算力强大，能够处理大规模复杂数据，但缺点是网络传输成本高、数据传输延迟高。雾计算将数据采集、数据处理和应用程序集中在物联网边缘设备中，利用嵌入式人工智能算法就地处理数据。与云计算相比，雾计算具有低延迟、省核心网络带宽、省电等优点。由于数据标准化是实现数据自动化录入最重要的前提，通过雾计算即时将非标准化数据转化为标准化数据后传到云端，或只将初步处理后的必要数据传送到云端再由云计算对数据进行处理，能更快地得到处理结果，也会减少核心网络与中央处理器的压力。

(4) 区块链：“审计智能 +”的“免疫系统”。区块链是一种按照时间顺序将数据区块以链条的方式组合成特定数据结构，以此验证和存储数据，并以密码学方式保证的不可篡改和不可伪造的去中心化共享总账。

区块链技术是审计数据的安全保障。区块链中的数据传输和访问会被加盖时间戳，利用密码学方法保证安全并采用分布式方式进行储存。在这种环境下，审计数据的真实性和完整性得到保证，审计数据的防伪追溯更加便捷，审计预警和处理分析得到数据支持。区块链技术构建起“审计智能 +”的免疫系统。

区块链技术是审计全过程自动化的助推器。区块链能够将价值数字化，以比特币为代表的加密电子货币交易可直接进入“审计智能 +”网络，交易的每一个环节都被实时、真实地记录在分布式账簿中，降低审计过程中追溯交易真实性和可靠性的难度。区块链技术的另一应用是智能合约，可在不依赖任何中心机构的情况下自动化地代表各签署方执行合约，能够有效防止欺诈或审计合谋。在区块链中加入自主审计技术，能够对疑似交易进行预警，发出预警信息，由交易的后续参与者对交易的真实性进行验证并加盖时间戳，自主完成对交易的合规性审计，实现审计的自动化。

（三）我国“智能审计 +”建设

从基础支持上看，我国现有审计信息化已在硬件、软件和数据方面有了一定的积累。

"审计智能+"建设在此基础上进行升级，不仅速度快，而且能够节约资金。首先，借5G设施建设如火如荼之机，将审计信息化中已经建成的审计网络切换到与5G连接，实现高速的数据传输。其次，对"金审工程"中已经成熟的审计管理系统、现场审计系统和联网审计系统进行人工智能化改造，使其能够应对大数据的挑战并自动生成审计报告。最后，梳理现有审计项目，挑选出适合开展数据自动录入的审计项目，搭建数据采集物联网。如此，具备审计全过程自动化的"审计智能+"雏形便搭建完成。通过小范围的试运行、反馈与调整之后，可以分阶段进行推广。

从区域范围上看，"审计智能+"建设应做好统筹规划、分区域推进的整体设计，即首先从大城市展开，发挥大城市资金充足、基础设施完善、人力资源丰富、信息化技术前沿等优势，完成"审计智能+"从理论到实践的落地。其次，在"审计智能+"项目经验成熟之际，同时二、三线城市5G基站等基础设施得到完善之后，再将"审计智能+"落地的成熟经验推广至二、三线城市，以缓解二、三线城市资金压力大、人力资源不足、项目开发水平有限等不足。待全国大部分地区均已完成"审计智能+"项目的落地之后，进一步在全国范围内统筹、优化和调整"审计智能+"项目中的部分细节。

从技术发展的角度看，5G与物联网决定了审计全过程自动化的组建能否成功，人工智能赋予审计全过程自动化灵魂。在资源、条件有限的情况下，我国"审计智能+"建设的技术发展应分阶段、有重点地推进：第一阶段组建"审计智能+"的5G、物联网等硬件基础设施：第二阶段通过前期积累的数据训练人工智能算法、开发更丰富的人工智能应用以实现更多功能，重点开发有关数据自动化采集的人工智能算法并与物联网中的智能终端进行整合；第三阶段应用区块链技术确保数据的安全性和真实性。整体而言，"审计智能+"建设与"金审工程"项目建设有许多共同点，比如均为从硬件建设开始，再到软件开发，最后对整体进行完善。

二、云时代审计监管机制

云时代，基于区块链的"智能审计+"更需加强企业间、监管机构间的监管力度，不断完善政策法规，以适应新时代对审计监管的新要求。

（一）建立健全市场经济体制

被审计单位发生舞弊的根本原因在于被审计单位舞弊的违法收益大于不舞弊的合法收益，没有建立舞弊的违法收益小于不舞弊的合法收益的正常市场秩序，阻碍经济的健康发展。目前，我国资本市场发展不完善，信用体系不健全，经营体系、行业评价体系不规范等，成为推行审计监督的外部制约因素。因此，应积极改革市场经济配套运行机制，建立健全市场经济体制，规范经济主体的市场行为，不断提高审计实效性。

（二）加强监管并加大处罚力度

云时代，舞弊惩罚机制应重点加强对违法违规行为的惩罚力度。一是加大现有法规规定的经济处罚力度，随着现代生活水平的提高，原有规定中的处罚金额已远远低于违规人群舞弊获利金额，因此，才有越来越多的高管或公司无视国家法律法规，明知违法违规却屡禁不止，皆因违法成本低廉。二是加大对违规企业、组织和个人的非经济处罚力度，对违反相关规定、造成重大损失的行为人、会计师事务所及相关高管，从严惩戒，加大市场禁入、吊销资格、行业禁入等惩处力度，使处罚措施能够起到震慑作用以警示后人。三是严格执法，严格依法依规办事，对违法违规行为顶格处罚，避免"警告、谴责、批评"等大多无实质性内容的处罚方式，避免对违法行为处罚轻若鸿毛，失去法律法规的尊严。

（三）完善信息公开机制

一是要推动各级政府部门及时公开相关政务信息，尤其是特许市场主体的行政许可、行政处罚等信息。二是要建立多部门参与的信用信息共建共享机制，加快建设统一信用信息共享交换平台，鼓励和引导企业更多地自愿公示有关信息。首先，加强对非上市公司工商信息、税务资料、关键交易信息的分步式公开机制。其次，扩大智能云中的信息共享试点，在成员间以授权形式点对点公开部分信息，为信息公开机制的推广探索有价值的实现路径。最后，在全国范围建设信用共享交换平台，以有效监督被审计单位的合规合法经营，有效打击违规链条中的组织违规行为。三是要强化信息沟通机制。加强审计、税务、工商、银行、公安、纪检、监察部门、组织间的信息沟通，形成成果信息共享，比如，经济责任审计发现的线索，报告给组织部门后，应及时反馈至同级或上级纪检、监察部门，以有效打击违规行为，防范市场风险。

（四）积极提高审计人员的技能水平

被审计单位舞弊发生概率越大，审计主体在云时代的审计监督成本越大。为了有效降低被审计单位舞弊发生概率，并促进审计主体积极实施监督，应努力提高审计人员的综合技能水平，提高审计监督的效率和效果。在同等任务的情况下降低审计资源配置，努力降低审计监督成本。

（五）建立完备的舞弊举报机制

云时代，信息交换日益频繁，互联网的迅猛发展带来了信息沟通的便利条件。应进一步加强舞弊举报机制建设，具体可采取以下两种方式：一是建立网上举报平台。采用互联网等现代手段建立公共举报微信号、公开审计监督微博，采用计算机智能分析方法对举报案件进行初步筛选，尽量减少噪声数据对审计监督的影响，让更多的有价值线索通过举报制度进入审计监管环节。二是建立网上舆情监测平台。现有舞弊许多是通过网上平台、新闻媒体揭示出来的。采用计算机分析技术，利用网络爬虫及文本挖掘技术，实时分析网上舆情。发现问题及时响应，建立实时舆情监测与响应机制，有效发现审计线索，监督经济运行中的不和谐因素，预防苗头性风险的大规模爆发。

本章小结

基于大数据、人工智能等新技术构建的智能审计体系能够实现审计全过程自动化，将审计人员从重复、烦琐、密集的审计工作任务中解放出来，极大地提升审计效率和审计效果。但是智能审计的发展同时也受到人员素质、软件开发、硬件维护等应用成本和数据隐私、数据保密等法律方面的制约。政府部门应根据智能审计发展的需要，从经济政策方面予以激励，同时完善相关法律制度，推进各个大数据平台的对接，采取“应用分区域推进、技术分阶段发展”的步骤推进中国特色的智能审计体系的建设。在国际社会争先恐后地将审计工作与大数据、人工智能技术、物联网、区块链技术结合的背景下我们更需要紧跟智能审计发展的趋势，加大对智能审计平台建设的资金投入，重视对前沿技术的研发，鼓励我国智能审计平台服务商的发展，争取在国际审计智能化领域抢占先机，成为智能审计领域的世界引领者。

思考题

1. 什么是云时代？
2. 你认为云时代给审计带来的影响是好还是不好？
3. 你认为该如何确保云上环境的安全合规？
4. “智能审计”与“审计智能+”有什么异同？

第九章　反舞弊机制的框架及构建

案例导入

2022年11月7日，元气森林披露，元气森林某省区张某（在职）、徐某（已离职）等人因涉嫌违法犯罪，已被公安机关刑事立案侦查。目前，公安机关已成立专案小组进行进一步侦查。在上述通报中，元气森林并未透露相关人员的具体职务、案由和涉案金额。其相关负责人表示："只要触犯公司'高压线'，无论职务高低，资历深浅，公司一律采取零容忍态度!"

这是元气森林首次对外公开反腐治理的情况，颇有"杀一儆百"的意味；值得注意的是，元气森林还以此案为背景，说明其组织架构调整下的"渠道建设"是重中之重。

在发展早期，这家新消费企业注重开拓电商和便利店，通过避开与饮料巨头在商超等渠道直接竞争"撕开了一道口子"。但随着元气森林不得不从传统渠道中寻求增量，如何"玩转"这盘陌生的游戏成了必须解决的问题。

正在调整架构的元气森林也由此入手"堵漏洞"。据悉，该公司于今年成立了稽查部，对员工在职时和离职后的工作进行审计。"我们部门的职责就是把公司员工的工作状况放在桌面上、阳光下，不给腐败问题产生的土壤和条件，为公司健康发展保驾护航。"元气森林市场稽查部负责人称。除了设立专职部门，元气森林还出台了系统措施，包括持续强化干部的离任审计、重点业务的专项审计、招标采购领域的合规流程及审核等。

在过去半年多里，元气森林在例行内审内查的同时也调整了组织结构。一是继续向传统行业学习，将原有销售单元重新划分大区制度，进一步提高组织效率，缩短管理者管理幅度，让信息传递更加透明畅通，使管理更精细化；二是优化组织迭代升级，进一步扩大中后台组织协调能力。

事实上，对于贪腐治理，元气森林的"前辈们"已经设置了多道防线。

例如，设立专职审查和反腐的部门属于较为常见的措施。据了解，农夫山泉便设有审计稽查中心对各类舞弊、违规问题进行调查。华润怡宝成立了党风廉政建设和反腐败工作领导小组及协调小组，并会在内部召开的警示教育大会上通报其纪委查办的典型违纪、违规、违法案件。

康师傅则成立了稽核室，去年对公司内部控制、风险管理、采购管理等板块开展27项专项审计，全面强化公司反贪污、反舞弊管理。2021年，康师傅有1起由其发现并依法移送公安机关处理的下属子公司员工贪污案件，涉案员工经法院审理被判处有期徒刑2年，追缴涉案赃款退还公司。

此外，开放举报通道的做法也被普遍采用。以农夫山泉为例，该公司称“鼓励员工揭发公司内外可能存在的欺诈、贪腐、贿赂以及重大舞弊行为”，并制定举报人保护机制，若发现并查实对举报人进行打击报复者，公司将给予严肃处理。

康师傅则在稽核室下设企业安全组，专职负责检举案件的分析、调查与处理工作。举报调查完成后，稽核室会出具内部调查报告，分析舞弊发生原因并对强化反舞弊体系提出改善建议。

除了建立严格的审查机制，饮料企业也注重从员工抓起，包括开展反腐教育、建立个人诚信体系等。

例如，农夫山泉称，其反贪腐培训100%覆盖了包含董事会成员在内的全体员工，反贪腐培训时长共计66319小时，此外，还通过推进信用体系的建设进一步完善反贪腐管理体系，从招聘入职、在职教育、规章制度、绩效晋升、舞弊调查、员工信用档案建立、合作伙伴资信评价、反舞弊联盟诚信档案和司法惩戒宣教全方位提升信用体系管理。

——资料来源：《界面新闻》

思考：1. 为何企业都在强调要遏制企业舞弊行为？

2. 本案例中，企业采取了哪些措施完善和建立公司的反舞弊机制？

学习目标

1. 掌握反舞弊机制的主要理论；
2. 理解反舞弊机制中的责任问题；
3. 掌握反舞弊机制的构建。

第一节 反舞弊机制的框架

一、反舞弊机制的概念和意义

反舞弊机制指为了防止舞弊，加强公司治理和内部控制，降低企业风险，规范经营行为，维护企业合法权益，确保经营目标的实现和企业持续、稳定、健康发展，保护股东合法权益，根据经营目标及法律、法规，结合企业的实际情况，制定的用以规范企业中高级管理人员及所有员工职业行为的一种制度。

企业应当建立反舞弊机制，坚持“惩防并举、重在预防”的原则，明确反舞弊工作的重点领域、关键环节和有关机构在反舞弊工作中的职责权限，规范舞弊案件的举报、调查、处理、报告和补救程序。通过反舞弊机制的建立，企业要将反舞弊工作的重点放在重点领域和关键环节，防范并及时发现舞弊行为的发生。在所建立的反舞弊机制中，要规范相应的舞弊案件查处程序，以便对舞弊案件及时进行处理和纠正，并在反舞弊过程中不断完善内部控制体系。

《企业内部控制基本规范》第四十二条规定“企业应当建立反舞弊机制，坚持惩防并举、重在防预的原则，明确反舞弊工作的重点领域、关键环节和有关机构在反舞弊工作中的职责权限，规范舞弊案件的举报、调查、处理、报告和补救程序。”

二、反舞弊机制的理论

美国著名的特雷德维委员会（Treadway Committee，1987）提出了著名的“反舞弊四层次机制”理论，它全面地阐述了企业反舞弊的防治体系。该理论建议任何组织实体可通过建立下列四道防线来防止企业舞弊：高层的管理理念、业务经营过程的内部控制、内部审计、外部独立审计，如图 9 - 1 所示。

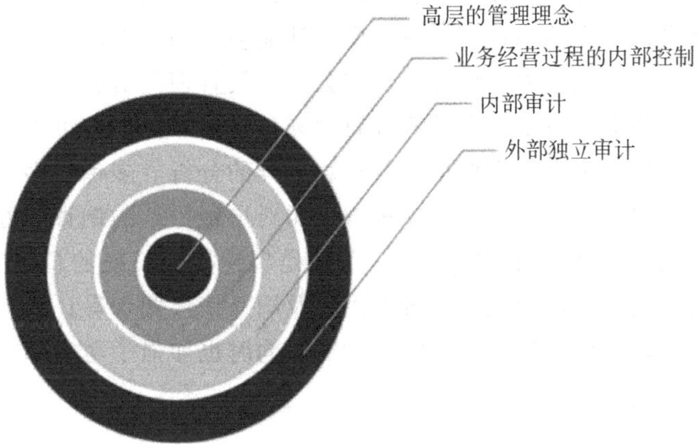

图 9 - 1　反舞弊的四道防线

这些控制机制相辅相成，共同形成综合的、多层面的企业反舞弊防线，能有效地检查和威慑企业舞弊。

1. 高层的管理理念

企业舞弊，尤其是企业舞弊性财务报告的产生环境在很大程度上取决于整个公司的管理思想，其具体表现形式为公司书面及非书面的管理规章等。该防线是防止企业舞弊性财务报告举足轻重的一环。为确定和宣传正确的管理思想，上层管理人员必须辨别和判断可能导致企业舞弊的各种因素并设立内部控制制度，以合理保证防止和及早发现企业舞弊。所有公司均应制订、完善并执行有效的公司管理规章，规范员工的可为行为与不可为行为。

此外，稳定的规章制度是公司防止企业舞弊的重要前提。只有建立成文的、完善的公司管理规章，才能为内部成员树立明确的道德守则，引导员工行为趋向公司利益最大化，从整体上透彻理解整个公司的目标和活动。

2. 业务经营过程的内部控制

广义地讲，可将保护某一实体的资产或法定权益免受损失或虚报的任何控制方面称为一项内部控制。这一内部控制系统包括五个密切联系的组成要素：内部环境、风险评估、控制活动、信息与沟通以及内部监督。其中控制环境奠定了其他四个控制要素的基础，并确定整个公司的管理思想，它包含了管理哲学、经营风格、授权与责任方式、组织结构、董事会指示、员工的团结观念和竞争意识等许多因素，因而属于企业反舞弊第一道防线的范畴。

上述内部控制诸因素相互联系，密切配合，不可或缺，形成组织内部的有机整体。任何一种控制因素的缺乏或不足，均将导致整个控制系统目标的失败。从企业反舞弊角度出发，这些目标包括：使企业舞弊难以发生；使企业舞弊在某些场合下不可能发生；使已产生的企业舞弊易于发现，并使相关的企业舞弊责任易于确认。

3. 内部审计

有效、客观的内部审计对公司内部防止和检查企业舞弊性财务报告起着主要的作用。公司内部审计人员的资格、组织、地位、报告渠道及其与董事会下属审计委员会的关系等，均应充分保证内部审计的有效性和客观性。内部审计人员应在公司财务报告的相关联系中考查其审计结果，并在适当程度上密切配合注册会计师的工作。

与第三方审计人员相比，内部审计人员与公司高层管理人员有着更为密切的联系和频繁的接触，因而更容易觉察整个公司的管理思想和危险信号。他们可以通过适当授权、协调分工、交叉审核、贷款审批、定期报告及预算差异的分析等多种程序，及时避免有关差错和企业舞弊行为。内部审计人员还可以审查公司对可疑付款的调查和处理情况：审计大额的、非正常的或无充分理由的费用支出（尤其是超越授权权限的超额支出）；审查敏感性支出，诸如诉讼费用、咨询费用、广告费用以及国外销售佣金等；调查对公司的反常捐助等。这些均将增强企业反舞弊防线的防范功能，同时也加强了与内部审计人员日常事务息息相关的道德准则建设。

4. 外部独立审计

外部独立审计在企业反舞弊防线中同样起着不可忽视的作用。作为企业反舞弊四道防线的最后一道，注册会计师有着不同于其他三道防线的特点与功能，首先是其客观的、公正的、独立的鉴证地位。综合四道防线而言，前三道防线均直接或间接地受管理当局的监督与控制，属于组织内部防线。而注册会计师这一道防线则独立于受审对象，乃是组织外部的防线。事实上，无论是公司管理当局还是社会公众均依赖于注册会计师所提供的客观、公正、独立的鉴证活动（审计意见）。从企业反舞弊角度而言，公司管理当局希望注册会计师发现其内部审计人员及管理当局自身未能发现的企业舞弊行为及相关内部控制系统的薄弱环节；而社会公众则希望注册会计师确保对外公布的财务报告无企业舞弊，尤其是保证管理当局没有作出误导、欺骗社会公众的报告陈述。

总之，社会反舞弊的需求明确了注册会计师对企业舞弊性财务报告所承担的审计责任，亦自然将其承担的外部审计职能作为企业反舞弊防线的最后关隘。从而，外部独立审计较其他防线承担了更多的社会期望。

三、反舞弊中的内部控制机制

（一）预防性机制

根据《企业内部控制基本规范》，企业建立与实施有效的内部控制，可有效预防舞弊的发生，应当包括下列要素：

1. 内部环境

内部环境是内部控制整体框架的基础，支撑着整个内部控制框架，是整个控制框架的引擎，起着塑造组织控制文化、影响人员控制意识、奠定组织风格和组织结构等关键作用。对内部控制发挥作用的环境要素包括人员操守、道德价值、能力素质，以及管理层的管理哲学、经营理念等。

2. 风险评估

风险评估是指企业及时识别、系统分析经营活动中与实现内部控制目标相关的风险，合理确定风险应对策略。

面对不断变化的环境，任何组织都面临各种各样的风险，必须对所面临的风险进行有效了解和估定，建立可操作的发现、判别、分析、管理、控制风险的机制，即风险评估机制。建立风险评估机制的一个重要前提是，从整体上和各单个层面上制定与不同作业层次相关联的目标，构成目标体系。风险评估就是分析和辨认实现所定目标可能发生的风险，风险评估机制实质上也是评估实现目标体系的各种不利因素的机制。

3. 控制活动

控制活动是企业根据风险评估结果而采用的相应控制措施，旨在将风险控制在可承受度之内。

控制活动是帮助管理层确保管理方针得以贯彻的政策和程序。控制活动的目标是经过风险评估后确定的用以管理和控制风险所必须采取的各项行动能够得到有效落实。控制活动由组织各部门依据不同目标要求实施，并贯穿组织过程始终，具体包括核准、授权、验证、对账以及对经营活动的审查、对资产的保护和不相容职务的分离等。控制活动在企业内的各个阶层和职能之间都会出现，主要包括以下内容：高层经理人员对企业绩效进行分析、直接部门管理与对信息处理的控制、实体控制、绩效指标的比较与分工。

4. 信息与沟通

信息与沟通是企业及时、准确地收集、传递与内部控制相关的信息，确保信息在企业内部、企业与外部之间进行有效沟通。

企业在其经营过程中，需按某种形式辨识、取得确切的信息并进行沟通，以使员工能够履行其责任。信息系统不仅处理企业内部所产生的信息，同时也处理与外部的事项、活动及环境等有关的信息。企业所有员工必须从最高管理层清楚地获取承担控制责任的信息，而且必须有向上级部门沟通重要信息的方法，并与外界顾客、供应商、政府主管机关和股东等做有效的沟通。

5. 内部监督

内部监督是企业对内部控制建立与实施情况进行监督检查，评价内部控制的有效性，发现内部控制缺陷，并及时加以改进。

对内部控制的过程必须加以恰当的监督，必须不时地对内部控制运行质量进行评价。监督可分为持续性监督、独立性评估，一般需要二者结合。持续性监督通常在经营过程中进行或体现为经营过程的延续，包括日常管理、例行监督和常规性事后监督等；独立性评估的范围和频率取决于风险评估或持续性监督程序的有效性。监督应保持独立性，监督发现的内部控制缺陷应直接向最高层报告。

（二）检查性机制

舞弊的检查是指实施必要的检查程序，以确定舞弊迹象所显示的舞弊行为是否已经发生。

内部审计人员在审查和评价业务活动、内部控制和风险管理时，应当对舞弊发生的可能性进行评估，然后根据下列要求进行舞弊检查：

1. 评估舞弊涉及的范围及复杂程度，避免向可能涉及舞弊的人员提供信息或者被其所提供的信息误导；

2. 设计适当的舞弊检查程序，以确定舞弊者、舞弊程度、舞弊手段及舞弊原因；

3. 在舞弊检查过程中，与组织适当管理层、专业舞弊调查人员、法律顾问及其他专家保持必要的沟通；

4. 保持应有的职业谨慎，以避免损害相关组织或者人员的合法权益。

内部审计人员完成必要的舞弊检查程序后，应当从舞弊行为的性质和金额两方面考虑其严重程度，并出具相应的审计报告。审计报告的内容主要包括舞弊行为的性质、涉及人员、舞弊手段及原因、检查结论、处理意见、提出的建议及纠正措施。

四、反舞弊中的责任机制

（一）审计师的责任

根据《中国注册会计师审计准则第1141号——财务报表审计中与舞弊相关的责任》的规定，注册会计师有责任对财务报表整体是否不存在舞弊或错误导致的重大错报获取合理保证。根据法律法规或相关职业道德要求，对于被审计单位的舞弊行为，注册会计师还可能承担额外责任。例如：

1. 应对识别出的或怀疑存在的违反法律法规行为，包括要求与管理层和治理层专门进行沟通，评价其对违反法律法规行为所作应对的适当性，并确定是否需要采取进一步行动；

2. 与其他注册会计师（例如，在集团财务报表审计中）沟通识别出的或怀疑存在的违反法律法规行为；

3. 对识别出的或怀疑存在的违反法律法规行为的记录要求。对额外责任的履行，可能提供与注册会计师按照本准则和其他审计准则执行工作相关的进一步信息（如与管理层和治理层诚信相关的信息）。

对此，注册会计师的目标是：

1. 识别和评估舞弊导致的财务报表重大错报风险；

2. 通过设计和实施恰当的应对措施，针对评估的舞弊导致的重大错报风险，获取充分、适当的审计证据；

3. 恰当应对审计过程中识别出的舞弊或舞弊嫌疑。

（二）被审计单位的责任

被审计单位治理层和管理层对防止或发现舞弊负有主要责任。

管理层在治理层的监督下，高度重视对舞弊的防范和遏制是非常重要的。治理层的监督包括考虑管理层凌驾于控制之上或对财务报告过程施加其他不当影响的可能性，例如，管理层为了影响分析师对被审计单位业绩和盈利能力的看法而操纵利润。对舞弊进行防范可以减少舞弊发生的机会；对舞弊进行遏制即发现和惩罚舞弊行为，能够警示被审计单位人员不要实施舞弊。对舞弊的防范和遏制需要管理层营造诚实守信和合乎道德的文化，并且这一文化能够在治理层的有效监督下得到强化。

第二节　反舞弊机制的构建

一、完善反舞弊预防机制

一般来说，企业中涉及的舞弊案件多发生在财务部门、采购部门和销售部门。财务领域，容易发生财务人员利用管理公司财物的便利，挪用、侵吞本单位资金，或在财务会计报告和信息披露等方面发生虚假记载、误导性陈述或者重大遗漏等。采购领域，容易发生采购人员收受供应商贿赂，或引入不合格供应商供应次产品、伪劣产品，或对外勾结通过虚设中间交易环节以明显高于市场价从自有或关联公司中采购物料，致使公司财产遭受损失。销售领域，容易发生销售人员为获取更多订单而向对方行贿。如果继续沿用仅靠国家单方面力量查处与事后惩治的治理模式，不努力推动预防并着力从制度设计上激发企业自身反腐败的内生性需求的动力，民营企业腐败犯罪的有效治理难以期待。因此，企业内部应建立反舞弊预防机制，通过细化内部各岗位的职责，明确工作要求，形成职务行为流程上纵向监督；并通过引入高学历人才加强员工队伍建设，开展员工培训，培育员工的规则意识，促使员工个人之间横向上相互监督。

（一）细化内部权责，重要岗位职责应互补，实现纵向监督

从公司组织架构角度，纵向的监督是自上而下，更多地是强调管理权限和上下级关系，反映的是监督与被监督的对立，但是流程上的纵向监督既可以是上下级的监督，也可以是同一事项上不同岗位职责之间的相互制约。具体而言，通过制度明确重要岗位的具体权责，并在设计上实现重要岗位间的职责互为补充。换言之，在同一事项流程上应至少有不少于两名员工经办，各自有相应的权限负责决定不同却又联系紧密的工作事务，在该事项上形成纵向监督。

例如，财务部门，前手直接管理公司财物，负责具体经办公司钱款的流入与支出，负责记账，但又后手负责审批决定是否转出公司款项以及掌握公司财务 U 盾，经签字审批并获得 U 盾授权后前手才可具体进行款项支出的操作。再如，采购部门购入物料，采购人员无权直接通知财务打款，亦无权直接利用本部门预算、承兑票据直接对外支付，企业应明确所有款项的支出属于财务部门的审批权限范围，付款应通过内部提单向财务部门申请支付，财务人员进行付款操作前不仅应根据自身职责审核相关合同、发票、入库单、验收单等单据，而且应核实物料同一时期的市场均价，如采购价明显高于均价，应中止付款并向

内控监督部门发送风险提示。通过上述做法，不仅使同一部门内部人员之间互相监督，也使各部门之间互相监督牵制。有效的内部控制能够显著抑制财务舞弊发生的可能性。

（二）重要岗位、高管行列引入高学历人才

重视高学历队伍的建设，打造企业管理文化，有利于预防舞弊行为的发生。学历代表了一个人的认知水平、知识积累、学习能力和理性思维，这些因素反过来影响着一个人在工作上的表现。一般而言，学历高的高管、职员在进行决策或执行工作时更有可能综合考虑更多的因素、运用科学理性全面的方法进行评估和预测，更有可能意识到行为的性质、考虑到行为的后果。特别是具备高学历的高管，在作出决策和商业谈判时越倾向于规避风险，进行舞弊的动机也越小，发生舞弊行为的可能性就越低。

为此，企业内部董监高、关键岗位的控制人、核心技术工程师、采购部门负责人、财务部门负责人等重要岗位人员，应引入高学历人员，通过依托学历所形成的思维通识，尽可能降低管理人员及其所领导的部门发生舞弊违规行为的可能性。

（三）重视企业文化建设

要想实现对舞弊行为的积极预防，必须重视企业文化建设，无论是京东所倡导的“廉洁京东、对腐败零容忍”，还是华为的《EMT 自律宣言》都是一种企业文化、企业价值观。想要形成一个正向的企业价值观可以从以下两点入手：

第一，高层重视。反舞弊合规本身就是自上而下的，企业价值观往往也来源于核心领导人的价值观，开展反舞弊工作也需要高层的支持，因此作为企业高层必须重视企业文化建设，他们应该以实际行动（会议、发言、公告、文件签署等），正式而持续地向企业全体人员表态。所谓上梁不正下梁歪，如果企业核心领导人自身就没有树立一个正确的价值观，反舞弊工作的开展必然困难重重。

中兴通讯在构建反贿赂管理体系时将“高层重视”列入八要素之一，高层的高度重视不仅体现在自身的合规经营、合规决策、对所管辖业务的合规性负责上，还包含了合规意识提升和文化培养方面以及公司高层的身体力行。反舞弊合规文化建设必须从高层做起，企业高层必须意识到只有在阳光之下，万物才能茁壮成长。

第二，反舞弊培训。开展培训是企业反舞弊价值观由上及下实现全覆盖的关键，包括对董事会及总部和各分支机构管理层的定期培训，新员工入职培训中关于企业文化、职业道德、利益冲突及举报途径等内容的强化，以及对外部业务合作伙伴的反舞弊相关培训等，确保内外部人员对企业的反舞弊规定及内控措施的了解。

ACFE 发布的 2022 年全球舞弊调查报告显示，通过培训发现的举报案例数是 45%，未经培训发现的举报案例数是 37%，在实行过员工培训的公司，举报的可能性是未经过培训的一倍多。因此，通过定期开展培训，有助于进一步塑造企业反舞弊文化，营造内部反舞弊氛围，从员工的思想层面上注射预防舞弊之针。

二、建立反舞弊监督举报机制

举报、投诉是获取舞弊线索的最高效途径之一，ACFE 发布的 2022 年全球舞弊调查报

告显示，47%的舞弊案件是通过举报热线发现的，11%的案件线索来自内部审计，10%的案件线索来自管理者的审查。因此，举报投诉制度是构建完善的反舞弊合规体系的关键一环。实践中，中小企业容易出现投诉无门、举报消极、重大事项无监管、举报渠道闭塞等现象，一定程度上放任了企业内部舞弊行为。通过设立专门监督机构及布置相应的配套措施、建立备案制度以及开设畅通的举报渠道，在宏观上实现有监管、能举报的前提下，充分调动各方举报舞弊行为的积极性，对预防和及时发现舞弊行为，以及后期调查、查处舞弊行为有基础的保障作用。

（一）构建基础举报监督体系

首先，企业设立专业、独立的反舞弊监督领导机构。反舞弊监督领导机构，是指日常监督企业内部工作，接受反舞弊线索举报，并领导、执行企业反舞弊调查、追责工作的机构。在公司法确立的组织架构中，合规管理体系的领导机构由董事会行使其职能，同时还要成立相对独立的合规管理领导机构来落实，反舞弊机制作为合规管理体系有效运行的重要保障，势必需要在最高决策层之下设立专门、独立的反舞弊组织来具体领导、执行、落实企业反舞弊工作。

例如，腾讯、小米、奥的斯、58集团、阿里巴巴、360、安踏等企业均设有专门的反舞弊反贪腐机构，可以是反舞弊调查部、内控内审监察部，也可以是审计监察部、诚信道德委员会等。成员是专门聘请的调查官，包括专业的法律人员、审计人员、监察人员等，专业性的判断依据为具备类似或相似从业经历、较长工作年限、科班学历、专业职称证书、执业资格证书等。具体职能可以细化为监督、调查、合规三类：监督团队负责监督企业各职能部门、业务部门日常工作，接收、挖掘舞弊线索等；调查团队负责摸排调查舞弊行为，并根据调查结果做下一步的维权追诉；合规团队负责建立企业合规体系，负责随机抽查、询问公司经营业务等内部风控管理巡检，并定期评价公司风险管理及内部合规的成效。

其次，确定举报奖励规则。必要的奖励无疑有益于从正面激励全体员工诚信合法履职，并调动其参与反舞弊机制的积极性。例如，小米集团秉持奖罚分明的态度和原则，制定了《小米集团举报人奖励制度》，确定对实名举报行为一经涉案查处，最高奖励100万元。滴滴制定了《滴滴举报人奖励和保护制度》，确定了现金奖励和非现金奖励形式，其中，现金奖励根据案件的具体情况给予举报人最高100万元的现金奖励，最低5万元或实际挽损金额的50%（两者取最高值）的奖励；非现金奖励则包括减轻或免除追究涉案举报人相应责任，授予举报人荣誉激励或优先合作的权利等。

最后，制定、公示廉洁规则、程序细则。廉洁规则是企业对员工行为的约束性、禁止性规定，程序细则是企业告知举报人如何正确举报、切实确保有效投诉的指导性说明。具体而言，可制定员工行为准则、礼品招待管理制度、利益冲突管理制度、投诉人保护制度、员工反腐公约等规则性文件，确定舞弊违规行为的范围，确保监督举报有章可循。制定举报程序细则，明确举报内容、举报程序、举报方式、举报的保密政策、案件办理时限、办理要求、常见问题等事项。同时，通过公告栏、微信公众号、网站等线上、线下公开渠道的形式对内、对外公布前述规则与细则，从技术上避免举报人因不知能否举报、不懂如何举报、不会举报、不敢举报或担心举报后被泄露个人信息等而不举报的心态。

（二）建立重大事项监督部门备案登记制度

备案登记制度原本为公法领域的管理性制度，其基本功能定位为行政管制。备案具有行政监控性和事后监督性。从企业制度设计角度，企业的备案登记制度有利于企业内审监督部门履行监督职能，从而要求业务部门将公司对外活动事项向内控监督部门汇报留痕，是确保合规经营的有效方式，其本身也具备内部过程监控性与事后监督性，基本功能亦是实现企业内控与监督。因此，当涉及公司重大合同（较大标的额合同、重要专利合同等）及其他重要活动事项等，合同或相应事项创设后，具体负责的部门应向监督部门备案登记，接受履行过程中的监察监督或履行完毕后的监察审计。

（三）设立畅通的监督举报渠道

一般而言，企业内部员工或外部相关人在发现或怀疑存在舞弊行为时，倾向于优先通过企业公开的举报渠道进行举报或投诉，而畅通的监督举报渠道无疑可直接解决反映难、受理难、解决难等投诉举报闭塞难题，从而确保员工或外部人员的投诉举报更便捷，内外监督作用有效发挥。

为此，可建立廉政监督的专门邮箱、热线电话、微信公众号、网站等，并设专人维护，在内外部公开，具体可参考某些大企业，如腾讯开通了“阳光腾讯”、唯品会开通了“唯风清清”、小米开通了“小米合规风向标”等公众号，万科开设了“5198 万科舞弊举报网站”、伊利在其官网开通了“阳光伊利举报平台”、滴滴在其官网开设了“滴滴清风”平台等，并都在主界面明示举报专线、举报邮箱、举报须知等。

不仅如此，还要充分借助合作伙伴的举报监督力量，与供应商、经销商及客户签署合作协议的同时应签署廉洁协议，通过设定一定的廉洁合作义务来推动相对方在履行合同过程中发现、举报舞弊行为，从而拓宽外部举报渠道。但须注意的是，应注重企业上下游利益相关方关系的维护，不轻易因某员工的舞弊行为而一刀切终止合同（应关注是否合谋舞弊，是否引诱舞弊，是否违反合同约定等再行决定），避免其他供应商、客户等为了可以保持与企业合作，对不影响其核心利益的舞弊行为不予举报的现象。

此外，为鼓励举报、有效举报，应加强举报线索受理后的机制建设，如注意与举报人保持妥善的沟通；举报信息、举报人信息管理应该保密，对获得的线索及初查结果应建档、归档；对举报的线索在有结果后应及时向举报人反馈并作出相应的解释说明等。

三、提高企业信息安全度

企业根据举报、审计等发现员工涉嫌舞弊的，在自行开展调查中不仅会涉及调查员工的办公电脑、文件柜，还可能涉及员工的个人手机等，由此会触发企业调查权和员工隐私权冲突的问题。完善相应的配套设备，统一日常工作使用的硬件和对外业务交流的软件，不仅有利于企业内部通过对相关设备、数据的不定时检查，监督企业内部员工的日常工作，发现企业内部员工的舞弊行为；更有助于企业在内部调查中，在不侵犯员工隐私权的前提下，实现获取电子数据、固定证据的可操作性。

（一）统一日常工作设备

为了收集商业贿赂、内部舞弊的第一手资料及有关证据，并且保证调查活动的保密性，调查人员在反舞弊调查中一般会要求暂时控制员工的相关电子设备。然而，非官方的调查主体无权对员工的相关电子设备予以扣留调查，但倘若设备的所有权归属企业，且是由企业统一配发的，员工只是为工作目的而享有受限制使用权，那么企业在反舞弊调查中在不侵犯调查对象其他权利的情况下有权对员工的设备予以扣留并做证据收集。因此，企业可为全体员工配置统一的电脑、手机、优盘、记忆棒、存储卡作为公司员工日常工作的工具及存储文件的载体，通过制订工作指引以及岗位作业承诺书等，要求员工进行工作事项的一切操作必须使用企业配备的工具及载体，且未经允许，不得删、减、改工具或载体内的任何信息。不仅如此，还可以聘请专业的技术人员，定期对上述设备进行技术维护、数据保护，并对电脑、手机等工具从技术上设置一定的文件日志，记录工具使用详情，建立原始凭证或者电子证据保护及备份机制。

（二）统一对公业务使用的交流软件

确定对公业务沟通、接发文件应使用企业微信或企业邮箱，通过使用特定的交流软件，填补企业对员工日常业务交流、工作文件接发等方面的监管漏洞。

一方面，企业可通过申请企业微信认证启用企业微信，获得授权后可对纳入本企业微信内部的成员和成员添加的客户进行管理。通过使用企业微信，当成员离职时，可将该成员的客户分配给其他成员继续提供服务，避免成员利用公司资源绑定个人客户的现象；企业可对成员设置敏感词，当成员发送的消息或文件涉及敏感内容时，系统自动进行拦截并在后台预警，帮助企业监控内部信息泄露的舞弊行为；更为关键的是，企业可借助企业微信管理后台监督员工的日常使用情况，帮助企业搜集相应的舞弊线索、固定相关证据。

另一方面，企业可通过与相关公司购买相应的企业邮箱服务，实现日常工作中企业对内、对外正式的商务沟通、合同、报价单、订单、对账单及其他商业材料的接收与发送的有效监控，尤其是对一些外贸型企业，企业邮箱更是必不可少的沟通选择。目前腾讯、网易、华为等公司确定的企业邮箱服务对企业实现有效的内部监管均有一定的支持作用。例如：企业邮箱可实现对电子邮件的永久归档，即可存档公司所有邮件，企业随时可以从指定的服务后台检索核查邮件，有助于企业实现内部监控及舞弊行为发生后调查人员对相关业务数据的保护及证据固定；企业邮箱可通过设置受限名单，限制成员外发携带特定信息的邮件，确保企业内部信息安全，防止商业秘密、技术资料外泄；企业邮箱还可设定监控与被监控账号，进一步帮助企业搜集被监控账号一定时期的异常数据情况。

（三）引入 ERP 管理系统

ERP 是涵盖财务管理、进销存管理、客户关系管理、决策支持系统、合同管理系统等多模块的综合性企业管理系统，可根据企业的实际需求组建不同的系统模块。通过 ERP 系统设立合规审批流程，同时将合规审批流程嵌入企业的销售、采购、财务、雇佣和投资等业务及 IT 流程，确保合规管控实际贯穿于业务活动全过程的主要节点。

一方面，企业可明确一切合同的签批、公章的使用申请、活动事项的申请等，均在

ERP系统上的合同签批管理模块统一走流程，由相应的经办人、领导、管理层签批，通过电子化留痕，详细记载某合同、活动事项的内部发展过程，流程透明化，一旦出现舞弊行为可即时追本溯源，降低员工滥用职权签署合同的可能。同时，该合同管理系统储备经由律师或法务整理的公司日常合同模板、廉洁协议模板，当业务员发起合同签订流程时，优先从系统模板中选取合同文本作为初稿，并确立廉洁协议同步签署制。

另一方面，明确财务报销、供应商货款支付、其他费用支出等应在ERP系统中的财务管理模块提单走流程，并附件上传费用支付依据PDF文件，如发票、付款凭证、订单、合同、验收单、议价表等，详细写明支出事由，由相应的经办人、接口人、领导、管理层签批，通过电子化留痕，详细记录费用支出的单据、事由等，有效防止企业内部发生各种巧立名目挪走、侵占公司财务行为等。不仅如此，ERP系统中涉及的进销存管理模块、客户关系管理模块、决策支持模块等功能都从不同角度体现对企业内控的管理，有效抑制企业内部舞弊行为的同时，可帮助事发后企业快速固定与舞弊行为的相关证据。

四、建立反舞弊调查机制

反舞弊调查，是指针对企业或员工的违法违规行为开展的调查和处理工作。舞弊迹象所显示的舞弊行为是否实际发生、舞弊行为的性质、对公司造成损失的程度等，都需企业通过实施必要的调查程序才能厘清。但企业内审监督部门并非公安侦查部门，两者的部门性质不同、权限不同，决定了企业内审监督部门并不能全盘照抄公安机关的案件办理模式。因此，事前结合企业自身性质与公安侦查的相关特征，在寻求二者同一性的基础上建立一套契合企业内审的反舞弊调查机制显得很有必要。

（一）明确反舞弊调查方案

反舞弊调查方案是以舞弊线索反映的问题为导向，制订有针对性的调查工作计划，明确工作任务、方法、内容和时长等，以统一调查的目的，提高调查的可行性。

具体方案内容的设计可以包括：

（1）明确调查方向、调查对象。根据发现或举报的舞弊线索，确定调查的主线和调查对象。

（2）列举取证方法。调查的关键是完成各项取证，目前主要的取证方法包括查账审计法、电子数据调取法、员工谈话法、外围调查法、委托鉴定法、证据保全法以及目标参照法等。这些取证方法在不同案件中会各有侧重，如外围调查法、目标参照法在内部员工对外勾结通过虚设中间交易环节以明显高于市场价从自有或关联公司中采购物料的反舞弊调查中会频繁使用。

（3）初拟调查内容。根据举报的线索、材料，通过逐条列举的方式草拟初步调查的具体内容、应达到的预期效果，以量化工作目标；若线索材料较为充分确实的，可拟定谈话提纲。

（4）设定调查时限。正如刑事案件中审判机关有其确定的办案期限，企业内部反舞弊调查也要合理地设定一定时限开展调查，确保各项任务高效进行，同时在规定的时间内未查实被调查员工的舞弊行为的，应停止对该员工的调查，企业的调查核实并非无期限。

（二）建立内部调查程序

确立初查制度。拟订明确的调查方案后，应结合初步线索向有关部门调取相应的信息，对举报或发现的线索进行初步的确认核实，以确定该线索的可信度，从而判断是否有进一步调查的可能。例如，业务费虚假报销事件中，应先向财务部门调取报销所涉及的发票、支付凭证，通过IT部门的技术人员调取企业线上系统内部报销审批流程记录、报销转款记录，从而可以核实发票的真伪、核查发票与报销人的支付记录能否相对应，再结合与报销人员所在部门了解业务活动的事项、客情关系维护的需求，初步判断线索反映的情况是否存在异常。

确定证据收集规则。调查的持续性进程同时也是收集所有与舞弊行为相关的文件、资料、财务数据、电子数据、物证等证据的过程，企业应授予调查人员内部取证权限，由调查人员直接向证据的持有部门收集。考虑到内部调查的目的是追回损失和刑事控告或对当事人作其他相应的违法违规评价，故收集证据的过程应严格参照诉讼法的证据收集规则。

大体规则可明确如下：

第一，收集证据的过程应由两名以上人员同时进行。

第二，收集的文件、资料、财务数据等书证涉及到原件文本，可由调查人员打借阅单并由其直属领导签署后直接借阅。对书证的查阅，可制作查阅笔录摘取有用信息。

第三，收集证人证言的应制作访谈笔录，应由两名以上调查人员提问记录，并详细记载访谈时间、地点，结束后由证人签字捺印。

第四，物证的收集可参照刑事诉讼法的扣押程序进行，并制作相应的清单。

第五，由于目前很多企业均采取电子化办公，涉及相关舞弊行为的证据大部分为电子证据，存在极大可能的灭失风险或取证不规范导致证据失效的风险，电子数据的提取一般应在律师、公证人员或第三方专业人员的帮助下，参照《最高人民法院、最高人民检察院、公安部关于办理刑事案件收集提取和审查判断电子数据若干问题的规定》及《公安机关办理刑事案件电子数据取证规则》的相关规定规范提取电子数据，并在当事人同意及见证下做好相应的原始载体封存工作。

确定问话当事人准则。调查组在掌握一定证据材料及相关证言后，应拟订谈话提纲、确定问话口径，向当事员工了解事情经过，并征询其意见和解释。谈话过程中结合已获取的证据信息与当事人进行谈话核查，以确保“证供一致”、“证供相互印证”的标准。例如，近期笔者参与办理的一起公司内部反舞弊调查，笔者在征得手机持有者的书面承诺及授权同意后，陆续从其手机微信中提取到部分关键性的涉案信息，于是围绕这些信息分别与涉案的两名当事人进行有针对性的谈话，随后通过谈话又进一步获取本案关键事实链条上的其他证据信息，再结合交叉询问、关联其他证据，进行了一次比较完整、高效率的内部调查。

（三）确立调查报告制度、责任追究程序

内部调查的目的是对违规行为的查实定性，进而根据事态轻重在规则的基础上做相应的处理。制度设计上，应围绕调查过程中获得的谈话笔录、电子数据及其他书面证据、物证等，分析各个证据所能证明的内容，还原整个舞弊行为所发生的事实，梳理归纳相应的

法律关系，并最终形成调查报告。报告的内容应包括舞弊行为的性质、涉及人员、舞弊手段及原因、造成的损失、处理意见及提出的建议。据此初步确定被调查人员的舞弊行为是否涉嫌刑事犯罪、行政违法抑或只是一般的民事纠纷、违反公司章程。

其次，确立对舞弊人员的责任追究程序。对查实的舞弊行为，可先对该员工进行纪律处分或解除劳动关系、要求上交不当得利，然后可根据责任的性质，启动相应的民事、行政或刑事法律程序。民事方面，可利用前期收集的证据将被调查人员起诉至法院以追究其民事责任、要求其赔偿损失。行政、刑事程序方面，应结合前期收集的证据材料，撰写报案书（控告书），梳理相关证据文件，整理证据目录，形成正式行政/刑事控告材料，向有管辖权的机关提起控告。

最后，确立对相关方的责任追究程序。相关方主要指合同相对方，企业合作过程中如发现合同相对方行贿、索贿、要求提供不正当的商业帮助等行为，可根据合同及双方所签署的廉洁协议要求对方违约赔偿，同时视情况终止合作关系。例如，滴滴此前公布的一起舞弊违规案，员工利用职务便利收受两家供应商贿赂，违规向供应商提供帮助，滴滴即在后续责任追究中，依据双方签署的合同及反商业贿赂协议对涉事两家企业进行追偿，供应商共计赔付违约金500多万元。

（四）确定外部律师参与制度

调查的过程既是还原事实的过程，也是收集证据、固定证据、分析证据的过程，调查人员应明确知悉司法机关证据规格的要求，获取有效的证据，因此，反舞弊调查应确定外部律师参与制度。一方面，刑事律师熟悉取证程序规则，知晓公安机关的立案标准、了解司法机关对证据的合法要求、规格要求。另一方面，刑事律师长期接触刑事侦查讯问笔录、询问笔录，了解问题的侦查思维导向，能够通过分析已知的线索、既得的证据，设计谈话问题，并通过问题获取与舞弊案件关联程度较为密切的信息。调查的最终目的是使遭受损失的企业可以寻求法律救济及追回损失，这些工作都需要律师凭借专业的法律条文功底、法律逻辑思维以及多年的办案经验逐步厘清事实、编排证据、分析法理。

本章小结

通过本章的学习，我们了解了反舞弊机制的含义、相关理论和机制。针对舞弊风险机制的建立和具体措施从风险、调查与应对、责任划分等方面进行了讨论。建立有效健全的反舞弊机制，将舞弊的苗头用制度“扼杀”，是舞弊审计的终极目标。目前就如何建立反舞弊机制各方进行了多角度的研究，上市公司也被要求披露有关的反舞弊机制。只有将这一制度由被动遵循变为主动需求，反舞弊机制才能真正有效地发挥其作用。

思考题

1. 你认为本章提到的四道防线中哪一种最难实现？
2. 你认为在构建内控机制时，是预防性检查还是检查性机制更重要？
3. 构建和完善反舞弊机制，除了本章提到的方法外，你认为还有哪些方法？

参考文献

[1] Albrecht, S. 舞弊检查 [M]. 李爽，吴溪等，译. 北京：中国财政经济出版社，2005.

[2] 毕秀玲，陈帅. 科技新时代下的“审计智能+”建设 [J]. 审计研究，2019 (06)：13-21.

[3] 蔡利，张翼凌. 财务和非财务信息非对称性、舞弊风险与审计师应对行为 [J]. 会计研究，2022 (06)：178-192.

[4] 陈汉文，韩洪灵. 审计理论与实务 [M]. 北京：中国人民大学出版社，2019.

[5] 崔奇. 舞弊导向审计模式研究：基于风险控制角度 [M]. 北京：中国社会科学出版社，2015.

[6] 丁静. 从财务报表独立审计视角对财务舞弊的界定 [J]. 中国注册会计师，2021 (08)：76-79.

[7] 高颢焚. 基于舞弊三角理论的财务造假研究——以康美药业为例 [J]. 经济研究导论，2020 (29)：110-102.

[8] 高伟，李晓慧. 风险导向审计与独立审计准则的运用 [J]. 审计研究，2004 (03)：44-47.

[9] 韩玉萍. 基于 GONE 理论的上市公司财务报告舞弊研究 [D]，江苏科技大学，2014.

[10] 贺三宝，杨书怀. 舞弊审计与法律 [M]. 上海：复旦大学出版社有限公司，2022.

[11] 胡华夏，刘雯. 从企业生命周期角度分析财务舞弊影响因素及演化 [J]. 武汉理工大学学报，2018，31 (14)：101-108.

[12] 胡顺淙. 舞弊审计实务指南 [M]. 北京：人民邮电出版社，2021.

[13] 黄世忠. 财务舞弊识别与审计失败防范 [M]. 北京：中国财政经济出版社，2022.

[14] 黄世忠. 收入操纵的九大陷阱及其防范对策（中）[J]. 中国注册会计师，2004 (01)：28-33.

[15] 黄世忠，黄京菁. 财务报表舞弊行为特征及预警信号综述 [J]. 财会通讯，2004 (23)：4-9.

[16] 黄世忠，叶丰滢. 上市公司报表粉饰新动向：手段、案例与启示（上）[J].

财会通讯，2006（01）：14－19.

［17］李凤鸣，王会金，李华，周学民．审计学原理（第6版）［M］．上海：复旦大学出版社，2019.

［18］李华，王素梅．舞弊审计学［M］．北京：中国时代经济出版社，2018.

［19］李岚，夏迎锋，明洪盛．反财务舞弊问题研究［M］．武汉：武汉理工大学出版社，2016.

［20］李晓慧．审计学实务与案例［M］．北京：中国人民大学出版社，2021.

［21］李雅楠．舞弊审计中的审计风险控制研究——基于注册会计师对审计风险敏感度［J］．中国注册会计师，2016（01）：63－66.

［22］刘启亮，邓瑶，陈惠霞，李洋洋，俞浩岚．上市公司财务舞弊的演变：1990～2022——基于典型个案的研究［J］．财会月刊，2023，44（01）：122－130.

［23］刘世琛．上市公司财务舞弊的手段及应对策略研究［J］．财务与金融，2022（03）：34－39.

［24］刘元，林爱梅，单雅迪．我国上市公司财务报告舞弊的特征和手段——基于2008～2013年证监会处罚公告［J］．财会月刊，2015（28）：16－19.

［25］任朝阳．中国上市公司会计舞弊识别与治理研究［D］．吉林大学，2016.

［26］荣国萱，肖虹霞．审计原理与实务［M］．南京：南京大学出版社，2021.

［27］审计署．中华人民共和国国家审计准则，2019.

［28］宋夏云，曾丹丹．关联方交易审计风险控制对策研究［J］．中国注册会计师，2017（05）：80－84.

［29］孙彦丛．财务云：从共享服务到财务数字化［J］．财务与会计，2022（09）：20－25.

［30］王嘉绮．基于问询函的财务舞弊识别与防范研究［D］．山东财经大学，2022.

［31］韦玮，洪范，朱大鹏．上市公司财务造假、审计师职业怀疑与审计失败——以康得新为例［J］．财会研究，2020（07）：64－67.

［32］吴双．广州浪奇财务舞弊治理研究［D］．天津财经大学，2021.

［33］吴育丞．会计师事务所审计失败案例探析——以正中珠江审计康美药业为例［J］．财政监督，2021（22）：85－91.

［34］熊方军，张龙平．上市公司财务舞弊的风险识别与证据收集［J］．经济与管理研究，2016，37（10）：138－144.

［35］杨忠莲．审计委员会制度与财务舞弊监管［M］．上海：上海财经大学出版社，2007.

［36］叶钦华，叶凡，黄世忠．财务舞弊识别框架构建——基于会计信息系统论及大数据视角［J］．会计研究，2022（03）：3－16.

［37］叶雪芳．舞弊审计［M］．经济科学出版社，2008.

［38］尹平．舞弊审计［M］．中国财政经济出版社，2012.

［39］袁小勇．上市公司财务舞弊审计研究与案例解析［M］．北京：中国财政经济出版社，2018.

［40］张莉．云时代的舞弊审计——基于国家治理的新战略［M］．北京：清华大学出

版社，2017.

［41］郑登津，闫晓茗．事前风险、审计师行为与财务舞弊审计研究［J］，2017，198（04）：89－96.

［42］郑朝晖．财报粉饰面对面［M］．北京：机械工业出版社，2015.

［43］祝兰芳，曾健南．智能审计体系的构建与实施［J］．财政监督，2021（02）：89－94.

［44］中国内部审计协会．中国内部审计准则，2023.

［45］中国企业反舞弊有效性研究报告［C］．《上海法学研究》集刊（2020 年第 1 卷总第 25 卷）——上海市法学会公司法务研究会文集．广州反舞弊标准研究院，2020：14.

［46］中国注册会计师协会．2023 年注册会计师全国统一考试辅导教材：审计［M］．北京：中国财政经济出版社，2023.

［47］中国注册会计师协会．中国注册会计师审计准则及指南，2022.

［48］中华人民共和国财政部．企业会计准则［M］．上海：立信会计出版社，2023.

［49］《中华人民共和国现行审计法规与审计准则及政策解读》编委会．中华人民共和国现行审计法规与审计准则及政策解读［M］．上海：立信会计出版社，2023.

［50］AICPA. Statement on Auditing Standards No. 99. Consideration of Fraud in Financial Statement Audit，www. Aicpa. Org，2002.

